企业税务管理手册

窦如军　主编

中国财经出版传媒集团
中国财政经济出版社

图书在版编目（CIP）数据

企业税务管理手册／窦如军主编．--北京：中国财政经济出版社，2023.2

ISBN 978-7-5223-1896-7

Ⅰ.①企… Ⅱ.①窦… Ⅲ.①企业管理－税收管理－中国－手册 Ⅳ.①F812.423－62

中国国家版本馆CIP数据核字（2023）第001988号

责任编辑：高文欣　　责任印制：史大鹏
封面设计：卜建辰　　责任校对：胡永立

企业税务管理手册
QIYE SHUIWU GUANLI SHOUCE

中国财政经济出版社 出版

URL：http：//www.cfeph.cn

E-mail：cfeph@cfeph.cn

社址：北京市海淀区阜成路甲28号　邮政编码：100142

营销中心电话：010-88191522

天猫网店：中国财政经济出版社旗舰店

网址：https：//zgczjjcbs.tmall.com

北京密兴印刷有限公司印刷　各地新华书店经销

成品尺寸：170mm×240mm　16开　20印张　342 000字

2023年2月第1版　2023年2月北京第1次印刷

定价：78.00元

ISBN 978-7-5223-1896-7

（图书出现印装问题，本社负责调换，电话：010-88190548）

本社质量投诉电话：010-88190744

打击盗版举报热线：010-88191661　QQ：2242791300

编 委 会

前言

为了推进税收征管体制改革，国家税务总局等相关部门陆续出台了一系列税收政策，包括落实税收法定原则、将现行税收暂行条例上升为法律，全面推进税收征管数字化升级和智能化改造，持续扩大“自行判别、自行申报、事后监管”范围、确保税费优惠政策直达快享等诸多方面。特别是近年来，为稳定宏观经济，国家又实施了一系列组合式税费支持政策。

为了适应国家宏观税收管理，加强企业内部管控，帮助财务人员更好地掌握税收政策。此次，在《企业税务管理手册》（2018 年版）基础之上，经过系统梳理，依据税收法律法规的新变化，总结提炼税务实际工作经验，更新相关内容，编制完成《企业税务管理手册》（2022 年版）。本手册以税种为主线，以政策为指引，采取一问一答的形式编写，以期为企业财务人员日常工作提供实务操作指引。

诚挚感谢相关领导及税务人员对手册编写工作的大力支持。本手册不足之处，敬请广大读者批评指正！

编者

2022 年 10 月

目录

第一章　发票相关知识

《中华人民共和国发票管理办法》（1993年12月12日国务院批准、1993年12月23日财政部令第6号发布；根据2010年12月20日《国务院关于修改〈中华人民共和国发票管理办法〉的决定》修订、国务院令第587号发布）。

《中华人民共和国发票管理办法实施细则》于2011年2月14日以国家税务总局令第25号公布，根据2014年12月27日国家税务总局令第37号、2018年6月5日国家税务总局令第44号、2019年7月24日《国家税务总局关于公布取消一批税务证明事项以及废止和修改部分规章规范性文件的决定》修正。

一、发票的基本联次、用途和基本内容是如何规定的?

普通发票的基本联次包括发票联、记账联。发票联由付款方或受票方作为付款原始凭证；记账联由收款方或开票方作为记账原始凭证。

增值税专用发票的基本联次为三联：发票联、抵扣联和记账联。发票联，作为购买方核算采购成本和增值税进项税额的记账凭证；抵扣联，作为购买方报送主管税务机关认证和留存备查的凭证；记账联，作为销售方核算销售收入和增值税销项税额的记账凭证。其他联次用途，由纳税人自行确定。

发票的基本内容包括：发票的名称、发票代码和号码、联次及用途、客户名称、开户银行及账号、商品名称或经营项目、计量单位、数量、单价、大小写金额、开票人、开票日期、开票单位（个人）名称（章）等。

依据：

《中华人民共和国发票管理办法》。

《中华人民共和国发票管理办法实施细则》。

二、发票开具基本要求是什么？ 税务风险有哪些？

（一）发票开具基本要求

开具发票应当按照规定的时限、顺序、栏目，全部联次一次性如实开具，并加盖发票专用章；不符合规定的发票，不得作为财务报销凭证，任何单位和个人有权拒收。

单位和个人在开具发票时，必须做到按照号码顺序填开，填写项目齐全，内容真实字迹清楚，全部联次一次打印，内容完全一致，并在发票联和抵扣联加盖发票专用章。

任何单位和个人不得有下列虚开发票行为：

（1）为他人、为自己开具与实际经营业务情况不符的发票；

（2）让他人为自己开具与实际经营业务情况不符的发票；

（3）介绍他人开具与实际经营业务情况不符的发票。

（二）发票税务风险

《中华人民共和国增值税暂行条例》规定：纳税人购进货物、劳务、服务、无形资产、不动产，取得的增值税扣税凭证不符合法律、行政法规或者国务院税务主管部门有关规定的，其进项税额不得从销项税额中抵扣。

《企业所得税税前扣除凭证管理办法》的公告（国家税务总局公告〔2018年〕第28号）规定：企业取得私自印制、伪造、变造、作废、开票方非法取得、虚开、填写不规范等不符合规定的发票（以下简称“不合规发票”），以及取得不符合国家法律、法规等相关规定的其他外部凭证，不得作为税前扣除凭证。

《国家税务总局关于营改增后土地增值税若干征管规定的公告》（国家税务总局公告〔2016年〕第70号）规定：营改增后，土地增值税纳税人接受建筑安装服务取得的增值税发票，应按照《国家税务总局关于全面推开营业税改征增值税试点有关税收征收管理事项的公告》（国家税务总局公告〔2016年〕第23号）规定，在发票的备注栏注明建筑服务发生地县（市、区）名称及项目名称，否则不得计入土地增值税扣除项目金额。

三、增值税专用发票开具范围是什么？

1. 一般纳税人销售货物或者提供应税劳务和应税服务，应向购买方开具专用发票。

2. 商业企业一般纳税人零售的烟、酒、食品、服装、鞋帽（不包括劳保专用部分）、化妆品等消费品不得开具专用发票。

3. 增值税小规模纳税人需要开具专用发票的，可自行开具（国家税务总局公告〔2019 年〕第 33 号）。

4. 销售免税货物不得开具专用发票，法律、法规及国家税务总局另有规定的除外。

5. 纳税人提供应税服务，应当向索取增值税专用发票的接受方开具增值税专用发票。

四、收到哪些发票不能作为税前扣除凭证?

取得不符合规定的发票不得作为税前扣除凭证，列举如下：

（一）购买方栏没有纳税人识别号的发票

《国家税务总局公告〔2017 年〕第 16 号》规定：自 2017 年 7 月 1 日起，购买方为企业的，索取增值税普通发票时，应向销售方提供纳税人识别号或统一社会信用代码；销售方为其开具增值税普通发票时，应在“购买方纳税人识别号”栏填写购买方的纳税人识别号或统一社会信用代码。不符合规定的发票，不得作为税收凭证。

河北省国家税务局　关于全面推开营改增有关政策问题的解答（之一）

开具增值税普通发票时：当购买方为已办理税务登记纳税人时，购买方信息栏内容应填写齐全，不得漏项；当购买方为未办理税务登记的行政事业单位时，应填写购方名称、地址，其他项目可不填；当购买方为其他个人时，应填写购买方名称，其他项目可不填。

（二）与实际业务不符的发票

销售方开具增值税发票时，发票内容应按照实际销售情况如实开具，不得根据购买方要求填开与实际交易不符的内容。销售方开具发票时，通过销售平台系统与增值税发票税控系统后台对接，导入相关信息开票的，系统导入的开票数据内容应与实际交易相符，如不相符应及时修改完善销售平台系统。

（三）适用税率选择错误的发票

见表 1 - 1。

表 1－1 常见税率错误列举

开票内容	常见错误税率	正确税率
各类宣传品	5%	设计（3%或6%）购买（3%或13%）
办公用品	5%	3%或13%
汽车维修费	5%	3%或13%
餐费	0	3%或6%或免税
会议服务费	5%	3%或6%
免税农产品	5%或0	免税或＊
图书	0	免税或＊

（四）非税控清单

《国税发〔2006〕156号》规定：一般纳税人销售货物或者提供应税劳务可汇总开具专用发票。汇总开具专用发票的，同时使用防伪税控系统开具《销售货物或者提供应税劳务、服务清单》，并加盖财务专用章或者发票专用章（按最新的《发票管理办法实施细则》应加盖发票专用章）。

常见问题：无税控清单、非税控清单（企业自制）、清单未盖章、清单盖章错误等。

（五）税收分类编码与实际业务不符或不具体的发票

自2018年1月1日起，纳税人通过增值税发票管理新系统开具增值税发票（包括：增值税专用发票、增值税普通发票、增值税电子普通发票）时，商品和服务税收分类编码对应的简称会自动显示并打印在发票票面“货物或应税劳务、服务名称”或“项目”栏次中。

如收到品名是“办公用品”等笼统名称、没具体明细的发票，则不符合规定。

（六）备注栏填写项目不全的发票

详见本章“六、发票备注栏相关规定”。

（七）盖章不规范的发票

存在盖章错误（财务章或者公章）、盖章模糊，或者未加盖发票专用章等，具体要求如下：

1. 《发票管理办法实施细则》第二十八条：“单位和个人在开具发票时，必须做到按照号码顺序填开，填写项目齐全，内容真实，字迹清楚，全部联次一次打印，内容完全一致，并在发票联和抵扣联加盖发票专用章。”

2. 增值税纳税人应在代开增值税专用发票的备注栏上，加盖本单位的发票专用章（为其他个人代开的特殊情况除外）。

税务机关在代开增值税普通发票以及为其他个人代开增值税专用发票的备注栏上，加盖税务机关代开发票专用章。

3. 增值税电子专用发票的规定：

《国家税务总局公告〔2020 年〕第 22 号》规定：电子专票由各省税务局监制，采用电子签名代替发票专用章，属于增值税专用发票，其法律效力、基本用途、基本使用规定等与增值税纸质专用发票相同。

（八）印有旧版发票监制章的发票

《国家税务总局公告〔2018 年〕第 32 号》规定：新税务机构挂牌后，启用新的税收票证式样和发票监制章，见图 1－1。挂牌前已由各省税务机关统一印制的税收票证和原各省国税机关已监制的发票在 2018 年 12 月 31 日前可以继续使用，由国家税务总局统一印制的税收票证在 2018 年 12 月 31 日后继续使用。纳税人在用税控设备可以延续使用。

图 1－1　河北省新版发票监制章

（九）发票号码与打印号码不一致的发票

单位和个人在开具发票时，必须做到按照号码顺序填开，填写项目齐全，内容真实，字迹清楚，全部联次一次打印，内容完全一致，并在发票联和抵扣联加盖发票专用章。

（十）成品油发票左上角未打印“成品油”

《国家税务总局公告〔2018 年〕第 1 号》规定：成品油增值税专用发票、增值税普通发票、增值税电子普通发票相对于普通发票还得在左上角打印“成品油”。退货开具红字发票左上角第二行打印“销项负数”。

依据：

《中华人民共和国发票管理办法实施细则》（国家税务总局令第 25 号）。

《国家税务总局关于修改〈中华人民共和国发票管理办法实施细则〉的决定》（国家税务总局令第 37 号）。

《国务院关于修改〈中华人民共和国发票管理办法〉的决定》（国务院令第587号）。

《国家税务总局关于增值税发票开具有关问题的公告》（国家税务总局公告〔2017年〕第16号）。

五、价外费用如何开票？

（一）价外费用具体内容

根据《增值税暂行条例实施细则》第十二条规定：价外费用，包括价外向购买方收取的手续费、补贴、基金、集资费、返还利润、奖励费、违约金、滞纳金、延期付款利息、赔偿金、代收款项、代垫款项、包装费、包装物租金、储备费、优质费、运输装卸费以及其他各种性质的价外收费。

（二）价外费用如何开票

1. 价外费用和价款在税目确定方面，具备同质性。即价外费用与价款的税目应保持一致并使用同一税收编码。

2. 价外费用开具发票类型与所销售的货物、劳务、服务等应保持一致。

3. 价外费用进项税金抵扣同主项目抵扣规则一致。

六、发票备注栏是如何规定的？

（一）企业自开发票备注栏一般规定

表1-2　　发票备注栏一般规定

序号	发票业务类型	备注栏信息	政策依据
1	建筑服务	建筑服务发生地县（市、区）名称及项目名称	国家税务总局公告〔2016年〕第23号
2	销售不动产	不动产的详细地址	
3	出租不动产	不动产的详细地址	
4	保险公司收取交强险保费出具的增值税发票	代收车船税税款信息。具体包括：保险单号、税款所属期（详细至月）、代收车船税金额、滞纳金金额、金额合计等	国家税务总局公告〔2016年〕第51号
5	中国铁路总公司及其所属运输企业（含分支机构）提供货物运输服务	受托代征的印花税款信息	国家税务总局公告〔2015年〕第99号

续表

序号	发票业务类型	备注栏信息	政策依据
6	货物运输	起运地、到达地、车种车号以及运输货物信息等内容（如内容较多可另附清单）	国家税务总局公告〔2015年〕第99号
7	互联网物流平台企业试点企业使用自有专用发票开票系统，按照3%的征收率代开专用发票	注明会员的纳税人名称和统一社会信用代码	税总函〔2017年〕579号
8	单/多用途卡业务中，收到销售款开具增值税普通发票	收到预付卡结算款	国家税务总局公告〔2016年〕53号
9	生产企业向综服企业开具的增值税专用发票	代办退税专用	国家税务总局公告〔2017年〕第35号
10	适用差额征税办法缴纳增值税，且不得全额开具增值税发票的	差额征税	国家税务总局公告〔2016年〕第23号

（二）税务局代开发票备注栏的特殊规定

1. 为跨县（市、区）提供不动产经营租赁服务、建筑服务的小规模纳税人（不包括其他个人），代开增值税发票的：备注栏注明“YD”。

依据：

《国家税务总局关于营业税改征增值税部分试点纳税人增值税纳税申报有关事项调整的公告》（国家税务总局公告〔2016年〕第23号）。

2. 代开销售或出租不动产增值税发票：备注栏注明“销售或出租不动产纳税人的名称、纳税人识别号（或者组织机构代码）、不动产的详细地址；按照核定计税价格征税的，“金额”栏填写不含税计税价格，备注栏注明“核定计税价格，实际成交含税金额×××元”。

依据：

《国家税务总局关于营业税改征增值税委托地税局代征税款和代开增值税发票的通知》（税总函〔2016年〕145号）。

3. 保险企业代个人保险代理人汇总代开增值税发票：备注栏注明“个人保险代理人汇总代开”。

依据：

《国家税务总局关于个人保险代理人税收征管有关问题的公告》（国家税务总局公告〔2016年〕第45号）。

4. 适用差额征税办法缴纳增值税，且不得全额开具增值税发票：备注栏注明“差额征税”。

依据：

《国家税务总局关于全面推开营业税改征增值税试点有关税收征收管理事项的公告》（国家税务总局公告〔2016 年〕第 23 号）。

5. 税务机关代开专用发票：备注栏注明“增值税纳税人的名称和纳税人识别号”。

依据：

《国家税务总局关于印发〈税务机关代开增值税专用发票管理办法（试行）〉的通知》（国税发〔2004〕153 号）。

七、丢失增值税专用发票，应当如何处理?

纳税人同时丢失已开具增值税专用发票或机动车销售统一发票的发票联和抵扣联，可凭加盖销售方发票专用章的相应发票记账联复印件，作为增值税进项税额的抵扣凭证、退税凭证或记账凭证。

纳税人丢失已开具增值税专用发票或机动车销售统一发票的抵扣联，可凭相应发票的发票联复印件，作为增值税进项税额的抵扣凭证或退税凭证；纳税人丢失已开具增值税专用发票或机动车销售统一发票的发票联，可凭相应发票的抵扣联复印件，作为记账凭证。

依据：

《国家税务总局关于增值税发票综合服务平台等事项的公告》（国家税务总局公告〔2020 年〕第 1 号）。

八、纸质红字专用发票如何开具?

增值税一般纳税人开具增值税专用发票（以下简称“专用发票”）后，发生销货退回、开票有误、应税服务中止等情形但不符合发票作废条件，或者因销货部分退回及发生销售折让，需要开具红字专用发票的，按以下方法处理：

（一）购买方取得专用发票已用于申报抵扣的，购买方可在增值税发票管理新系统（以下简称“新系统”）中填开并上传“开具红字增值税专用发票信息表”（以下简称“信息表”，详见附件），在填开“信息表”时不填写相对应的蓝字专用发票信息，应暂依“信息表”所列增值税税额从当期进项税额中转出，待取得销售方开具的红字专用发票后，与“信息表”一并作为记账凭证。

购买方取得专用发票未用于申报抵扣、但发票联或抵扣联无法退回的，购买方填开“信息表”时应填写相对应的蓝字专用发票信息。

销售方开具专用发票尚未交付购买方，以及购买方未用于申报抵扣并将发票联及抵扣联退回的，销售方可在新系统中填开并上传“信息表”。销售方填开“信息表”时应填写相对应的蓝字专用发票信息。

（二）主管税务机关通过网络接收纳税人上传的“信息表”，系统自动校验通过后，生成带有“红字发票信息表编号”的“信息表”，并将信息同步至纳税人端系统中。

（三）销售方凭税务机关系统校验通过的“信息表”开具红字专用发票，在新系统中以销项负数开具。红字专用发票应与“信息表”一一对应。

（四）纳税人也可凭“信息表”电子信息或纸质资料到税务机关对“信息表”内容进行系统校验。

依据：

《国家税务总局关于红字增值税发票开具有关问题的公告》（国家税务总局公告〔2016 年〕第 47 号）。

九、增值税电子专用发票的开票方和受票范围是如何规定的？

自 2020 年 12 月 21 日起，在天津、河北、上海、江苏、浙江、安徽、广东、重庆、四川、宁波和深圳等 11 个地区的新办纳税人中实行专票电子化，受票方范围为全国。其中，宁波、石家庄和杭州等 3 个地区已试点纳税人开具增值税电子专用发票的受票方范围扩至全国。

自 2021 年 1 月 21 日起，在北京、山西、内蒙古、辽宁、吉林、黑龙江、福建、江西、山东、河南、湖北、湖南、广西、海南、贵州、云南、西藏、陕西、甘肃、青海、宁夏、新疆、大连、厦门和青岛等 25 个地区的新办纳税人中实行专票电子化，受票方范围为全国。

实行专票电子化的新办纳税人具体范围由国家税务总局各省、自治区、直辖市和计划单列市税务局确定。

依据：

《国家税务总局关于在新办纳税人中实行增值税专用发票电子化有关事项的公告》（国家税务总局公告〔2020 年〕第 22 号）。

十、电子发票为何采用电子签名代替原纸质发票上的发票专用章？如何验证电子专票签名有效性？

《中华人民共和国电子签名法》第十四条规定，可靠的电子签名与手写签名或者盖章具有同等的法律效力。为更好适应发票电子化改革需要，电子专票采用电子签名代替原发票专用章。

纳税人通过增值税电子发票公共服务平台开具的增值税电子普通发票及电子专用发票，属于税务机关监制的发票，采用电子签名代替发票专用章，其法律效力、基本用途、基本使用规定等与增值税普通发票相同。

增值税电子普通发票版式文件格式为 OFD 格式。单位和个人可以登录全国增值税发票查验平台（https：//inv - veri. chinatax. gov. cn）下载增值税电子发票版式文件阅读器查阅增值税电子发票并验证电子签名的有效性。

依据：

《国家税务总局关于增值税发票综合服务平台等事项的公告》（国家税务总局公告〔2020 年〕第 1 号）。

《国家税务总局关于在新办纳税人中实行增值税专用发票电子化有关事项的公告》（国家税务总局公告〔2020 年〕第 22 号）。

十一、实行专票电子化的新办纳税人领取税务 UKey 后，可以开具哪些种类的发票?

实行专票电子化的新办纳税人领取税务 UKey 并核定对应票种后，可以开具纸质普票、电子普票、纸质专票、电子专票、纸质机动车发票和纸质二手车发票。

依据：

《国家税务总局关于在新办纳税人中实行增值税专用发票电子化有关事项的公告》（国家税务总局公告〔2020 年〕第 22 号）。

十二、纳税人以电子发票报销入账归档的，应当注意哪些事项?

纳税人以电子发票（含电子专票和电子普票）报销入账归档的，应当按照《财政部　国家档案局关于规范电子会计凭证报销入账归档的通知》（财会〔2020〕6 号，以下简称《通知》）的相关规定执行。

第一，纳税人可以根据《通知》第三条的规定，仅使用电子发票进行报销入账归档。

第二，电子发票与纸质发票具有同等法律效力，按照《通知》第五条的规定，纳税人取得的电子发票，可不再另以纸质形式保存。

第三，纳税人如果需要以电子发票的纸质打印件作为报销入账归档依据的，应当根据《通知》第四条的规定，同时保存打印该纸质件的电子发票。

依据：

《国家税务总局关于在新办纳税人中实行增值税专用发票电子化有关事项的公告》（国家税务总局公告〔2020 年〕第 22 号）。

十三、纳税人应当如何开具红字电子专票？

纳税人开具电子专票后，发生销货退回、开票有误、应税服务中止、销售折让等情形，可以开具红字电子专票。相较于红字纸质专票开具流程，纳税人在开具红字电子专票时，无须追回已经开具的蓝字电子专票，具有简便易行好操作的优点。具体来说，开具红字电子专票的流程主要可以分为三个步骤。

第一步是购买方或销售方纳税人在增值税发票管理系统（以下简称“发票管理系统”）中填开“开具红字增值税专用发票信息表”（以下简称“信息表”）。第一类，购买方开具“信息表”。如果购买方已将电子专票用于申报抵扣，则由购买方在发票管理系统中填开并上传“信息表”，在这种情况下，“信息表”中不需要填写相对应的蓝字电子专票信息。第二类，销售方开具“信息表”。如果购买方未将电子专票用于申报抵扣，则由销售方在发票管理系统中填开并上传“信息表”，在这种情况下，“信息表”中需要填写相对应的蓝字电子专票信息。

第二步是税务机关信息系统自动校验。税务机关通过网络接收纳税人上传的“信息表”，系统自动校验通过后，生成带有“红字发票信息表编号”的“信息表”，并将信息同步至纳税人端系统中。

第三步是销售方纳税人开具红字电子专票。销售方在发票管理系统中查询到已经校验通过的“信息表”后，便可开具红字电子专票。红字电子专票应与“信息表”一一对应。

需要说明的是，对于购买方已将电子专票用于申报抵扣的情形，因购买方开具“信息表”与销售方开具红字电子专票可能存在一定时间差，购买方应当暂依“信息表”所列增值税税额从当期进项税额中转出，待取得销售方开具的红字电子专票后，与“信息表”一并作为记账凭证。

依据：

《国家税务总局关于在新办纳税人中实行增值税专用发票电子化有关事项的公告》（国家税务总局公告〔2020 年〕第 22 号）。

十四、丢失已开具的电子专票，应当如何处理？

受票方如丢失或损毁已开具的电子专票，可以根据发票代码、发票号码、开票日期、开具金额（不含税）等信息，在全国增值税发票查验平台查验通过后，下载电子专票。如不掌握相关信息，也可以向开票方重新索取原电子专票。

依据：

《国家税务总局关于在新办纳税人中实行增值税专用发票电子化有关事项的公告》（国家税务总局公告〔2020 年〕第 22 号）。

十五、什么情况不属于虚开？如何降低接受虚开的风险？

（一）什么情况下不属于虚开？

《国家税务总局公告〔2014 年〕第 39 号》规定：纳税人通过虚增增值税进项税额偷逃税款，但对外开具增值税专用发票同时符合以下情形的，不属于对外虚开增值税专用发票：

1. 纳税人向受票方纳税人销售了货物，或者提供了增值税应税劳务、应税服务。

解读：纳税人对外开具的销售货物的增值税专用发票，纳税人应当拥有货物的所有权，包括以直接购买方式取得货物的所有权，也包括“先卖后买”方式取得货物的所有权。所谓“先卖后买”，是指纳税人将货物销售给下家在前，从上家购买货物在后。

2. 纳税人向受票方纳税人收取了所销售货物、所提供应税劳务或者应税服务的款项，或者取得了索取销售款项的凭据。

3. 纳税人按规定向受票方纳税人开具的增值税专用发票相关内容，与所销售货物、所提供应税劳务或者应税服务相符，且该增值税专用发票是纳税人合法取得、并以自己名义开具的。

以挂靠方式开展经营活动在社会经济生活中普遍存在，挂靠行为如何适用本公告，需要视不同情况分别确定。第一，如果挂靠方以被挂靠方名义，向受票方纳税人销售货物、提供增值税应税劳务或者应税服务，应以被挂靠方为纳税人。被挂靠方作为货物的销售方或者应税劳务、应税服务的提供方，按照相关规定向受票方开具增值税专用发票，属于本公告规定的情形。第二，如果挂靠方以自己名义向受票方纳税人销售货物、提供增值税应税劳务或者应税服务，被挂靠方与此项业务无关，则应以挂靠方为纳税人。这种情况下，被挂靠方向受票方纳税人就该项业务开具增值税专用发票，不在本公告规定之列。

受票方纳税人取得的符合上述情形的增值税专用发票，可以作为增值税扣税凭证抵扣进项税额。

依据：

《国家税务总局关于纳税人对外开具增值税专用发票有关问题的公告》（国家税务总局公告〔2014 年〕第 39 号）。

（二）如何降低接受虚开的风险？

《国税发〔1995〕192 号》规定：纳税人购进货物或应税劳务，支付运输费用，所支付款项的单位（收款单位），必须与开具抵扣凭证的销货单位、提供劳务的单位一致，才能够申报抵扣进项税额，否则不予抵扣。

根据上述政策要求真实的商品购销需要“实物流、发票流、资金流”三方面一致。

第一，实物流，需要购销合同、运输合同、运输方式、验收单、过泵单、出入库手续等各方面口径一致，标注产品数量、名称、型号、单价、金额、质量标准等。销售的产品应与企业经营范围相符。

第二，发票流，发票的开具应与购销合同标注的信息一致，包括销售单位名称、税号、开户行、账号、发票专用章等。

第三，资金流，需要尽可能地通过银行汇款方式支付，与销售合同口径一致；如果涉及银行承兑的，应背书连续，并取得汇票背书各个环节的复件资料，确保收款单位与开票单位一致。

【例】甲公司从 A 企业购进钢材，销售给 B 企业，产品直接从 A 企业发往 B 企业，B 企业承担运费。合同签订、收款方式及发票开具应当注意哪些方面？

甲公司与 A 企业的购销合同运输方式应为购货方自提货物，与 B 企业签订的购销合同运输方式为需方自提，并根据 B 企业的验收结果确认发货数量。

甲公司采购钢材货款直接由甲公司支付给 A 企业，甲公司销售钢材直接从 B 公司收款。

因为是 B 公司负担运费，运输发票的发货人应该是甲企业，收货人是 B 公司，备注栏注明起止地为 A 企业所在地到 B 企业所在地。

十六、纳税人取得虚开的增值税专用发票的税务风险？

（一）受票方利用他人虚开的专用发票，向税务机关申报抵扣税款进行偷税的，应当依照《中华人民共和国税收征收管理法》及有关法规追缴税款，处以偷税数额五倍以下的罚款；进项税金大于销项税金的，还应当调减其留抵的进项税额。利用虚开的专用发票进行骗取出口退税的，应当依法追缴税款，处以骗税数额五倍以下的罚款。

（二）在货物交易中，购货方从销售方取得第三方开具的专用发票，或者从销货地以外的地区取得专用发票，向税务机关申报抵扣税款或者申请出口退税的，应当按偷税、骗取出口退税处理，依照《中华人民共和国税收征收管理法》及有关法规追缴税款，处以偷税、骗税数额五倍以下的罚款。

依据：

《国家税务总局关于纳税人取得虚开的增值税专用发票处理问题的通知》（国税发〔1997〕134 号）。

十七、真实发生的交易却收到 “虚开发票”？ 如何处理?

根据《国税函〔2007〕1240 号》规定：纳税人善意取得虚开的增值税专用发票指购货方与销售方存在真实交易，且购货方不知取得的增值税专用发票是以非法手段获得的。纳税人善意取得虚开的增值税专用发票，如能重新取得合法、有效的专用发票，准许其抵扣进项税款；如不能重新取得合法、有效的专用发票，不准其抵扣进项税款或追缴其已抵扣的进项税款。

（一）及时补开、换开发票

企业取得不合规发票、不合规其他外部凭证的，若支出真实且已实际发生，应当要求对方补开、换开发票、其他外部凭证。补开、换开后的发票、其他外部凭证符合规定的，可以作为税前扣除凭证。

注意，如果发票对应年度企业所得税汇算清缴期已经结束，企业应当自被税务机关告知之日起 60 日内补开、换开符合规定的发票、其他外部凭证。

（二）因客观原因确实无法补开、换开发票时，提供相关资料证实支出真实性

企业在补开、换开发票、其他外部凭证过程中，因对方注销、撤销、依法被吊销营业执照、被税务机关认定为非正常户等特殊原因无法补开、换开发票、其他外部凭证的，可凭以下资料证实支出真实性后，其支出允许税前扣除：

1. 无法补开、换开发票、其他外部凭证原因的证明资料（包括工商注销、机构撤销、列入非正常经营户、破产公告等证明资料）；

2. 相关业务活动的合同或者协议；

3. 采用非现金方式支付的付款凭证；

4. 货物运输的证明资料；

5. 货物入库、出库内部凭证；

6. 企业会计核算记录以及其他资料。

注：第一项至第三项为必备资料。

（三）企业在规定的期限未能补开、换开符合规定的发票、其他外部凭证，并且未能提供相关资料证实其支出真实性的，相应支出不得在发生年度税前扣除。

企业应在税务机关规定的期限内调增发生年度的企业所得税应纳税所得额，并做企业所得税更正申报。

依据：

《国家税务总局关于发布〈企业所得税税前扣除凭证管理办法〉的公告》（国家税务总局公告〔2018年〕第28号）。

十八、企业接受虚开的增值税专用发票有哪些处罚规定？

利用虚开的增值税专用发票抵扣税款或者骗取出口退税的，构成虚开增值税专用发票罪。《刑法》第二百零五条　虚开增值税专用发票或者虚开用于骗取出口退税、抵扣税款的其他发票的，处三年以下有期徒刑或者拘役，并处二万元以上二十万元以下罚金；虚开的税款数额较大或者有其他严重情节的，处三年以上十年以下有期徒刑，并处五万元以上五十万元以下罚金；虚开的税款数额巨大或者有其他特别严重情节的，处十年以上有期徒刑或者无期徒刑，并处五万元以上五十万元以下罚金或者没收财产。

有前款行为骗取国家税款，数额特别巨大，情节特别严重，给国家利益造成特别重大损失的，处无期徒刑或者死刑，并处没收财产。

单位犯本条规定之罪的，对单位判处罚金，并对其直接负责的主管人员和其他直接责任人员，处三年以下有期徒刑或者拘役；虚开的税款数额较大或者有其他严重情节的，处三年以上十年以下有期徒刑；虚开的税款数额巨大或者有其他特别严重情节的，处十年以上有期徒刑或者无期徒刑。

虚开增值税专用发票或者虚开用于骗取出口退税、抵扣税款的其他发票，是指有为他人虚开、为自己虚开、让他人为自己虚开、介绍他人虚开行为之一的。

十九、通行费电子票据如何分类？

（一）收费公路通行费增值税电子普通发票（以下简称“通行费电子发

票”)。通行费电子发票包括左上角标识“通行费”字样且税率栏次显示适用税率或征收率的通行费电子发票（以下简称“征税发票”）以及左上角无“通行费”字样，且税率栏次显示“不征税”的通行费电子发票（以下简称“不征税发票”)。客户通行经营性收费公路，由经营管理者开具征税发票，可按规定用于增值税进项抵扣；客户采取充值方式预存通行费，可由 ETC 客户服务机构开具不征税发票，不可用于增值税进项抵扣。

（二）收费公路通行费财政票据（电子）（以下简称“通行费财政电子票据”)。客户通行政府还贷公路，由经营管理者开具财政部门统一监制的通行费财政电子票据。通行费财政电子票据先行选择部分地区进行试点。试点期间，非试点地区暂时开具不征税发票。试点完成后，在全国范围内全面实行通行费财政电子票据。

通行费电子发票、通行费财政电子票据统称为通行费电子票据。针对收费公路分段建设、经营管理者多元等特性，为便利通行费电子票据财务处理，根据客户需求，通行费电子票据服务平台（以下简称“服务平台”）可按一次或多次行程为单位，在汇总通行费电子发票和通行费财政电子票据信息基础上，统一生成收费公路通行费电子票据汇总单（以下简称“电子汇总单”)，作为已开具通行费电子票据的汇总信息证明材料。电子汇总单的汇总信息发生变更的，应重新开具电子汇总单，原电子汇总单自动作废失效，电子汇总单可通过服务平台查询。总结如表 1－3 所示。

表 1－3　　　　通行费电子票据分类

付费方式	索取发票时间	通行公路类型	发票类型（税率）	发票字样	电子汇总单
后付费	通行后	经营性公路	通行费电子发票 9%/5%/3%	左上角“通行费”	可开
		政府还贷公路	通行费财政电子票据（试点地区）	无	
预付费	通行前	汇总开具	通行费电子发票“不征税”	无“通行费”字样	
	通行后	如通行前已开具发票，通行后不再开具			
		如通行前未开具发票，开票方式同“后付费”			

依据：

《交通运输部　财政部　国家税务总局　国家档案局关于收费公路通行费电子票据开具汇总等有关事项的公告》（交通运输部公告〔2020 年〕第 24 号）。

二十、通行费电子票据开具流程是什么？

（一）服务平台账户注册。客户登录服务平台网站 www. txffp. com 或“票根”APP，凭手机号码、手机验证码免费注册，并按要求设置购买方信息。客户如需变更购买方信息，应当于发生充值或通行交易前变更，确保开票信息真实准确。

（二）绑定客户 ETC 卡。客户登录服务平台，填写 ETC 卡办理时的预留信息（开户人名称、证件类型、证件号码、手机号码等），经校验无误后，完成 ETC 卡绑定。

（三）票据和汇总单开具。客户登录服务平台，选取需要开具票据的充值或通行交易记录，申请生成通行费电子发票、通行费财政电子票据和电子汇总单（充值交易无电子汇总单）。其中，电子汇总单可按用户需求汇总多笔通行交易信息，包括对应的行程信息、通行费电子发票和通行费财政电子票据信息、交易金额合计等。电子汇总单与其汇总的通行费电子发票、通行费财政电子票据通过编码相互进行绑定，可通过服务平台查询关联性。服务平台免费向客户提供通行费电子发票、通行费财政电子票据、电子汇总单查询、预览、下载、转发等服务。

依据：

《交通运输部　财政部　国家税务总局　国家档案局关于收费公路通行费电子票据开具汇总等有关事项的公告》（交通运输部公告〔2020 年〕第 24 号）。

二十一、纳税人发生的应税行为超出营业执照上的经营范围，是否可以开具发票？

《国务院关于修改〈中华人民共和国发票管理办法〉的决定》（中华人民共和国国务院令第 587 号）及《增值税发票开具使用指南》（税总货便函〔2017〕127 号）规定：“销售商品、提供服务以及从事其他经营活动的单位和个人，对外发生经营业务收取款项，收款方应当向付款方开具发票；特殊情况下，由付款方向收款方开具发票。”

因此，纳税人发生应税行为，除国家有明令禁止销售的外，即使超出营业执照上的经营范围，也应当据实开具发票；如属于经常发生的应税行为，建议增加营业执照经营范围，并如实开具发票。

二十二、河北省目前保留的普通发票种类？

根据《国家税务总局河北省税务局关于启用新发票监制章及新版普通发票的

公告》（国家税务总局河北省税务局公告〔2018 年〕第 19 号）规定，新版普通发票票种及规格如下：

（1）河北省税务局通用机打发票（B）；

（2）河北省税务局通用手工发票（E）；

（3）机动车销售统一发票；

（4）二手车销售统一发票；

（5）河北省税务局通用定额发票（J）、河北省税务局通用定额发票（K）、河北省税务局通用定额发票（L）、河北省税务局通用定额发票（M）；

（6）河北省税务局通用机打发票（N）；

（7）河北汽车客票（机打）；

（8）河北汽车客票（热敏纸）；

（9）河北汽车客票（定额）；

（10）河北通用机打发票（H）；

（11）河北通用机打发票（I）；

（12）河北门票（01）；

（13）河北门票（02）。

二十三、财政票据有何相关规定？

（一）2018 年 1 月 1 日，全面实施财政票据电子化管理，启用机打财政票据，停用手工财政票据。

依据：

《国家税务总局办公厅关于全面推行财政票据电子化管理系统的通知》（税总办发〔2017〕125 号）。

（二）自 2019 年 1 月 1 日起，启用全国统一的财政电子票据式样和财政机打票据式样；全国统一的财政电子票据式样和财政机打票据式样适用于各类财政票据。

依据：

《财政部关于统一全国财政电子票据式样和财政机打票据式样的通知》（财综〔2018〕72 号）。

（三）财政票据的种类和适用范围

1. 非税收入类票据

（1）非税收入通用票据，是指行政事业单位依法收取政府非税收入时开具的通用凭证。

（2）非税收入一般缴款书，是指实施政府非税收入收缴管理制度改革的行政事业单位收缴政府非税收入时开具的通用凭证。

2. 结算类票据

资金往来结算票据，是指行政事业单位在发生暂收、代收和单位内部资金往来结算时开具的凭证。

3. 其他财政票据

（1）公益事业捐赠票据，是指国家机关、公益性事业单位、公益性社会团体和其他公益性组织依法接受公益性捐赠时开具的凭证。

（2）医疗收费票据，是指非营利医疗卫生机构从事医疗服务取得医疗收入时开具的凭证。

（3）社会团体会费票据，是指依法成立的社会团体向会员收取会费时开具的凭证。

（4）其他应当由财政部门管理的票据。

依据：

《财政部关于修改〈财政票据管理办法〉的决定》（中华人民共和国财政部令第 104 号）。

（四）公益性捐赠票据

公益性社会组织、县级以上人民政府及其部门等国家机关在接受捐赠时，应当按照行政管理级次分别使用由财政部或省、自治区、直辖市财政部门监（印）制的公益事业捐赠票据，并加盖本单位的印章。

企业或个人将符合条件的公益性捐赠支出进行税前扣除，应当留存相关票据备查。

依据：

《财政部　国家税务总局　民政部关于公益性捐赠税前扣除有关事项的公告》（财政部公告〔2020 年〕第 27 号）。

二十四、取得会议服务增值税发票，应当注意哪些问题?

根据河北省国家税务局关于全面推开营改增有关政策问题的解答（之三）第三条，试点纳税人提供会议服务，且同时提供住宿、餐饮、娱乐、旅游等服务的，在开具增值税专用发票时不得将上述服务项目统一开具为“会议费”，应按照《商品和服务税收分类与编码（试行）》规定的商品和服务编码，在同一张发票上据实分项开具，并在备注栏中注明会议名称和参会人数。

二十五、物业管理服务公司开具的发票有何要求?

提供物业管理服务的纳税人，向服务接受方收取的自来水水费，以扣除其对外支付的自来水水费后的余额为销售额，按照简易计税办法依3%的征收率计算缴纳增值税。

注意：并非只有物业公司才适用简易征收政策，凡提供物业管理服务的纳税人都可以享受。

依据：

《关于物业管理服务中收取的自来水水费增值税问题的公告》（国家税务总局公告〔2016年〕第54号）。

二十六、什么是全电发票？河北省能开具全电发票吗?

全电发票即全面数字化的电子发票。国家税务总局建设了全国统一的电子发票服务平台，24小时在线免费为纳税人提供全面数字化的电子发票开具、交付、查验等服务，实现发票全领域、全环节、全要素电子化。

自2022年7月18日起，河北省纳税人仅作为受票方接收由内蒙古自治区、上海市和广东省（不含深圳市）的部分纳税人（试点纳税人）通过电子发票服务平台开具的发票，包括带有“增值税专用发票”字样的全电发票、带有“普通发票”字样的全电发票、增值税纸质专用发票（纸质专票）和增值税纸质普通发票（折叠票，纸质普票）。

依据：

国家税务总局河北省税务局《关于开展全面数字化的电子发票受票试点工作的公告》（国家税务总局河北省税务局公告〔2022年〕第4号）。

二十七、全电发票基本内容是什么？法律效力如何?

全电发票由各省、自治区、直辖市和计划单列市税务局监制。全电发票无联次，基本内容包括：二维码、发票号码、开票日期、购买方信息、销售方信息、项目名称、规格型号、单位、数量、单价、金额、税率/征收率、税额、合计、价税合计（大写、小写）、备注、开票人。

全电发票的法律效力、基本用途等与现有纸质发票相同。其中，带有“增值税专用发票”字样的全电发票，其法律效力、基本用途等与现有增值税专用发票相同；带有“普通发票”字样的全电发票，其法律效力、基本用途等与现有普通发票相同。

二十八、全电发票有哪些样式?

除普通发票样式之外，电子发票服务平台为从事特定行业、发生特殊应税行为及特定应用场景业务（包括：稀土、建筑服务、旅客运输服务、货物运输服务、不动产销售、不动产经营租赁服务、农产品收购、光伏收购、代收车船税、自产农产品销售、差额征税等）的纳税人提供了对应特定业务的全电发票样式。

二十九、河北省纳税人如何接收及认证全电发票?

河北省纳税人使用增值税发票综合服务平台接收试点纳税人通过电子发票服务平台开具的发票。此外，也可取得销售方以电子邮件、二维码等方式交付的全电发票。

河北省纳税人取得通过电子发票服务平台开具的带有“增值税专用发票”字样的全电发票、带有“普通发票”字样的全电发票、纸质专票和纸质普票等符合规定的增值税扣税凭证，如需用于申报抵扣增值税进项税额或申请出口退税、代办退税的，应按规定通过增值税发票综合服务平台确认用途。

三十、如何通过电子发票服务平台开具红字发票?

纳税人取得开票方通过电子发票服务平台开具的发票，发生开票有误、销货退回、服务中止、销售折让等情形，需开票方通过电子发票服务平台开具红字全电发票或红字纸质发票，按以下规定执行：

（一）受票方未做用途确认及入账确认的，开票方填开《红字发票信息确认单》（以下简称“确认单”）后全额开具红字全电发票或红字纸质发票，无须受票方确认。

（二）受票方已进行用途确认或入账确认的，由开票方或受票方填开“确认单”，经对方确认后，开票方依据“确认单”开具红字发票。

受票方已将发票用于增值税申报抵扣的，应暂依“确认单”所列增值税税额从当期进项税额中转出，待取得开票方开具的红字发票后，与“确认单”一并作为记账凭证。

第二章　企业所得税

第一节　收入类项目

《中华人民共和国企业所得税法实施条例》2007 年 12 月 6 日中华人民共和国国务院令第 512 号公布，根据 2019 年 4 月 23 日《国务院关于修改部分行政法规的决定》修订。

《中华人民共和国企业所得税法》2007 年 3 月 16 日第十届全国人民代表大会第五次会议通过，根据 2018 年 12 月 29 日第十三届全国人民代表大会常务委员会第七次会议《关于修改〈中华人民共和国电力法〉等四部法律的决定》第二次修正。

一、视同销售收入如何进行税务处理？

视同销售是指会计账务处理上不作为销售收入核算，而在税收上作为销售、确认收入计缴税金的商品或劳务的转移行为，见表 2－1。

表 2－1　　企业会计准则和企业所得税对销售收入确认的比较

	企业会计准则	企业所得税法
销售收入确认条件	必须同时满足下列条件： 1. 企业已将商品所有权上的主要风险和报酬转移给购货方； 2. 企业既没有保留通常与所有权相联系的继续管理权，也没有对已售出的商品实施有效控制； 3. 收入的金额能够可靠地计量； 4. 相关的经济利益很可能流入企业； 5. 相关的已发生或将发生的成本能够可靠地计量。	必须同时满足下列条件： 1. 商品销售合同已经签订，企业已将商品所有权相关的主要风险和报酬转移给购货方； 2. 企业对已售出的商品既没有保留通常与所有权相联系的继续管理权，也没有实施有效控制； 3. 收入的金额能够可靠地计量； 4. 已发生或将发生的销售方的成本能够可靠地核算。

会计核算确认收入时主要遵循谨慎性原则，而所得税法对收入确认则主要根据确定性原则、权责发生制及实质重于形式原则，企业发出货物未收款的交易是否确认收入，是纳税人应关注的重点。

视同销售收入作为销售（营业）收入的组成部分，不仅是计算应纳税所得的重要依据，而且还是计算业务招待费、业务宣传费、广告费等所得税税前扣除限额的基数，因此，在计算所得税时必须加以足够的重视。

（一）视同销售的范围

《中华人民共和国企业所得税法实施条例》第二十五条规定：

企业发生非货币性资产交换，以及将货物、财产、劳务用于捐赠、偿债、赞助、集资、广告、样品、职工福利或者利润分配等用途的，应当视同销售货物、转让财产或者提供劳务，但国务院财政、税务主管部门另有规定的除外。

在确认视同销售收入过程中，应当注意区分视同销售收入和内部处置资产。

《国家税务总局关于企业处置资产所得税处理问题的通知》（国税函〔2008〕828 号）明确规定：

一、企业发生下列情形的处置资产，除将资产转移至境外以外，由于资产所有权属在形式和实质上均不发生改变，可作为内部处置资产，不视同销售确认收入，相关资产的计税基础延续计算。

（一）将资产用于生产、制造、加工另一产品；

（二）改变资产形状、结构或性能；

（三）改变资产用途（如，自建商品房转为自用或经营）；

（四）将资产在总机构及其分支机构之间转移；

（五）上述两种或两种以上情形的混合；

（六）其他不改变资产所有权属的用途。

二、企业将资产移送他人的下列情形，因资产所有权属已发生改变而不属于内部处置资产，应按规定视同销售确定收入。

（一）用于市场推广或销售；

（二）用于交际应酬；

（三）用于职工奖励或福利；

（四）用于股息分配；

（五）用于对外捐赠；

（六）其他改变资产所有权属的用途。

也就是说，视同销售收入和内部处置资产的关键区别在于是否发生所有权属的转移。

（二）视同销售价格的确定

《国家税务总局关于企业所得税有关问题的公告》（国家税务总局公告〔2016年〕第80号）规定：

企业发生《国家税务总局关于企业处置资产所得税处理问题的通知》（国税函〔2008〕828号）对企业移送资产需要视同销售收入的，除另有规定外，应按照被移送资产的公允价值确定销售收入。

【例】某集团有一批自己生产的产品，账面价值70万元，对外不含税公允售价100万元，增值税税率13%。不考虑其他税费。

1. 将上述产品用于市场推广

相应的会计处理为：

借：销售费用　　830 000

　　贷：库存商品　　700 000

　　　　应交税费——应交增值税（销项税额）　　130 000

相应的税务处理：

应当将视同销售收入100万元，填入A105010“视同销售和房地产开发企业特定业务纳税调整明细表”中“视同销售（营业）收入——用于市场推广或销售视同销售收入”，将视同销售收入相对应的成本70万元，填入该表“视同销售（营业）成本——用于市场推广或销售视同销售成本”；还应将按照用于市场推广的实际价值113万元与账面价值83万元之间的差异30万元进行纳税调减，填入A105000“纳税调整项目明细表”“扣除类调整项目——其他”。

最终确认的视同销售收入为100万元，作为计算业务招待费、业务宣传费、广告费等所得税税前扣除限额的基数的一部分，确认市场推广费用的税收金额113万元，按收入金额的15%计算是否超出限额。

2. 将上述自产产品用于对外捐赠

取得符合规定的公益性捐赠票据金额113万元。企业的会计处理如下：

借：营业外支出　　830 000

　　贷：库存商品　　700 000

　　　　应交税费——应交增值税（销项税）　　130 000

相应的税务处理：

企业认为没有经济利益的流入所以未做收入，但企业所得税法要做视同销售，根据分解理论，企业将自产、委托加工和外购的原材料、固定资产、无形资产等用于捐赠，应分解为按公允价值视同对外销售和捐赠两项业务进行所得税处理。应确认对外捐赠视同销售收入100万元，视同销售成本70万元，并调减应纳税所得额30万元（纳税申报参考上述“1. 将上述产品用于市场推广”）。

同时，应填报A105070“捐赠支出及纳税调整明细表”，并按照捐赠支出相关要求，进行纳税调整。

3. 将上述自产产品用于债务重组，抵偿债务160万元，按公允价值开具增值税发票。假设不符合特殊性税务处理。

债务人相应的会计处理为：

借：应付账款　　1 600 000

　　贷：主营业务收入　　1 000 000

　　　　应交税费——应交增值税（销项税额）　　130 000

　　　　营业外收入　　470 000

借：主营业务成本　　700 000

　　贷：库存商品　　700 000

债权人相应的会计处理为：

借：库存商品　　1 000 000

　　应交税费——应交增值税（进项税额）　　130 000

　　营业外支出　　470 000

　　贷：应收账款　　1 600 000

二、企业所得税收入的确认时间是如何规定的？

（一）根据《中华人民共和国企业所得税法实施条例》规定：

1. 股息、红利等权益性投资收益，除国务院财政、税务主管部门另有规定外，按照被投资方作出利润分配决定的日期确认收入的实现。

2. 利息收入，按照合同约定的债务人应付利息的日期确认收入的实现。

3. 租金收入，按照合同约定的承租人应付租金的日期确认收入的实现。

4. 特许权使用费收入，按照合同约定的特许权使用人应付特许权使用费的日期确认收入的实现。

5. 接受捐赠收入，按照实际收到捐赠资产的日期确认收入的实现。

6. 企业的下列生产经营业务可以分期确认收入的实现：

（1）以分期收款方式销售货物的，按照合同约定的收款日期确认收入的实现；

（2）企业受托加工制造大型机械设备、船舶、飞机，以及从事建筑、安装、装配工程业务或者提供其他劳务等，持续时间超过12个月的，按照纳税年度内完工进度或者完成的工作量确认收入的实现。

7. 采取产品分成方式取得收入的，按照企业分得产品的日期确认收入的实现，其收入额按照产品的公允价值确定。

（二）根据《国家税务总局关于确认企业所得税收入若干问题的通知》（国税函〔2008〕875号）规定：

1. 除企业所得税法及实施条例另有规定外，企业销售收入的确认，必须遵循权责发生制原则和实质重于形式原则。

（1）企业销售商品同时满足下列条件的，应确认收入的实现：

①商品销售合同已经签订，企业已将商品所有权相关的主要风险和报酬转移给购货方；

②企业对已售出的商品既没有保留通常与所有权相联系的继续管理权，也没有实施有效控制；

③收入的金额能够可靠地计量；

④已发生或将发生的销售方的成本能够可靠地核算。

（2）符合上款收入确认条件，采取下列商品销售方式的，应按以下规定确认收入实现时间：

①销售商品采用托收承付方式的，在办妥托收手续时确认收入。

②销售商品采取预收款方式的，在发出商品时确认收入。

③销售商品需要安装和检验的，在购买方接受商品以及安装和检验完毕时确认收入。如果安装程序比较简单，可在发出商品时确认收入。

④销售商品采用支付手续费方式委托代销的，在收到代销清单时确认收入。

（3）采用售后回购方式销售商品的，销售的商品按售价确认收入，回购的商品作为购进商品处理。有证据表明不符合销售收入确认条件的，如以销售商品方式进行融资，收到的款项应确认为负债，回购价格大于原售价的，差额应在回购期间确认为利息费用。

（4）销售商品以旧换新的，销售商品应当按照销售商品收入确认条件确认收入，回收的商品作为购进商品处理。

（5）企业为促进商品销售而在商品价格上给予的价格扣除属于商业折扣，商品销售涉及商业折扣的，应当按照扣除商业折扣后的金额确定销售商品收入金额。

债权人为鼓励债务人在规定的期限内付款而向债务人提供的债务扣除属于现金折扣，销售商品涉及现金折扣的，应当按扣除现金折扣前的金额确定销售商品收入金额，现金折扣在实际发生时作为财务费用扣除。

企业因售出商品的质量不合格等原因而在售价上给的减让属于销售折让；企业因售出商品质量、品种不符合要求等原因而发生的退货属于销售退回。企业已经确认销售收入的售出商品发生销售折让和销售退回，应当在发生当期冲减当期销售商品收入。

2. 企业在各个纳税期末，提供劳务交易的结果能够可靠估计的，应采用完工进度（完工百分比）法确认提供劳务收入。

（1）提供劳务交易的结果能够可靠估计，是指同时满足下列条件：

①收入的金额能够可靠地计量；

②交易的完工进度能够可靠地确定；

③交易中已发生和将发生的成本能够可靠地核算。

（2）企业提供劳务完工进度的确定，可选用下列方法：

①已完工作的测量；

②已提供劳务占劳务总量的比例；

③发生成本占总成本的比例。

（3）企业应按照从接受劳务方已收或应收的合同或协议价款确定劳务收入总额，根据纳税期末提供劳务收入总额乘以完工进度扣除以前纳税年度累计已确认提供劳务收入后的金额，确认为当期劳务收入；同时，按照提供劳务估计总成本乘以完工进度扣除以前纳税期间累计已确认劳务成本后的金额，结转为当期劳务成本。

（4）下列提供劳务满足收入确认条件的，应按规定确认收入：

①安装费。应根据安装完工进度确认收入。安装工作是商品销售附带条件的，安装费在确认商品销售实现时确认收入。

②宣传媒介的收费。应在相关的广告或商业行为出现于公众面前时确认收入。广告的制作费，应根据制作广告的完工进度确认收入。

③软件费。为特定客户开发软件的收费，应根据开发的完工进度确认收入。

④服务费。包含在商品售价内可区分的服务费，在提供服务的期间分期确认收入。

⑤艺术表演、招待宴会和其他特殊活动的收费。在相关活动发生时确认收入。收费涉及几项活动的，预收的款项应合理分配给每项活动，分别确认收入。

⑥会员费。申请入会或加入会员，只允许取得会籍，所有其他服务或商品都要另行收费的，在取得该会员费时确认收入。申请入会或加入会员后，会员在会员期内不再付费就可得到各种服务或商品，或者以低于非会员的价格销售商品或提供服务的，该会员费应在整个受益期内分期确认收入。

⑦特许权费。属于提供设备和其他有形资产的特许权费，在交付资产或转移资产所有权时确认收入；属于提供初始及后续服务的特许权费，在提供服务时确认收入。

⑧劳务费。长期为客户提供重复的劳务收取的劳务费，在相关劳务活动发生时确认收入。

3. 企业以买一赠一等方式组合销售本企业商品的，不属于捐赠，应将总的销售金额按各项商品的公允价值的比例来分摊确认各项的销售收入。

三、福利部门领用自产产品如何进行税务处理?

从会计的角度出发，《企业会计准则第 9 号——职工薪酬》第六条规定：企业发生的职工福利费，应当在实际发生时根据实际发生额计入当期损益或相关资产成本。职工福利费为非货币性福利的，应当按照公允价值计量。因此，会计上应当按照销售处理，确认相关营业收入和营业成本。

从税法的角度出发，福利部门领用自产产品，产品所有权属发生改变，应按照自产产品的同期市场售价计算销售收入，并根据增值税视同销售的规定确定增值税销项税额。

因此，福利部门领用自产产品不存在财税差异，即都按照销售进行处理。

【例】煤炭企业将自产的煤发给员工做福利，假定成本 30 000 元，公允价 40 000 元，则会计处理为：

借：应付职工薪酬——非货币性福利	45 200	
贷：主营业务收入		40 000
应交税费——应交增值税（销项税额）		5 200
借：主营业务成本	30 000	
贷：库存商品		30 000

四、按权益法核算长期股权投资对初始投资成本调整所产生的税会差异，应如何处理?

（一）税法规定

《企业所得税法实施条例》第五十六条规定，企业的各项资产，包括固定资产、生物资产、无形资产、长期待摊费用、投资资产、存货等，以历史成本为计税基础。前款所称历史成本，是指企业取得该项资产时实际发生的支出。第七十一条规定，投资资产按照以下方法确定成本：通过支付现金方式取得的投资资产，以购买价款为成本；通过支付现金以外的方式取得的投资资产，以该资产的公允价值和支付的相关税费为成本。因此，长期股权投资的初始计税基础无论大于还是小于投资时应享有被投资单位可辨认净资产公允价值份额的，都不调整长期股权投资的计税基础。

（二）会计规定

采用权益法核算的长期股权投资，对于取得投资时投资成本与应享有被投资单位可辨认净资产公允价值份额之间的差额，应区别情况分别处理：初始投资成本大于投资时应享有被投资单位可辨认净资产公允价值的份额时，不要求对长期股权投资的成本进行调整；初始投资成本小于取得投资时应享有被投资单位可辨认净资产公允价值份额的，两者之间的差额体现为双方在交易作价过程中转让方的让步，该部分经济利益流入应作为收益处理，计入取得投资当期的营业外收入，同时调整增加长期股权投资的账面价值。

（三）税会差异

比较税法规定和会计规定，可知，当投资成本大于应享有被投资单位可辨认净资产公允价值份额的，税会不存在差异；当投资成本小于应享有被投资单位可辨认净资产公允价值份额的，税会存在差异。

【例】 A 企业于 2022 年 1 月取得 B 公司 30% 的股权，支付价款 9 000 万元。取得投资时被投资单位净资产账面价值为 40 000 万元（假定被投资单位各项可辨认资产、负债的公允价值与其账面价值相同）。假定 A 企业对该投资满足采用权益法核算的条件。

取得投资时，A 企业应进行以下账务处理（单位：万元）：

借：长期股权投资——投资成本	9 000	
贷：银行存款		9 000
借：长期股权投资——投资成本	3 000	
贷：营业外收入		3 000

长期股权投资的账面价值 12 000 万元，计税基础为支付的价款，即 9 000 万元，税法上对账面所确认的营业外收入 3 000 万元不予认可，可进行纳税调减。

五、企业持有长期股权投资期间自被投资单位取得的股息红利，是否缴纳企业所得税？

《企业所得税法》规定，居民企业直接投资于其他居民企业取得的权益性投资收益免征企业所得税。所称股息、红利等权益性投资收益，不包括连续持有居民企业公开发行并上市流通的股票不足12个月取得的投资收益。

税法上承认长期股权投资持有期间投资企业按照被投资单位宣告分派的利润或现金股利计算应分得的部分确认的投资收益。但符合税法规定条件的股息红利免税，所以在会计处理按权益法确认投资收益时，符合条件的股息红利要进行纳税调减，不符合条件的股息红利不需要进行纳税调整。

《国税函〔2010〕79号》第四条规定，企业权益性投资取得股息、红利等收入，应以被投资企业股东会或股东大会作出利润分配或转股决定的日期，确定收入的实现。

【例】 2020年1月A公司以200万元投资B公司，占30%，B公司2021年5月宣告分配股利50万元。

B公司宣告分配时，A公司账务处理如下（单位：万元）：

借：应收股利　　15（50×30%）

　　贷：投资收益　　15

A公司收到B公司分配的股利时，账务处理如下：

借：银行存款　　15

　　贷：应收股利　　15

A公司取得的股利分配15万元，免征企业所得税。

六、按权益法核算的长期股权投资持有期间确认的投资收益如何进行纳税调整？

（一）根据《企业会计准则第2号——长期股权投资》第十条规定，投资企业取得长期股权投资后，应当按照应享有或应分担的被投资单位实现的净损益的份额，确认投资损益并调整长期股权投资的账面价值。投资企业按照被投资单位宣告分派的利润或现金股利计算应分得的部分，相应减少长期股权投资的账面价值。

（二）根据《企业所得税法实施条例》第十七条规定，企业所得税法第六条第（四）项所称股息、红利等权益性投资收益，是指企业因权益性投资从被投资方取得的收入。

股息、红利等权益性投资收益，除国务院财政、税务主管部门另有规定外，按照被投资方作出利润分配决定的日期确认收入的实现。

（三）税法上不承认长期股权投资持有期间会计按权益法应享有或应分担的被投资单位实现的净损益的份额确认的投资收益，所以在会计处理按权益法确认投资收益时，要进行纳税调整。

七、企业取得股权转让所得，如何进行所得税处理？ 对未分配利润、盈余公积等该股权可能分配的金额是否可以税前扣除？

根据《国税函〔2010〕79号》规定，股权转让所得是指股权转让收入扣除为取得该股权所发生的成本后的差额。股权转让收入应予转让协议生效且完成股权变更手续时确认收入的实现。

企业在计算股权转让所得时，不得扣除被投资企业未分配利润等股东留存收益中按该项股权所可能分配的金额。

【例】 2020年12月甲公司将持有的对乙公司的100%长期股权投资转让给丙公司，取得转让收入120万元，该投资原始成本80万元，转让时账面未分配利润20万元，盈余公积10万元，甲公司如何确认转让所得缴纳企业所得税？（不考虑转让时的其他税费）

转让所得：120－80＝40（万元）

不得扣除未分配利润、盈余公积等该股权可能分配的金额，实际分配股息红利可以享受免税优惠。

八、企业取得的财政性资金是否应计入收入总额缴纳企业所得税？

根据《中华人民共和国企业所得税法》（中华人民共和国主席令第63号）第七条规定：收入总额中的下列收入为不征税收入：（三）国务院规定的其他不征税收入。

根据《中华人民共和国企业所得税法实施条例》（中华人民共和国国务院令第512号）规定：第二十六条企业所得税法第七条第（三）项所称国务院规定的其他不征税收入，是指企业取得的，由国务院财政、税务主管部门规定专项用途并经国务院批准的财政性资金。

财政性资金范围详见《财政部　国家税务总局关于财政性资金行政事业性收费政府性基金有关企业所得税政策问题的通知》（财税〔2008〕151号）规定。

根据《财政部　国家税务总局关于专项用途财政性资金企业所得税处理问题的通知》（财税〔2011〕70号）规定：

一、企业从县级以上各级人民政府财政部门及其他部门取得的应计入收入总额的财政性资金，凡同时符合以下条件的，可以作为不征税收入，在计算应纳税所得额时从收入总额中减除：

（一）企业能够提供规定资金专项用途的资金拨付文件；

（二）财政部门或其他拨付资金的政府部门对该资金有专门的资金管理办法或具体管理要求；

（三）企业对该资金以及以该资金发生的支出单独进行核算。

因此，企业取得的各类财政性资金，除属于国家投资和资金使用后要求归还本金的以外，均应计入企业当年收入总额。如果符合上述文件规定的不征税收入条件的，准予在计算应纳税所得额时从收入总额中减除。

九、企业取得政府财政支付款项，在何时确认收入？

根据《国家税务总局关于企业所得税若干政策征管口径问题的公告》（国家税务总局公告〔2021年〕第17号）规定：

企业按照市场价格销售货物、提供劳务服务等，凡由政府财政部门根据企业销售货物、提供劳务服务的数量、金额的一定比例给予全部或部分资金支付的，应当按照权责发生制原则确认收入。

除上述情形外，企业取得的各种政府财政支付，如财政补贴、补助、补偿、退税等，应当按照实际取得收入的时间确认收入。

十、企业取得政府补助新准则采用净额法核算，如何进行财税处理？

根据《财政部关于印发修订〈企业会计准则第16号——政府补助〉的通知》（财会〔2017〕15号）的规定，与资产相关的政府补助，应当冲减相关资产的账面价值或确认为递延收益；与收益相关的政府补助，分不同情况计入相应期间的当期损益或冲减相关成本。可见，与修订前的准则相比，政府补助新准则的核算既可以采用总额法，也可以采用净额法。

【例】 A公司为进行节能环保改造，2020年12月初购置一批设备。当月底，A公司收到当地政府财政性资金100万元，作为购置设备的补助。该批设备不含税价500万元，会计与税法上预计净残值均为50万元，以直线法计提折旧，折旧年限10年。该公司以净额法对政府补助进行会计处理。

（一）收到政府补助的会计处理

1. 企业购置设备时：（单位：万元，下同）

借：固定资产	500	
应交税费——应交增值税（进项税额）	65	
贷：银行存款		565

2. 企业收到政府补助时：

借：银行存款　　100

　　贷：固定资产　　100

（二）收到政府补助后固定资产的所得税处理

根据《财政部　国家税务总局关于财政性资金、行政事业性收费、政府性基金有关企业所得税政策问题的通知》（财税〔2008〕151号）规定，企业取得的各类财政性资金，除属于国家投资和资金使用后要求归还本金以外，均应计入企业当年收入总额；同时符合《财政部　国家税务总局关于专项用途财政性资金企业所得税处理问题的通知》（财税〔2011〕70号）规定的3个条件的，可以作为不征税收入。

（1）政府补助作为不征税收入时的所得税处理。2017年末，A公司购入设备的账面价值为400万元，由于不征税收入所形成资产计算的折旧不得在税前扣除，因此其计税基础也是400万元，不产生暂时性差异。

（2）政府补助作为应税收入时所得税处理。A公司所购买设备的计税基础应包含政府补助部分（即为500万元），应在取得当年将其全额计入当期应纳税所得额，在汇算清缴时纳税调增；后续年度按固定资产计税基础500万元和账面价值400万元计提折旧部分的差额，可进行纳税调减。

本例中，固定资产账面价值400万元，每年计提折旧额为35万元［(400－50)÷10］；计税基础500万元，每年税前扣除折旧额为45万元［(500－50)÷10］，每年纳税调减10万元。

十一、企业收到政府给予的搬迁补偿款应当如何进行会计处理？

根据《财政部关于印发企业会计准则解释第3号的通知》（财会〔2009〕8号）规定：企业因城镇整体规划、库区建设、棚户区改造、沉陷区治理等公共利益进行搬迁，收到政府从财政预算直接拨付的搬迁补偿款，应作为专项应付款处理。其中，属于对企业在搬迁和重建过程中发生的固定资产和无形资产损失、有关费用性支出、停工损失及搬迁后拟新建资产进行补偿的，应自专项应付款转入递延收益，并按照《企业会计准则第16号——政府补助》进行会计处理。企业取得的搬迁补偿款扣除转入递延收益的金额后如有结余的，应当作为资本公积处理。

企业收到除上述之外的搬迁补偿款，应当按照《企业会计准则第4号——固定资产》《企业会计准则第16号——政府补助》等会计准则进行处理。

十二、对于政策性搬迁企业所得税有何特殊规定?

根据《国家税务总局关于发布〈企业政策性搬迁所得税管理办法〉的公告》（国家税务总局公告〔2012 年〕第 40 号）规定，企业政策性搬迁，是指由于社会公共利益的需要，在政府主导下企业进行整体搬迁或部分搬迁。

企业在搬迁期间发生的搬迁收入和搬迁支出，可以暂不计入当期应纳税所得额，而在完成搬迁的年度，对搬迁收入和支出进行汇总清算。具备下列情形之一的，为搬迁完成年度，企业应进行搬迁清算，计算搬迁所得：

（一）从搬迁开始，5 年内（包括搬迁当年度）任何一年完成搬迁的。

（二）从搬迁开始，搬迁时间满 5 年（包括搬迁当年度）的年度。

企业同时符合下列条件的，视为已经完成搬迁：（1）搬迁规划已基本完成；（2）当年生产经营收入占规划搬迁前年度生产经营收入 50% 以上。

企业搬迁收入扣除搬迁支出后为负数的，应为搬迁损失。搬迁损失可在下列方法中选择其一进行税务处理：（1）在搬迁完成年度，一次性作为损失进行扣除。（2）自搬迁完成年度起分 3 个年度，均匀在税前扣除。

十三、企业三年以上应付未付的款项，如何进行纳税调整?

根据《河北省国家税务局关于企业所得税若干政策问题的公告》（河北省国家税务局公告〔2014 年〕第 5 号），企业因债权人确实无法支付的应付款项，包括超过三年未支付的应付款项以及清算期间未支付的应付款项，应计入当期应纳税所得额缴纳企业所得税。企业若能够提供确凿证据证明债权人没有确认损失并在税前扣除的，可以不计入当期应纳税所得额。已计入当期应纳税所得额的应付款项在以后年度支付的，在支付年度允许税前扣除。

注：确凿证据指债权人承担法律责任的书面声明或债权人主管税务机关的证明等，能够证明债权人没有按规定确认损失并在税前扣除的有效证据以及法律诉讼文书。

【例】企业应付某客户的款项 10 万元，三年内没有任何业务发生，对方不再催要，且不能提供资料证明对方未申报财产损失，应在满三年的当年调增应纳税所得额 10 万元，以后年度客户催要并实际支付时，在支付当年纳税调减。

十四、煤矿企业基建期间采掘的工程煤，应如何进行财税处理?

《企业会计准则》规定：企业在建工程项目，在达到预定可使用状态前的试运行过程取得的产品销售收入，应冲减工程成本。根据《企业所得税法》相关规定，试运行收入属于应税收入，煤矿基建期间取得的工程煤销售收入，应作为应税收入计入应纳税所得额，同时对企业发生的与试运行收入直接相关的成本支出允许扣除。无法准确计算对应成本的，可以全部计入井巷工程，在以后正式生产期间以折旧的方式在税前扣除。

工程煤收入应缴纳企业所得税、资源税、矿产资源补偿费、增值税、城建税及教育费附加等；另外，会计上将工程煤收入冲减工程成本，而税法作为应税收入，两者差异在工程项目结转固定资产后，影响固定资产的计税基础，涉及资产折旧的调整。

【例】某煤矿企业在基建施工中采掘煤炭 1 000 吨，销售定价（不含税）600 元/吨，并在当时直接销售。账务处理如下：

采掘工程煤 1 000 吨时：

借：库存商品　　600 000

　　贷：生产成本　　600 000

工程煤销售时：

借：银行存款　　678 000

　　贷：在建工程　　600 000

　　　　应交税费——应交增值税（销项税额）　　78 000

同时：

借：主营业务成本　　600 000

　　贷：库存商品　　600 000

年度汇算清缴时，将冲减的工程款 600 000 元调增应纳税所得额；同时增加固定资产的计税基础，在每年计提折旧时进行纳税调减。

十五、煤炭企业以预收货款方式销售货物并开具增值税发票的，如何进行账务处理？如何纳税？

根据《增值税暂行条例》规定，销售货物或应税劳务，纳税义务发生时间为收讫销售款项或者取得索取销售款项的当天；先开具发票的，为开具发票的当天。《国家税务总局关于确认企业所得税收入若干问题的通知》（国税函〔2008〕875 号）规定：销售商品采取预收款方式的，在发出商品时确认收入。

【例】某煤矿预收甲公司煤款 113 万元，并开具了增值税专用发票，如何进行账务处理？

相关会计分录：

借：银行存款　　　1 130 000

　贷：预收账款　　　1 000 000

　　应交税费——应交增值税（销项税额）　　　130 000

应在开具发票当月缴纳增值税，但企业所得税未达到收入确认条件，即未发货，年度汇算清缴时不需要做纳税调整。待货物发出后再确认收入缴纳企业所得税。

十六、煤炭企业对“三违”人员收取的罚款，是否需要缴纳企业所得税？如何进行账务处理？

“三违”是指违章指挥、违章操作、违反劳动纪律。对煤炭企业收取的“三违”罚款，会计上记入“营业外收入”科目，税法上属于其他收入，应当计入应纳税所得额缴纳企业所得税。

如果奖罚对象是同一个部门或同一名职工，而且公司财务制度规定对收取的罚款通过后期的考核情况进行返还的，可以通过“其他应付款”科目核算。

十七、关联企业售价偏低，对税收有哪些影响？

根据《增值税暂行条例》第七条：“纳税人销售货物或者应税劳务的价格明显偏低且无正当理由的，由主管税务机关核定其销售额。”《增值税暂行条例释义》中明确：“纳税人交易价格偏低是以少纳税款为目的的，税务机关可以按照正常交易价格来核定纳税人的销售额。”

根据《国家税务总局关于发布〈特别纳税调查调整及相互协商程序管理办法〉的公告》（国家税务总局公告〔2017 年〕第 6 号）第三十八条，实际税负相同的境内关联方之间的交易，只要该交易没有直接或者间接导致国家总体税收收入的减少，原则上不作特别纳税调整。

【例】销货方为一般纳税人，关联收货方是小规模纳税人或免征增值税的一般纳税人；销货方为一般企业，关联收货方企业所得税享受减免税优惠等，其销售价格明显偏低的，就属于是以少纳税款为目的，税务机关可以按照独立企业间的交易价格来核定纳税人的销售额。

如果关联双方均为境内居民企业，只要不是以逃避税款为目的，不影响国家总体税负，税务机关原则上不作纳税调整。

十八、企业之间无偿资金占用是否应视同销售缴纳企业所得税？

企业之间无偿资金占用视同提供借款。根据《中华人民共和国企业所得税法实施条例》第二十五条规定，企业发生非货币性资产交换，以及将货物、财产、劳务用于捐赠、偿债、赞助、集资、广告、样品、职工福利或者利润分配等用途的，应当视同销售货物、转让财产或者提供劳务。《中华人民共和国企业所得税法实施条例》第十五条规定，企业所得税法第六条第（二）项所称提供劳务收入，是指企业从事建筑安装、修理修配、交通运输、仓储租赁、金融保险、邮电通信、咨询经纪、文化体育、科学研究、技术服务、教育培训、餐饮住宿、中介代理、卫生保健、社区服务、旅游、娱乐、加工以及其他劳务服务活动取得的收入。

根据上述规定，企业无偿提供借款应视同提供劳务缴纳企业所得税。

同时，应关注以下政策规定：

《企业所得税法》第四十七条规定，企业实施其他不具有合理商业目的的安排而减少其应纳税收入或者所得额的，税务机关有权按照合理方法调整。《企业所得税法实施条例》第一百二十条规定，不具有合理商业目的，是指以减少、免除或者推迟缴纳税款为主要目的。第一百二十三条规定，企业与其关联方之间的业务往来，不符合独立交易原则，或者企业实施其他不具有合理商业目的安排的，税务机关有权在该业务发生的纳税年度起10年内，进行纳税调整。《特别纳税调查调整及相互协商程序管理办法》（国家税务总局公告〔2017年〕第6号）第三十八条规定：实际税负相同的境内关联方之间的交易，只要该交易没有直接或者间接导致国家总体税收收入的减少，原则上不作特别纳税调整。

十九、合同约定的租赁期限跨年度，且租金提前一次性支付，是否产生税会差异？如何处理？

（一）税法规定

《中华人民共和国企业所得税法实施条例》第九条规定，企业应纳税所得额的计算，以权责发生制为原则；第十九条规定，租金收入，按照合同约定的承租人应付租金的日期确认收入的实现。

《国家税务总局关于贯彻落实企业所得税法若干税收问题的通知》（国税函〔2010〕79号）第一条“关于租金收入确认问题”做了进一步明确的规定，根据《实施条例》第十九条的规定，企业提供固定资产、包装物或者其他有形资产的使用权取得的租金收入，应按交易合同或协议规定的承租人应付租金的日期确认收入的实现。其中，如果交易合同或协议中规定租赁期限跨年度，且租金提前一次性支付的，根据《实施条例》第九条规定的收入与费用配比原则，出租人可对上述已确认的收入，在租赁期内，分期均匀计入相关年度收入。

（二）会计规定

会计上按照权责发生制原则，在合同或协议规定的有效期内分期确认收入，属于当期的收入，不论款项是否收取，均作为当期的收入。

（三）税会差异

如果交易合同或协议中规定租赁期限跨年度，出租人应根据税法规定采用收入与费用配比原则确认所得税应税收入，账务处理采用权责发生制原则进行核算的情况下，不产生税会差异；如出租人未按权责发生制原则进行核算，而是按照合同约定的付款日期，则存在税会差异，需要对租金收入进行纳税调整。

二十、跨期收取的利息收入，税会差异?

（一）税法规定

利息收入，按照合同约定的债务人应付利息的日期确认收入的实现。

（二）会计规定

会计上按照他人使用本企业货币资金的时间和实际利率计算确定利息收入金额，通常遵循权责发生制。

（三）税会差异

税法按照合同约定的债务人应付利息的日期确认收入的实现，会计上按照权责发生制原则确认收入。由此，税会存在差异，需要进行纳税调整。

二十一、跨期收取的特许权使用费收入，税会差异?

（一）税法规定

根据《国家税务总局关于确认企业所得税收入若干问题的通知》（国税函〔2008〕875 号）规定，属于提供设备和其他有形资产的特许权费，在交付资产或转移资产所有权时确认收入；属于提供初始及后续服务的特许权费，在提供服务时确认收入。

（二）会计规定

会计准则规定特许权使用费收入应按有关合同协议规定的收费时间和方法确认。如果合同、协议规定特许权使用费一次性支付，且不提供后续服务的，应视同该项资产的销售一次性完成，一次性确认收入；如果提供后续服务的，应在合同或协议规定的有效期内分期确认收入。如果合同规定分期支付使用费的，应按照合同规定的收款时间和金额或规定的收费方法计算确定的金额分期确认收入。

（三）税会差异

对比税法和会计对特许权使用费收入确认的规定，我们可以看到，对于合同或协议规定一次性收取使用费用，且不提供后续服务的，会计与税法对收入的确认时间是相同的，不存在差异；对于属于提供设备和其他形式资产的特许权使用费，会计和税法都是在交付资产或转移资产所有权时确认收入，不存在差异；对于合同或协议规定分期收取使用费的，会计和税法均规定应该按照合同或协议约定的收款方式分期确认收入，不存在差异。

对于合同或协议规定一次性收取使用费，但提供后续服务的，会计规定应在合同或协议规定的有效期内分期确认收入。而税法规定，按照合同约定的特许权使用人应付特许权使用费的日期确认收入的实现。税会存在差异，需要纳税调整。

二十二、国债利息、国债转让收入是否需要缴纳企业所得税？

根据《国家税务总局关于企业国债投资业务企业所得税处理问题的公告》（国家税务总局公告〔2011 年〕第 36 号）规定：

（一）关于国债利息收入税务处理问题

1. 国债利息收入时间确认

（1）根据《企业所得税法实施条例》第十八条的规定，企业投资国债从国务院财政部门（以下简称“发行者”）取得的国债利息收入，应以国债发行时约定应付利息的日期，确认利息收入的实现。

（2）企业转让国债，应在国债转让收入确认时确认利息收入的实现。

2. 国债利息收入计算

企业到期前转让国债、或者从非发行者投资购买的国债，其持有期间尚未兑付的国债利息收入，按以下公式计算确定：

国债利息收入＝国债金额×（适用年利率÷365）×持有天数

上述公式中的“国债金额”，按国债发行面值或发行价格确定；“适用年利率”按国债票面年利率或折合年收益率确定；如企业不同时间多次购买同一品种国债的，“持有天数”可按平均持有天数计算确定。

3. 国债利息收入免税问题

根据《企业所得税法》第二十六条的规定，企业取得的国债利息收入，免征企业所得税。具体按以下规定执行：

（1）企业从发行者直接投资购买的国债持有至到期，其从发行者取得的国债利息收入，全额免征企业所得税。

（2）企业到期前转让国债，或者从非发行者投资购买的国债，其按本公告第一条第（二）项计算的国债利息收入，免征企业所得税。

（二）关于国债转让收入税务处理问题

1. 国债转让收入时间确认

（1）企业转让国债应在转让国债合同、协议生效的日期，或者国债移交时确认转让收入的实现。

（2）企业投资购买国债，到期兑付的，应在国债发行时约定的应付利息的日期，确认国债转让收入的实现。

2. 国债转让收益（损失）计算

企业转让或到期兑付国债取得的价款，减除其购买国债成本，并扣除其持有期间按照本公告第一条计算的国债利息收入以及交易过程中相关税费后的余额，为企业转让国债收益（损失）。

3. 国债转让收益（损失）征税问题

根据《企业所得税法实施条例》第十六条规定，企业转让国债，应作为转让财产，其取得的收益（损失）应作为企业应纳税所得额计算纳税。

（三）关于国债成本确定问题

1. 通过支付现金方式取得的国债，以买入价和支付的相关税费为成本；

2. 通过支付现金以外的方式取得的国债，以该资产的公允价值和支付的相关税费为成本。

（四）关于国债成本计算方法问题

企业在不同时间购买同一品种国债的，其转让时的成本计算方法，可在先进先出法、加权平均法、个别计价法中选用一种。计价方法一经选用，不得随意改变。

二十三、债务重组应当在何时确认收入的实现？

根据《国家税务总局关于贯彻落实企业所得税法若干税收问题的通知》（国税函〔2010〕79号）规定，企业发生债务重组，应在债务重组合同或协议生效时确认收入的实现。

二十四、融资性售后回租业务中承租方出售资产的行为是否应当视同销售确认收入?

根据《国家税务总局关于融资性售后回租业务中承租方出售资产行为有关税收问题的公告》(国家税务总局公告〔2010 年〕第 13 号)规定，融资性售后回租业务是指承租方以融资为目的将资产出售给经批准从事融资租赁业务的企业后，又将该项资产从该融资租赁企业租回的行为。

融资性售后回租业务中，承租人出售资产的行为，不确认为销售收入，对融资性租赁的资产，仍按承租人出售前原账面价值作为计税基础计提折旧。租赁期间，承租人支付的属于融资利息的部分，作为企业财务费用在税前扣除。

【例】甲公司 2020 年 12 月 31 日将一台全新设备按 1 000 万元的价格出售给乙资产融资租赁公司，同时又签订了一份租赁合同将该机床租回。租赁期自 2020 年 12 月 31 日至 2024 年 12 月 31 日共 4 年，每年年末支付租金 400 万元，该设备账面价值为 900 万元，预计使用寿命为 4 年，甲公司采用直线法计提固定资产设备折旧(净残值假设为 0)。如何进行会计处理?(以万元为单位)

1. 租赁开始日:

借：固定资产——融资租入固定资产 900

　　贷：固定资产——生产用固定资产 900

2. 收到出售设备价款时:

借：银行存款 1 000

　　递延收益——未实现售后回租损益 600

　　贷：长期应付款——应付融资租赁款 1 600

3. 每年设备计提折旧:

借：制造费用/生产成本 225 (900 ÷ 4 = 225)

　　贷：累计折旧 225

4. 每年末支付租金时:

借：长期应付款——应付融资租赁款 400

　　贷：银行存款 400

5. 分摊未实现售后回租损益:

每年应摊销的售后回租损益 600 ÷ 4 = 150 (万元):

借：财务费用 150

　　贷：递延收益——未实现售后回租损益 150

第二节 扣除类项目

一、预提的职工工资、奖金能否税前扣除?

根据《中华人民共和国企业所得税法实施条例》第三十四条规定，企业发生的合理的工资薪金支出，准予扣除。

根据《国税函〔2009〕3号》规定，“合理工资薪金”是指企业按照股东大会、董事会、薪酬委员会或相关管理机构制订的工资薪金制度规定实际发放给员工的工资薪金。税务机关在对工资薪金进行合理性确认时，可按以下原则掌握：

（一）企业制订了较为规范的员工工资薪金制度；

（二）企业所制订的工资薪金制度符合行业及地区水平；

（三）企业在一定时期所发放的工资薪金是相对固定的，工资薪金的调整是有序进行的；

（四）企业对实际发放的工资薪金，已依法履行了代扣代缴个人所得税义务。

（五）有关工资薪金的安排，不以减少或逃避税款为目的；

根据《国家税务总局公告〔2015年〕第34号》第二条规定，企业在年度汇算清缴结束前向员工实际支付的已预提汇缴年度工资薪金，准予在汇缴年度按规定扣除。

属于国有性质的企业，其工资薪金，不得超过政府有关部门给予的限定数额；超过部分，不得计入企业工资薪金总额，也不得在计算企业应纳税所得额时扣除。

因此，在年度汇算清缴结束前向员工实际支付的已预提汇缴年度工资薪金，准予在汇缴年度按规定扣除。

二、每月随工资发放的交通补贴能否税前扣除?职工住房补贴能否计入工资总额在税前扣除?

根据《国家税务总局公告〔2015年〕第34号》第一条规定，列入企业员工工资薪金制度、固定与工资薪金一起发放的福利性补贴，符合《国家税务总局关于企业工资薪金及职工福利费扣除问题的通知》（国税函〔2009〕3号）第一条规定的，可作为企业发生的工资薪金支出，按规定在税前扣除。

不能同时符合上述条件的福利性补贴，应作为国税函〔2009〕3号文件第三条规定的职工福利费，按规定计算限额税前扣除。

三、劳务派遣人员的工资税前扣除是如何规定的?

根据《国家税务总局公告〔2015年〕第34号》第三条规定，企业接受外部劳务派遣用工所实际发生的费用，应分两种情况按规定在税前扣除：按照协议（合同）约定直接支付给劳务派遣公司的费用，应作为劳务费支出；直接支付给员工个人的费用，应作为工资薪金支出和职工福利费支出。其中属于工资薪金支出的费用，准予计入企业工资薪金总额的基数，作为计算其他各项相关费用扣除的依据。

四、解除职工劳务合同时，向职工支付的经济补偿金，能否作为计算职工福利费等三项经费税前扣除限额的基数?

根据《中华人民共和国企业所得税法实施条例》第三十四条规定，企业发生的合理的工资薪金支出，准予扣除。前款所称工资薪金，是指企业每一纳税年度支付给在本企业任职或者受雇的员工的所有现金形式或者非现金形式的劳动报酬，包括基本工资、奖金、津贴、补贴、年终加薪、加班工资，以及与员工任职或者受雇有关的其他支出。

第四十条规定，企业发生的职工福利费支出，不超过工资薪金总额14%的部分，准予扣除。第四十一条规定，企业拨缴的工会经费，不超过工资薪金总额2%的部分，准予扣除。第四十二条规定，除国务院财政、税务主管部门另有规定外，企业发生的职工教育经费支出，不超过工资薪金总额8%的部分，准予扣除；超过部分，准予在以后纳税年度结转扣除。

根据《国税函〔2009〕3号》第二条规定，“工资薪金总额”是指企业按照本通知第一条规定实际发放的工资薪金总和。

根据第一条规定，“合理工资薪金”是指企业按照股东大会、董事会、薪酬委员会或相关管理机构制订的工资薪金制度规定实际发放给员工的工资薪金。

综上所述，经济补偿金，是“与员工任职或受雇有关的其他支出”，可以税前扣除，但不是国税函〔2009〕3号规定的“合理工资薪金”，不能作为工会经费、职工福利费、职工教育经费的计提基数。

五、企业为提前离岗人员发放的工资薪金如何进行税前扣除?

根据《河北省国家税务局公告〔2014年〕第5号》第九条规定，提前离岗人员凡未正式办理退休手续，也未与企业解除劳动关系的，企业为其发放的工资薪金允许按规定在税前扣除。

六、企业为本单位员工负担的个人所得税，是否能税前扣除？

《冀国税函〔2013〕161号》规定，根据《国家税务总局公告〔2011年〕第28号》企业为雇员负担的个人所得税款，应属于个人工资薪金的一部分。凡单独作为企业管理费列支的，在计算企业所得税时不得税前扣除。同时，属于国有性质的企业，作为工资薪金，不得超过政府有关部门给予的限定数额。

七、企业以现金形式发放给全体职工的误餐费或误餐补助是应计入工资薪金还是职工福利费？

根据《冀国税函〔2013〕161号》规定，根据《国家税务总局关于企业工资、薪金及职工福利费扣除问题的通知》（国税函〔2009〕3号）、《财政部关于企业加强职工福利费财务管理的通知》（财企〔2009〕242号）第二条第二款规定，企业以现金形式按月按标准发放或支付给全体职工的误餐费或误餐补助应计入职工工资薪金。

八、企业职工通讯费如何进行税前扣除？

根据《冀国税函〔2013〕161号》规定，根据《国家税务总局关于企业工资、薪金及职工福利费扣除问题的通知》（国税函〔2009〕3号）、《财政部关于企业加强职工福利费财务管理的通知》（财企〔2009〕242号）规定，企业为职工凭票报销的通讯费，应计入职工福利费；企业以现金形式按月按标准发放或支付给全体职工的通讯补贴，应计入职工工资薪金。

九、企业为职工缴纳的“五险一金”，如何在企业所得税税前扣除？

根据《中华人民共和国企业所得税法实施条例》规定，企业依照国务院有关主管部门或省级人民政府规定范围和标准，为职工缴纳的基本养老保险、基本医疗保险、失业保险、工伤保险、生育保险和住房公积金，准予税前扣除。

企业与职工个人各自承担的保险比例，不符合省级人民政府标准或未实际上缴到社会保险机构的，所列支的“五险一金”不得税前扣除。企业为个人承担的社保，属于非本单位费用，不允许税前扣除。

十、煤炭企业为职工缴纳的人身意外伤害保险，能否在企业所得税税前扣除？

根据《中华人民共和国企业所得税法实施条例》规定，除企业依国家有关规定为特殊工种职工支付的人身安全保险和国务院财政、税务主管部门规定可以扣除的其他商业保险费外，企业为投资者职工支付的商业保险费，不得税前扣除。

《特种作业人员安全技术培训考核管理规定》规定的特殊工种包括：（1）煤矿井下电工作业；（2）煤矿井下爆破作业；（3）煤矿安全监控监测作业；（4）煤矿瓦斯检查作业；（5）煤矿安全检查作业；（6）煤矿提升机操作作业；（7）煤矿采煤机（掘进机）操作作业；（8）煤矿瓦斯抽采作业；（9）煤矿防突作业；（10）煤矿探放水作业。特殊工种必须取得相应的职业资格证书。

煤矿企业为特殊工种缴纳的人身意外伤害保险可以税前扣除，为其他职工缴纳的人身意外伤害保险不得税前扣除。

根据《国家税务总局公告〔2016年〕第80号》规定，企业职工因公出差乘坐交通工具发生的人身意外保险费支出，准予企业在计算应纳税所得额时扣除。

根据《国家税务总局公告〔2018年〕第52号》规定，企业参加雇主责任险、公众责任险等责任保险，按照规定缴纳的保险费，准予在企业所得税税前扣除。

十一、企业为高管人员缴纳补充养老保险能否税前扣除？

根据《中华人民共和国企业所得税法实施条例》第三十五条规定，企业为投资者或者职工支付的补充养老保险费、补充医疗保险费，在国务院财政、税务主管部门规定的范围和标准内，准予扣除。此外，《财政部　国家税务总局关于补充养老保险费、补充医疗保险费有关企业所得税政策问题的通知》（财税〔2009〕27号）规定，自2008年1月1日起，企业根据国家有关政策规定，为在本企业任职或者受雇的全体员工支付的补充养老保险费、补充医疗保险费，分别在不超过职工工资总额5%标准内的部分，在计算应纳税所得额时准予扣除；超过的部分，不予扣除。

根据上述分析，企业没有为所有员工缴纳补充养老保险是不符合税法规定的，不允许税前扣除。

十二、企业列支的工会经费，应如何在税前扣除?

根据《国家税务总局公告〔2010年〕第24号》规定，企业拨缴的职工工会经费，不超过工资总额的2%部分，凭工会组织开具的《工会经费收入专用收据》税前扣除。

根据《国家税务总局公告〔2011年〕第30号》规定，在委托税务机关代收工会经费的地区，企业拨缴的工会经费，也可凭合法、有效的工会经费代收凭据依法在税前扣除。

根据《河北省工会经费代征管理暂行办法》第四条规定，建立工会组织的单位按每月全部职工工资总额2%，向同级地方税务部门申报缴纳工会经费，全额委托税务部门代征。

十三、企业组织员工外出考察学习费用，能否计入“职工教育经费”？为职工报销的学历教育费用，能否计入“职工教育经费”在税前扣除?

根据《财建〔2006〕317号》第五条规定，职工教育经费的列支范围主要包括：

（1）上岗和转岗培训；

（2）各类岗位适应性培训；

（3）岗位培训、职业技术等级培训、高技能人才培训；

（4）专业技术人员继续教育；

（5）特种作业人员培训；

（6）企业组织的职工外送培训的经费支出；

（7）职工参加的职业技能鉴定、职业资格认证等经费支出；

（8）购置教学设备与设施；

（9）职工岗位自学成才奖励费用；

（10）职工教育培训管理费用；

（11）有关职工教育的其他开支。

第九条规定，企业职工参加社会上的学历教育以及个人为取得学位而参加的在职教育，所需费用应由个人承担，不能挤占企业的职工教育培训经费。

综上所述，企业组织职工国内考察学习的费用和职工学历教育，均不属于职工教育经费的列支范围，不能作为职工教育经费在企业所得税税前扣除。

十四、业务招待费如何在企业所得税前扣除，需要关注哪些项目?

根据《中华人民共和国企业所得税法实施条例》第四十三条规定，企业发生的与生产经营活动有关的业务招待费支出，按照发生额的60%扣除，但最高不得超过当年销售（营业）收入的5‰。

需要关注的项目：

1. 纳税人应将业务招待费与会议费严格区分，根据《河北省地方税务局关于企业所得税若干业务问题的公告》（河北省地方税务局公告〔2011年〕第1号》规定，会议费应同时具备以下条件：

（1）会议名称、时间、地点、目的及参加会议人员花名册；

（2）会议材料（会议议程、讨论专件、领导讲话）；

（3）会议召开地酒店（饭店、招待处）出具的服务业专用发票。

企业不能提供上述资料的，其发生的会议费一律不得扣除。

2. 外购礼品、纪念品用于赠送的应作为业务招待费；自制或委托加工的产品对外赠送，对企业产品、形象有宣传作用的，可计入业务宣传费。

3. 发生在纳税人机构所在地的住宿费，一般作为业务招待费。

4. 回扣、贿赂等非法支出，不得作为业务招待费在税前扣除。

十五、煤炭企业内部食堂、招待所费用，如何在税前扣除，需要取得哪些合法票据?

职工食堂为不需要办理税务登记的内设机构，属于企业的福利部门，与职工食堂有关的人员工资应在职工福利费中列支。企业职工通过向食堂购买餐票用餐，食堂收支差额计入企业职工福利费。对于食堂招待客人的费用，应由企业承担，凭内部的资金往来单据入账，在“管理费用——业务招待费”科目列支。

根据《冀地税发〔2010〕30号》第十六条规定，职工食堂、招待所购买原材料应凭合法手续入账，纳税人的下列原材料和日用品必须取得合法票据，否则，在计征所得税时不得扣除：

（1）烟、酒、饮料、米、面、肉食、海鲜等构成主要成本的原料；

（2）台布、餐巾、碗筷、酱油、醋、盐、油等日用品。

第十七条规定，纳税人采购的各类瓜、果、蔬菜、食用菌和鲜蛋等确实无合法票据的，应凭真实有效凭证予以扣除。真实有效凭证必须同时具备以下条件：

（1）本单位采购人员出具的采购单，采购单应记载采购物品的名称、数量、单价、金额、采购的时间、地点以及采购人和供货人的签字等；

（2）本单位采购供应部门负责人、库存保管人员出具的验收入库证明；

（3）本单位餐饮部经理出具的签字证明。

根据《国家税务总局公告〔2018年〕第28号》第九条规定，企业在境内发生的支出项目属于增值税应税项目（以下简称“应税项目”）的，对方为已办理税务登记的增值税纳税人，其支出以发票（包括按照规定由税务机关代开的发票）作为税前扣除凭证；对方为依法无须办理税务登记的单位或者从事小额零星经营业务的个人，其支出以税务机关代开的发票或者收款凭证及内部凭证作为税前扣除凭证，收款凭证应载明收款单位名称、个人姓名及身份证号、支出项目、收款金额等相关信息。

小额零星经营业务的判断标准是个人从事应税项目经营业务的销售额不超过增值税相关政策规定的起征点。

根据《营业税改征增值税试点实施办法》（财税〔2016〕36号）第四十九条规定，个人发生应税行为的销售额未达到增值税起征点的，免征增值税；达到起征点的，全额计算缴纳增值税。增值税起征点不适用于登记为一般纳税人的个体工商户。

第五十条规定，增值税起征点幅度如下：

（一）按期纳税的，为月销售额5 000~20 000元（含本数）。

（二）按次纳税的，为每次（日）销售额300~500元（含本数）。

根据《税务登记管理办法》，国家机关、个人和无固定生产、经营场所的流动性农村小商贩，依法无须办理税务登记。

十六、企业发生的广告费、业务宣传费，如何税前扣除？

根据《中华人民共和国企业所得税法实施条例》第四十四条规定，企业发生的符合条件的广告费和业务宣传费支出，除国务院财政、税务主管部门另有规定外，不超过当年销售（营业）收入15%的部分，准予扣除；超过部分，准予在以后纳税年度结转扣除。

十七、企业的开办费如何在税前扣除？

（一）开办费是指企业在筹建期间发生的费用，包括筹建期人员工资、办公费、培训费、差旅费、印刷费、注册登记费以及不计入固定资产和无形资产购建成本的汇兑损益和利息支出、业务招待费等。

（二）筹建期，是指企业被批准筹建之日起至开始生产、经营（包括试生产、试营业）之日的期间。

（三）税前扣除

根据《国税函〔2010〕79号》规定，企业自开始生产经营的年度，为开始计算企业损益的年度。企业从事生产经营之前进行筹办活动期间发生筹办费用支出，不得计算为当期的亏损。

根据《国税函〔2009〕98号》规定，企业可以在开始经营之日的当年一次性扣除开（筹）办费，也可以按照新税法有关长期待摊费用的处理规定处理，但一经选定，不得改变。

作为长期待摊费用的支出，自支出发生月份的次月起，分期摊销，摊销年限不得低于3年。

（四）业务招待费和广告、业务宣传费扣除标准

根据《国家税务总局公告〔2012年〕第15号》规定，企业在筹建期间，发生的与筹办活动有关的业务招待费支出，可按实际发生额的60%计入企业筹办费，并按有关规定在税前扣除；发生的广告费和业务宣传费，可按实际发生额计入企业筹办费，并按有关规定在税前扣除。

【例】某企业2020年列支筹建期间招待费200万元，如何在税前扣除？

企业筹建期间发生业务招待费200万元时，应将其40%（80万元）直接计入管理费用科目，汇算清缴时作纳税调增，其余60%（120万元）先通过“长期待摊费用——开办费”科目归集，在开始经营的当年一次性摊入管理费用——开办费，不再受收入5‰限额的约束。

筹建期间的广告费和业务宣传费全额计入长期待摊费用——开办费，在生产经营的当月一次性摊销，不受收入15%限额的约束。

十八、企业之间的利息支出税前扣除，应注意哪些事项？

（一）不高于同期同类贷款利率

根据《中华人民共和国企业所得税法实施条例》第三十八条规定：

企业在生产经营活动中发生的下列利息支出，准予扣除：

（一）非金融企业向金融企业借款的利息支出、金融企业的各项存款利息支出和同业拆借利息支出、企业经批准发行债券的利息支出；

（二）非金融企业向非金融企业借款的利息支出，不超过按照金融企业同期同类贷款利率计算的数额的部分。

根据《国家税务总局公告〔2011年〕第34号》规定：关于金融企业同期同类贷款利率确定问题。根据《实施条例》第三十八条规定，非金融企业向非金融企业借款的利息支出，不超过按照金融企业同期同类贷款利率计算的数额的部分，准予税前扣除。鉴于目前我国对金融企业利率要求的具体情况，企业在按照合同要求首次支付利息并进行税前扣除时，应提供"金融企业的同期同类贷款利率情况说明"，以证明其利息支出的合理性。

"金融企业的同期同类贷款利率情况说明"中，应包括在签订该借款合同当时，本省任何一家金融企业提供同期同类贷款利率情况。该金融企业应为经政府有关部门批准成立的可以从事贷款业务的企业，包括银行、财务公司、信托公司等金融机构。"同期同类贷款利率"是指在贷款期限、贷款金额、贷款担保以及企业信誉等条件基本相同下，金融企业提供贷款的利率。既可以是金融企业公布的同期同类平均利率，也可以是金融企业为某些企业提供的实际贷款利率。

（二）债资比限制

根据《中华人民共和国企业所得税法》第四十六条规定：企业从其关联方接受的债权性投资与权益性投资的比例超过规定标准而发生的利息支出，不得在计算应纳税所得额时扣除。

根据《财税〔2008〕121号》规定：

一、在计算应纳税所得额时，企业实际支付给关联方的利息支出，不超过以下规定比例和税法及其实施条例有关规定计算的部分，准予扣除，超过的部分不得在发生当期和以后年度扣除。

企业实际支付给关联方的利息支出，除符合本通知第二条规定外，其接受关联方债权性投资与其权益性投资比例为：

（一）金融企业，为5∶1；

（二）其他企业，为2∶1；

二、企业如果能够按照税法及其实施条例的有关规定提供相关资料，并证明相关交易活动符合独立交易原则的；或者该企业的实际税负不高于境内关联方的，其实际支付给境内关联方的利息支出，在计算应纳税所得额时准予扣除。

（三）企业集团内统借统还的特殊规定

根据《国家税务总局关于印发〈房地产开发经营业务企业所得税处理办法〉的通知》（国税发〔2009〕31号）第二十一条第二款规定，企业集团或其成员企业统一向金融机构借款分摊集团内部其他成员企业使用的，借入方凡能出具从金融机构取得借款的证明文件，可以在使用借款的企业间合理分摊利息费用，使用借款的企业分摊的合理利息准予在税前扣除。

（四）税前扣除凭证

根据《财政部 国家税务总局关于全面推开营业税改征增值税试点的通知》（财税〔2016〕36号）规定，统借统还业务中，企业集团或企业集团中的核心企业以及集团所属财务公司按不高于支付给金融机构的借款利率水平或者支付的债券票面利率水平，向企业集团或者集团内下属单位收取的利息，免征增值税。利息支出方应当取得免税发票进行税前扣除。

统借方向资金使用单位收取的利息，高于支付给金融机构借款利率水平或者支付的债券票面利率水平的，应全额缴纳增值税。利息支出方应当取得6%税率的增值税发票，满足条件的利息支出方可税前扣除。

1. 统借统还业务，是指：

（1）企业集团或者企业集团中的核心企业向金融机构借款或对外发行债券取得资金后，将所借资金分拨给下属单位（包括独立核算单位和非独立核算单位，下同），并向下属单位收取用于归还金融机构或债券购买方本息的业务。

（2）企业集团向金融机构借款或对外发行债券取得资金后，由集团所属财务公司与企业集团或者集团内下属单位签订统借统还贷款合同并分拨资金，并向企业集团或者集团内下属单位收取本息，再转付企业集团，由企业集团统一归还金融机构或债券购买方的业务。

2. 企业集团判定条件：

（1）根据《企业集团登记管理暂行规定》（工商企字〔1998〕第59号）规定，2018年8月31日前经企业集团核准登记，持有《企业集团登记证》的企业集团。

（2）根据《关于做好取消企业集团核准登记等4项行政许可等事项衔接工作的通知》（国市监企注〔2018〕139号）规定，2018年9月1日后，将企业集团名称及集团成员信息通过国家企业信用信息公示系统向社会公示的集团母公司。

十九、企业租用个人车辆发生的汽油费、维修费等支出如何进行税前扣除？

根据《河北省国家税务局公告〔2014年〕第5号》规定："企业实际发生的与取得收入有关的、合理的支出，包括成本、费用、税金、损失和其他支出，准予在计算应纳税所得额时扣除。"企业租用个人的车辆，须与个人签订租赁合同或协议，如租赁合同或协议中明确规定该车发生的汽油费、维修费等支出由企业负担的，企业可根据合同协议的约定及证明该费用发生的合法、有效凭证在税前扣除。

二十、煤炭企业计入生产成本的专用工具，税法是如何规定的?

原煤生产中使用的 12 种专用工具，是指风钻（煤电钻）、风镐、矿灯、7.5kW 以下的电动机和水泵、200A 以下的低值防爆开关、10kVA 以下的变压器、局部通风机、容量在 4 吨以下的矿车（坑木台车、平板车）、综合保护器、自救器和瓦斯检定器。

会计核算计入生产成本：

借：生产成本

　　贷：原材料

根据《中华人民共和国企业所得税法实施条例》第五十七条规定，企业所得税法第十一条所称固定资产，是指企业为生产产品、提供劳务、出租或者经营管理而持有的、使用时间超过 12 个月的非货币性资产，包括房屋、建筑物、机器、机械、运输工具以及其他与生产经营活动有关的设备、器具、工具等。

综上表述，企业如将上述 12 种工具计入生产成本，应根据税法规定的使用时间确认是否需要进行纳税调整。

二十一、煤炭企业的木材、支护用品、大型材料、配件作为材料处理，计入生产成本，税务处理上应注意哪些问题?

（一）这些材料如果用于主巷道的开拓延伸，符合资本化条件的，应当以折旧或摊销的方式来扣除，而不能一次性计入生产成本中。

（二）煤炭生产中，材料可以回收利用，企业已经计入当期生产成本，账上不再反映，税务部门将关注这部分资产的回收再用与出售情况。

（三）对于计提的存货跌价准备，不能在税前扣除，形成税会差异。

二十二、火工产品能否计入生产成本? 如何在税前扣除?

火工产品作为生产煤炭的原材料，可以在实际领用时计入生产成本，会计处理如下：

借：生产成本或制造费用

　　贷：原材料

税法上对于实际领用的火工产品，允许作为成本费用列支。

二十三、煤炭企业支付的压煤村庄搬迁费如何进行会计处理？税法上是如何规定的？

对于压煤村庄搬迁费如何处理，会计和税法没有明确的规定。采煤企业“先搬迁后开采”，搬迁费与当期生产经营没有直接关系，企业支付的压煤村庄搬迁费一般不能直接在支付的当期列支。

煤炭企业在压煤村庄搬迁中取得的置换土地，应当作为无形资产核算，税法规定摊销年限不得少于 10 年。煤炭企业支付的其他压煤村庄搬迁费，可以计入长期待摊费用，从压煤村庄资源开采时计算，在不短于 3 年的受益期内摊销扣除。

二十四、煤矿企业安全费、维简费的使用范围是如何规定的？如何进行会计处理及纳税调整？

（一）安全生产费用

安全生产费用是指企业按照规定标准提取，在成本中列支，专门用于完善和改进企业安全生产条件的资金，应按以下规定范围使用：

（1）完善、改造和维护安全防护设备、设施支出，其中：矿山企业安全设备设施是指矿山综合防尘、地质监控、防灭火、防治水、危险气体监测、通风系统，支护及防治边帮滑坡设备、机电设备、供配电系统、运输（提升）系统以及尾矿库（坝）等；

（2）配备必要的应急救援器材、设备和现场作业人员安全防护物品支出；

（3）安全生产检查与评价支出；

（4）重大危险源、重大事故隐患的评估、整改、监控支出；

（5）安全技能培训及进行应急救援演练支出；

（6）其他与安全生产直接相关的支出。

（二）煤矿维简费

煤矿维简费主要用于煤矿生产正常接续的开拓延深、技术改造等，以确保矿井持续稳定和安全生产，提高效率。具体使用范围是：

（1）矿井（露天）开拓延深工程；

（2）矿井（露天）技术改造；

（3）煤矿固定资产更新、改造和固定资产零星购置；

（4）矿区生产补充勘探；

(5) 综合利用和“三废”治理支出;

(6) 大型煤矿一次拆迁民房50户以上的费用和中小煤矿采动范围的搬迁赔偿;

(7) 矿井新技术的推广;

(8) 小型矿井的改造联合工程。

(三)会计核算

高危行业企业按照国家规定提取的安全生产费,应当计入相关产品的成本或当期损益,同时记入“专项储备”科目。

企业使用提取的安全生产费时,属于费用性支出的,直接冲减专项储备。形成固定资产的,应当通过“在建工程”科目归集所发生的支出,待项目完工达到预定可使用状态时确认为固定资产,同时,按照形成固定资产的成本冲减专项储备,并确认相同金额的累计折旧。该固定资产以后期间不再计提折旧。

“专项储备”科目期末余额在资产负债表所有者权益项下“库存股”和“盈余公积”之间增设的“专项储备”项目反映,会计分录:

提取安全生产费用时:

借:生产成本或制造费用

  贷:专项储备

发生费用性支出时:

借:专项储备

  贷:银行存款等

购置安全设备等固定资产时:

借:在建工程

  应交税费——应交增值税(进项税额)

  贷:银行存款等

达到预定可使用状态时:

借:固定资产

  贷:在建工程

同时按形成固定资产的成本一次性计提折旧:

借:专项储备

  贷:累计折旧

(四)税务处理

国家税务总局公告〔2011年〕第26号规定:自2011年5月1日起,煤矿企业实际发生的维简费支出和高危行业企业实际发生的安全生产费用支出，属于收益性支出的，可直接作为当期费用在税前扣除；属于资本性支出的，应计入有关资产成本，并按企业所得税法规定计提折旧或摊销费用在税前扣除。企业按照有关规定预提的维简费和安全生产费用，不得在税前扣除。

《企业安全生产费用提取和使用管理办法（征求意见稿）》（财办资〔2022〕11 号）于 2022 年 6 月 13 日向社会征求意见，第五条规定煤炭生产企业依据开采的原煤产量按月提取。各类煤矿原煤单位产量安全费用提取标准如下：

（1）煤（岩）与瓦斯（二氧化碳）突出矿井、冲击地压矿井吨煤 50 元；

（2）高瓦斯矿井、水文地质类型极复杂矿井、开采容易自燃煤层矿井吨煤 30 元；

（3）其他井工矿吨煤 15 元；

（4）露天矿吨煤 5 元。

多种灾害并存矿井，安全费用提取标准按照“就高不就低”原则。

二十五、井巷工程如何进行会计处理？税法是如何规定的？

矿山井巷工程是矿山维持正常回采作业所需的竖井、斜井（含斜坡道）、溜矿井、天井、隧道、平巷、各种地下硐室工程等的总称。井巷工程，完工后转做固定资产，不能像设备一样提取折旧，而是提取“井巷费”，井巷费就相当于折旧费用。

（1）相关会计处理：

煤矿筹建，井巷工程建设期间：

借：在建工程

　　贷：原材料（银行存款等）

井巷工程完工：

借：固定资产

　　贷：在建工程

生产经营月份提取井巷费：

借：制造费用——井巷费

　　贷：专项储备——井巷费

月末将井巷费余额转入固定资产折旧：

借：专项储备——井巷费

　　贷：累计折旧

煤矿接续生产期间形成的井巷工程，建设期间：

借：在建工程

　　贷：原材料（银行存款等）

井巷工程完工：

借：固定资产

　　贷：在建工程

同时：

借：专项储备——井巷费

　　贷：累计折旧

（2）相关税务处理

《国家税务总局公告〔2011年〕第26号》规定：自2011年5月1日起，企业按照有关规定预提的维简费和安全生产费用，不得在税前扣除。

筹建期间的井巷工程，可以按实际发生的维简费中井巷费的金额作为计提折旧的基数，按税法规定的年限计提折旧在税前扣除；持续生产期间形成的井巷工程，应当按税法规定在不短于20年的期限计提折旧并税前扣除。

二十六、回风巷如何进行会计处理？税法上是如何规定的？

回风巷分为总回风巷、主回风巷、采区回风巷、工作面回风巷。

（一）会计处理

1. 总回风巷及主回风巷一般在矿井新建时已经设计好，并且使用时间较长，符合固定资产的定义，作为“固定资产——建筑物”处理，对于这类回风巷应当按井巷工程按煤炭产量计提折旧。如果是开拓延伸中开采的主回风巷，通过计提的维简费等自有资金或是通过安全费用资金来实施，账务处理如下：

开拓回风巷道时：

借：在建工程

　　贷：银行存款等

工程完工形成资产时：

借：固定资产——建筑物（××回风巷）

　　贷：在建工程

同时：

借：专项储备

　　贷：累计折旧（一次性全额计提折旧）

2. 采区回风巷和工作面回风巷是为了煤矿生产的正常接续而进行的，由于使用时间不固定，并随着采区和工作面的开采结束而报废。账务处理时直接计入生产成本。

（二）税务处理

自 2011 年 5 月 1 日起，筹建期间的总回风巷或主回风巷，按实际发生的维简费中的井巷费的金额作为计提折旧的基数，按税法的规定计提折旧并在税前扣除；接续生产期间形成固定资产的回风巷，应当按税法规定不低于 20 年的期限计提折旧并在税前扣除。对于采区或采面回风巷，一般不符合固定资产的标准，应当计入当期生产成本并税前扣除。

二十七、子公司向母公司支付的“服务费”如何税前扣除?

根据《国家税务总局关于母子公司间提供服务支付费用有关企业所得税处理问题的通知》:“母公司向其子公司提供各项服务，双方应签订服务合同或协议，明确规定提供服务的内容、收费标准及金额等，凡按上述合同或协议规定所发生的服务费，母公司应作为营业收入申报纳税；子公司作为成本费用在税前扣除。母公司以管理费形式向子公司提取费用，子公司因此支付给母公司的管理费，不得在税前扣除。”

【例】某独立核算的煤矿子公司向母公司支付技术咨询服务费如何税前扣除?

母公司向子公司提供技术咨询服务，母子公司须签订技术咨询服务协议，约定具体的服务内容、使用期限、收费标准及违约责任等，属于“营改增——现代服务业”的纳税范围，适用增值税税率 6%，子公司应当取得母公司开具的增值税发票进行税前扣除。

二十八、企业支付离退休人员的费用是否可以税前扣除?

根据《河北省国家税务局公告〔2014 年〕第 5 号》规定，企业与取得收入无关的其他支出不得税前扣除。企业为已纳入社会统筹的离退休人员发放的过节费、生活补贴、报刊费、医疗费等支出，属于与生产经营无关的支出，不允许税前扣除。

二十九、企业发生的捐赠支出，如何税前扣除?

《财税〔2018〕15 号》规定：

一、企业通过公益性社会组织或者县级（含县级）以上人民政府及其组成部门和直属机构，用于慈善活动、公益事业的捐赠支出，在年度利润总额12%以内的部分，准予在计算应纳税所得额时扣除；超过年度利润总额12%的部分，准予结转以后三年内在计算应纳税所得额时扣除。

本条所称公益性社会组织，应当依法取得公益性捐赠税前扣除资格。

本条所称年度利润总额，是指企业依照国家统一会计制度的规定计算的大于零的数额。

二、企业当年发生及以前年度结转的公益性捐赠支出，准予在当年税前扣除的部分，不能超过企业当年年度利润总额的12%。

三、企业发生的公益性捐赠支出未在当年税前扣除的部分，准予向以后年度结转扣除，但结转年限自捐赠发生年度的次年起计算最长不得超过三年。

四、企业在对公益性捐赠支出计算扣除时，应先扣除以前年度结转的捐赠支出，再扣除当年发生的捐赠支出。

三十、扶贫捐赠支出如何税前扣除？

根据《财政部　国家税务总局　人力资源和社会保障部　国家乡村振兴局关于延长部分扶贫税收优惠政策执行期限的公告》（〔2021年〕第18号）及《财政部　国家税务总局　国务院扶贫办关于企业扶贫捐赠所得税税前扣除政策的公告》（〔2019年〕第49号）规定，自2019年1月1日至2025年12月31日，企业通过公益性社会组织或者县级（含县级）以上人民政府及其组成部门和直属机构，用于目标脱贫地区的扶贫捐赠支出，准予在计算企业所得税应纳税所得额时据实扣除。在政策执行期限内，目标脱贫地区实现脱贫的，可继续适用上述政策。

注：

（1）“目标脱贫地区”包括832个国家扶贫开发工作重点县、集中连片特困地区县（新疆阿克苏地区6县1市享受片区政策）和建档立卡贫困村。

（2）企业同时发生扶贫捐赠支出和其他公益性捐赠支出，在计算公益性捐赠支出年度扣除限额时，符合上述条件的扶贫捐赠支出不计算在内。

（3）企业在2015年1月1日至2018年12月31日期间已发生的符合上述条件的扶贫捐赠支出，尚未在计算企业所得税应纳税所得额时扣除的部分，可执行上述企业所得税政策。

三十一、违约金支出税前扣除应提供哪些证明材料？

根据《中华人民共和国企业所得税法》第八条规定：企业实际发生的与取

得收入有关的、合理的支出，包括成本、费用、税金、损失、和其他支出，准予在计算应纳税所得额时扣除。

违约金是合同一方当事人不履行合同或者履行合同不符合约定时，由违约的一方对另一方当事人支付的用于赔偿损失的金额。

属于增值税应税范围的违约金可凭发票、当事双方签订的合同协议在税前扣除，对方为依法无须办理税务登记的单位或者从事小额零星经营业务的个人，其支出以税务机关代开的发票或者收款凭证及内部凭证作为税前扣除凭证，收款凭证应载明收款单位名称、个人姓名及身份证号、支出项目、收款金额等相关信息。

不属于增值税应税范围的违约金可凭当事双方签订的合同协议、非现金支付凭证、收款方开具的收款凭证在税前扣除，对方为个人的，以内部凭证作为税前扣除凭证。

三十二、行政罚款支出能否税前扣除？子公司向集团公司支付的安全罚款如何税前扣除？

（一）根据《中华人民共和国企业所得税法》第十条，在计算应纳税所得额时，下列支出不得扣除：

1. 向投资者支付的股息、红利等权益性投资收益款项；
2. 企业所得税税款；
3. 税收滞纳金；
4. 罚金、罚款和被没收财物的损失；
5. 本法第九条规定以外的捐赠支出；
6. 赞助支出；
7. 未经核定的准备金支出；
8. 与取得收入无关的其他支出。

根据上述规定，违反行政法规而交付的罚款、罚金、滞纳金是不允许税前扣除的。

（二）《国务院关于〈中华人民共和国发票管理办法〉的批复》（国函〔1993〕174 号）第四章发票的开具和保管第二十条规定，销售商品、提供服务以及从事其他经营活动的单位和个人，对外发生经营业务收取款项，收款方应向付款方开具发票；特殊情况下由付款方向收款方开具发票。

《中华人民共和国企业所得税法》第八条规定，企业实际发生的与取得收入有关的、合理的支出，包括成本、费用、税金、损失和其他支出，准予在计算应纳税所得额时扣除。

《中华人民共和国企业所得税法实施条例》（国务院令第512号）：企业所得税法第八条所称合理的支出，是指符合生产经营活动常规，应当计入当期损益或者有关资产成本的必要和正常的支出；其他支出，是指除成本、费用、税金、损失外，企业在生产经营活动中发生的与生产经营活动有关的、合理的支出。

根据上述规定，子公司向母公司支付的安全罚款，属于符合生产经营活动常规、应当计入当期损益或者有关资产成本的必要和正常的支出，子公司可以凭母公司开具的罚款收据、支付凭证及相关资料税前扣除，母公司应当确认为营业外收入。

三十三、社保滞纳金能否税前扣除?

根据《中华人民共和国企业所得税法》，企业实际发生的与取得收入有关的、合理的支出，包括成本、费用、税金、损失和其他支出，准予在计算应纳税所得额时扣除。

在计算应纳税所得额时，下列支出不得扣除：

（一）向投资者支付的股息、红利等权益性投资收益款项；

（二）企业所得税税款；

（三）税收滞纳金；

（四）罚金、罚款和被没收财物的损失；

（五）本法第九条规定以外的捐赠支出；

（六）赞助支出；

（七）未经核定的准备金支出；

（八）与取得收入无关的其他支出。

因此，逾期缴纳社保的滞纳金不属于计算应纳税所得额时，不得扣除的款项，也不属于税收滞纳金，可以在企业所得税税前扣除。

三十四、煤矿井田范围内给予村民或村委会的房屋、建筑物、土地、林木等支付的补偿款（不属于征用），是否需要取得发票？能否在企业所得税税前扣除？应注意哪些事项?

向村民支付的补偿款，不属于增值税应税项目，不需要开具增值税发票，凭与村民或村委会签订的补偿协议及其开具的收款收据入账，可在企业所得税税前扣除。

支付给村民或村委会的款项，如相关协议等资料显示款项内容为按期支付的租金，则需要取得村民或村委会代开的增值税发票后，才能在企业所得税税前扣除。

三十五、法院判决书能否作为税前扣除凭证？

根据《中华人民共和国企业所得税法》第八条，企业实际发生的与取得收入有关的、合理的支出，包括成本、费用、税金、损失和其他支出，准予在计算应纳税所得额时扣除。

根据《国家税务总局关于发布〈企业所得税税前扣除凭证管理办法〉的公告》（国家税务总局公告〔2018 年〕第 28 号）第五条规定，企业发生支出，应取得税前扣除凭证，作为计算企业所得税应纳税所得额时扣除相关支出的依据。

第八条 税前扣除凭证按照来源分为内部凭证和外部凭证。

内部凭证是指企业自制用于成本、费用、损失和其他支出核算的会计原始凭证。内部凭证的填制和使用应当符合国家会计法律、法规等相关规定。

外部凭证是指企业发生经营活动和其他事项时，从其他单位、个人取得的用于证明其支出发生的凭证，包括但不限于发票（包括纸质发票和电子发票）、财政票据、完税凭证、收款凭证、分割单等。

第九条 企业在境内发生的支出项目属于增值税应税项目（以下简称“应税项目”）的，对方为已办理税务登记的增值税纳税人，其支出以发票（包括按照规定由税务机关代开的发票）作为税前扣除凭证；对方为依法无须办理税务登记的单位或者从事小额零星经营业务的个人，其支出以税务机关代开的发票或者收款凭证及内部凭证作为税前扣除凭证，收款凭证应载明收款单位名称、个人姓名及身份证号、支出项目、收款金额等相关信息。

根据上述政策，对于增值税应税范围的业务，是需要有发票来作为税前扣除凭证的。对于非增值税应税范围的事项，用转账凭证和法院判决书就可以证明支出的真实性，可以作为税前扣除凭证。

三十六、国有企业之间无偿划转资产所得税如何处理？

根据《冀国税函〔2013〕161 号》，国有企业无偿划拨资产（固定资产、股权、债权等），划出方按划出资产的净值确认视同销售收入。划入方可按收到资产的净值确认其计税基础。

三十七、固定资产如何进行税前扣除?

(一)税法对固定资产的折旧年限是如何规定的?

根据《中华人民共和国企业所得税法实施条例》第六十条规定，除国务院财政、税务主管部门另有规定外，固定资产计算折旧的最低年限如下：

(1) 房屋、建筑物，为20年；

(2) 飞机、火车、轮船、机器、机械和其他生产设备，为10年；

(3) 与生产经营活动有关的器具、工具、家具等，为5年；

(4) 飞机、火车、轮船以外的运输工具，为4年；

(5) 电子设备，为3年。

(二)会计折旧年限与税法折旧年限有差异，应当如何调整?

根据《国家税务总局公告〔2014年〕第29号》规定：

1. 企业固定资产会计折旧年限如果短于税法规定的最低折旧年限，其按会计折旧年限计提的折旧高于按税法规定的最低折旧年限计提的折旧部分，应调增当期应纳税所得额；企业固定资产会计折旧年限已期满且会计折旧已提足，但税法规定的最低折旧年限尚未到期且税收折旧尚未足额扣除，其未足额扣除的部分准予在剩余的税收折旧年限继续按规定扣除。

2. 企业固定资产会计折旧年限如果长于税法规定的最低折旧年限，其折旧应按会计折旧年限计算扣除，税法另有规定除外。

3. 企业按会计规定提取的固定资产减值准备，不得税前扣除，其折旧仍按税法确定的固定资产计税基础计算扣除。

4. 企业按税法规定实行加速折旧的，其按加速折旧办法计算的折旧额可全额在税前扣除。

(三)固定资产一次性加速折旧的规定是怎样的?有哪些注意事项?

根据《财税〔2018〕54号》《财税〔2021〕6号》规定，企业在2018年1月1日至2023年12月31日期间新购进的设备、器具，单位价值不超过500万元的，允许一次性计入当期成本费用在计算应纳税所得额时扣除，不再分年度计算折旧；单位价值超过500万元的，仍按《企业所得税法实施条例》、《财政部 国家税务总局关于完善固定资产加速折旧企业所得税政策的通知》(财税〔2014〕75号)、《财政部 国家税务总局关于进一步完善固定资产加速折旧企业所得税政策的通知》(财税〔2015〕106号)等相关规定执行。

根据《国家税务总局公告〔2018年〕第46号》规定，(1)所称设备、器具，是指除房屋、建筑物以外的固定资产（以下简称“固定资产”）；所称购进，包括以货币形式购进或自行建造，其中以货币形式购进的固定资产包括购进的使用过的固定资产；以货币形式购进的固定资产，以购买价款和支付的相关税费以及直接归属于使该资产达到预定用途发生的其他支出确定单位价值，自行建造的固定资产，以竣工结算前发生的支出确定单位价值；（2）固定资产在投入使用月份的次月所属年度一次性税前扣除。

（四）固定资产投入使用后计税基础确定

根据《国家税务总局关于贯彻落实企业所得税法若干税收问题的通知》（国税函〔2010〕79号）规定，企业固定资产投入使用后，由于工程款项尚未结清未取得全额发票的，可暂按合同规定的金额计入固定资产计税基础计提折旧，待发票取得后进行调整。但该项调整应在固定资产投入使用后12个月内进行。

三十八、子公司之间调拨资产，对该资产计提的折旧能否税前扣除?

根据《国家税务总局公告〔2018年〕第28号》第九条，企业在境内发生的支出项目属于增值税应税项目（以下简称“应税项目”）的，对方为已办理税务登记的增值税纳税人，其支出以发票（包括按照规定由税务机关代开的发票）作为税前扣除凭证；对方为依法无须办理税务登记的单位或者从事小额零星经营业务的个人，其支出以税务机关代开的发票或者收款凭证及内部凭证作为税前扣除凭证，收款凭证应载明收款单位名称、个人姓名及身份证号、支出项目、收款金额等相关信息。

根据《增值税暂行条例实施细则》第四条，单位将购进的货物无偿赠送给其他单位，应视同销售缴纳增值税。

根据上述政策，子公司之间独立核算，应对调拨资产的行为开具增值税发票，凭票入账，对应资产计提的折旧可以税前扣除。

三十九、固定资产的大修理支出如何税前扣除?

《中华人民共和国企业所得税法》第十三条规定，在计算应纳税所得额时，企业发生的下列支出作为长期待摊费用，按照规定摊销的，准予扣除：

（1）已足额提取折旧的固定资产的改建支出；

（2）租入固定资产的改建支出；

（3）固定资产的大修理支出；

（4）其他应当作为长期待摊费用的支出。

《中华人民共和国企业所得税法实施条例》第六十九条，固定资产的大修理支出，是指同时符合下列条件的支出：修理支出达到取得固定资产时的计税基础50%以上；修理后固定资产的使用年限延长2年以上。固定资产的大修理支出，按照资产尚可使用年限分期摊销。若企业发生的大修理支出不符合上述条件，可在当期一次性扣除。

四十、房屋、建筑物改扩建支出及自有房屋装修费，如何进行税务处理？

（一）根据《国家税务总局公告〔2011年〕第34号》，企业对房屋、建筑物固定资产在未足额提取折旧前进行改扩建的，如属于推倒重置的，该资产原值减除提取折旧后的净值，应并入重置后的固定资产计税成本，并在该固定资产投入使用后的次月起，按照税法规定的折旧年限，一并计提折旧；如属于提升功能、增加面积的，该固定资产的改扩建支出，并入该固定资产计税基础，并从改扩建完工投入使用后的次月起，重新按税法规定的折旧年限计提折旧，如改扩建后的固定资产尚可使用的年限低于税法规定的最低年限的，可以按尚可使用的年限计提折旧。

（二）《河北省国家税务局公告〔2014年〕第5号》第十一条、企业自有房屋的装修费税前扣除问题

根据《实施条例》第七十条和《国家税务总局关于企业所得税若干问题的公告》（国家税务总局公告〔2011年〕第34号）的规定，企业自有房屋的装修费如属于提升功能、增加面积的改扩建支出，并入房屋的计税基础，并从改扩建完工投入使用后的次月起，重新按税法规定的该房屋折旧年限计提折旧，如该改扩建后的房屋尚可使用年限低于税法规定的最低年限的，可以按尚可使用年限计提折旧。除改扩建支出外，企业自有房屋的装修费，应作为其他长期待摊费用，自支出发生的次月起分期摊销，摊销年限不得低于3年。

四十一、投资性房地产折旧如何税前扣除？

根据《中华人民共和国企业所得税法实施条例》第五十六条规定，企业的各项资产，包括固定资产、生物资产、无形资产、长期待摊费用、投资资产、存货等，以历史成本为计税基础。前款所称历史成本，是指企业取得该项资产时实际发生的支出。企业持有各项资产期间资产增值或者减值，除国务院财政、税务

主管部门规定可以确认损益外，不得调整该资产的计税基础。

根据《国家税务总局公告〔2012 年〕第 15 号》第八条规定：根据《企业所得税法》第二十一条规定，对企业依据财务会计制度规定，并实际在财务会计处理上已确认的支出，凡没有超过《企业所得税法》和有关税收法规规定的税前扣除范围和标准的，可按企业实际会计处理确认的支出，在企业所得税前扣除，计算其应纳税所得额。

以成本模式计量的投资性房地产，计提的折旧可以税前扣除；以公允价值模式计量的投资性房地产，在会计上不计提折旧，不属于“实际在财务会计处理上已确认的支出”，因此，不得计提折旧在企业所得税前扣除。

四十二、无形资产摊销是如何规定的？如何进行税前扣除？

（一）根据《中华人民共和国企业所得税法》（中华人民共和国主席令第 63 号）第十二条第一款规定：“在计算应纳税所得额时，企业按照规定计算的无形资产摊销费用，准予扣除。”

（二）根据《中华人民共和国企业所得税法实施条例》（中华人民共和国国务院令第 512 号）第六十七条规定：“无形资产按照直线法计算的摊销费用，准予扣除。

无形资产的摊销年限不得低于 10 年。

作为投资或者受让的无形资产，有关法律规定或者合同约定了使用年限的，可以按照规定或者约定的使用年限分期摊销。

外购商誉的支出，在企业整体转让或者清算时，准予扣除。”

（三）土地使用权摊销

土地使用权的摊销年限不得低于 10 年。作为投资或者受让的土地使用权，可以按照有关法律规定或者合同约定的使用年限分期摊销。

企业可根据土地证或合同约定的使用年限分期摊销，但不得低于 10 年。

（四）外购软件摊销

根据《财政部　国家税务总局关于进一步鼓励软件产业和集成电路产业发展企业所得税政策的通知》（财税〔2012〕27 号），企业外购的软件，凡符合固定资产或无形资产确认条件的，可以按照固定资产或无形资产进行核算，其折旧或摊销年限可以适当缩短，最短可为 2 年（含）。

四十三、计提的弃置费用，是否可以税前扣除？

弃置费用指根据国家法律和行政法规、国际公约等规定，企业承担的环境保护和生态恢复等义务所确定的支出。

由于弃置费用的金额与其现值比较通常相差较大，需要考虑货币时间价值。企业应将弃置费用的现值计入相关的固定资产成本，同时根据《企业会计准则第13号——或有事项》的规定，确认相应的预计负债。在固定资产使用寿命期内，预计负债的摊余成本和实际利率计算确定的利息费用按期计入财务费用，同时，对按照弃置费用的现值核算的固定资产计提折旧。

根据“据实扣除”的基本原则，除税法对特殊行业另有规定外，一般企业计提的弃置费用不允许在企业所得税税前扣除，只能在实际发生时才能扣除，所形成的税会差异，应进行纳税调整。

四十四、煤炭企业计提的各种准备金，是否能税前扣除?

《中华人民共和国企业所得税法》第十条规定：未经核定的准备金不得税前扣除。

四十五、煤炭企业提取的环境治理保证金能否税前扣除?

《中华人民共和国企业所得税法实施条例》第四十五条规定：企业依照法律、行政法规有关规定提取的用于环境保护、生态恢复等方面的专项资金，准予扣除。专项资金改变用途的，不得扣除。

目前，安徽省、山西省出台了“治理保证金提取使用管理办法”，福建省地方税务局出台的《关于生态恢复治理保证金税前扣除问题的通知》规定，向国土资源行政主管部门缴纳或为生态恢复而实际发生的环境治理保证金允许税前扣除，河北省没有出台相关的规定，对提取未使用、未上缴的环境治理保证金不得税前扣除。

四十六、煤矿企业提取风险抵押金的使用范围是如何规定的，如何进行会计处理，能否在企业所得税前扣除?

（一）安全风险抵押金，是指煤矿企业以其法人名义将本企业资金专户存储，用于本企业生产安全事故抢险、救灾和善后处理的专项资金。

（二）会计处理，安全风险抵押金存储时：

借：银行存款——专项存款

　　贷：银行存款

（三）安全风险抵押金用于本企业生产安全事故抢险、救灾和善后处理，在税法上属于一项损失，需要按《国家税务总局公告〔2011 年〕第 25 号》《国家税务总局公告〔2018 年〕第 15 号》的规定，留存备查资料。

四十七、跨期费用的税前扣除应如何操作?

（一）企业可以在经济业务发生时暂估入费用，第二年先红字冲销原分录，再凭报销发票记账。

依据《国家税务总局关于企业所得税若干问题的公告》（国家税务总局公告〔2011 年〕第 34 号公告）：

企业当年度实际发生的相关成本、费用，由于各种原因未能及时取得该成本、费用的有效凭证，企业在预缴季度所得税时，可暂按账面发生金额进行核算；但在汇算清缴时，应补充提供该成本、费用的有效凭证。

因此，企业在汇算清缴结束之前取得发票的，无须进行纳税调整，已经办理纳税申报和汇算清缴的，可以重新办理年度所得税申报和汇算清缴。

（二）企业在经济业务发生时暂估入费用，但在汇缴期内未取得发票企业应进行纳税调增，在取得发票后进行追溯调整。

依据《国家税务总局关于企业所得税应纳税所得额若干税务处理问题的公告》（国家税务总局公告〔2012 年〕第 15 号）公告：

根据《中华人民共和国税收征收管理法》的有关规定，对企业发现以前年度实际发生的、按照税收规定应在企业所得税前扣除而未扣除或者少扣除的支出，企业做出专项申报及说明后，准予追补至该项目发生年度计算扣除，但追补确认期限不得超过 5 年。

企业由于上述原因多缴的企业所得税税款，可以在追补确认年度企业所得税应纳税款中抵扣，不足抵扣的，可以向以后年度递延抵扣或申请退税。

亏损企业追补确认以前年度未在企业所得税前扣除的支出，或盈利企业经过追补确认后出现亏损的，应首先调整该项支出所属年度的亏损额，然后再按照弥补亏损的原则计算以后年度多缴的企业所得税款，并按前款规定处理。

（三）税务检查宽限期

依据《国家税务总局关于发布〈企业所得税税前扣除凭证管理办法〉的公告》（国家税务总局公告〔2018 年〕第 28 号）公告：

汇算清缴期结束后，税务机关发现企业应当取得而未取得发票、其他外部凭证或者取得不合规发票、不合规其他外部凭证并且告知企业的，企业应当自被告知之日起 60 日内补开、换开符合规定的发票、其他外部凭证。

四十八、企业财产损失如何税前扣除？以前年度发生的损失能否再申报扣除？

《国家税务总局公告〔2011年〕第25号》规定：企业实际资产损失，应当在其实际发生且会计上已作损失处理的年度申报扣除；法定资产损失，应在符合法定资产损失确认条件，且会计上已作损失处理的年度申报扣除。

《国家税务总局公告〔2018年〕第15号》规定：企业向税务机关申报扣除资产损失，仅需填报企业所得税年度纳税申报表《资产损失税前扣除及纳税调整明细表》，不再报送资产损失相关资料。相关资料由企业留存备查。

《国家税务总局公告〔2011年〕第25号》规定：企业以前年度发生的资产损失未能在当年税前扣除的，可以按照本办法的规定，向税务机关说明并进行专项申报扣除。其中，属于实际资产损失，准予追补至该项损失发生年度扣除，其追补确认期限一般不得超过五年，但因计划经济体制转轨过程中遗留的资产损失、企业重组上市过程中因权属不清出现争议而未能及时扣除的资产损失、因承担国家政策性任务而形成的资产损失以及政策定性不明确而形成资产损失等特殊原因形成的资产损失，其追补确认期限经国家税务总局批准后可适当延长。属于法定资产损失，应在申报年度扣除。

企业因以前年度实际资产损失未在税前扣除而多缴的企业所得税税款，可在追补确认年度企业所得税应纳税款中予以抵扣，不足抵扣的，向以后年度递延抵扣。

企业实际资产损失发生年度扣除追补确认的损失后出现亏损的，应先调整资产损失发生年度的亏损额，再按弥补亏损的原则计算以后年度多缴的企业所得税税款，并按前款办法进行税务处理。

四十九、企业资产损失按申报内容和要求的不同，分为清单申报和专项申报两种形式，分别适用于哪些损失？对资产损失相关资料的要求具体是怎样的？

（一）《国家税务总局公告〔2011年〕第25号》第九条规定，以下资产损失，应以清单申报的方式税前扣除：

1. 企业在正常经营管理活动中，按照公允价格销售、转让、变卖非货币资产的损失；

2. 企业各项存货发生的正常损耗；

3. 企业固定资产达到或超过使用年限而正常报废清理的损失；

4. 企业按照市场公平交易原则，通过各种交易场所、市场等买卖债券、股票、期货、基金以及金融衍生产品等发生的损失。

（二）清单申报的财产损失，需要准备哪些留存备查资料？

属于清单申报的资产损失，企业可按会计核算科目进行归类、汇总，然后再将汇总清单及有关会计核算资料和纳税资料留存备查。清单申报的格式参照《河北省国家税务局公告〔2011 年〕第 2 号》文件要求。

（三）哪些损失需要专项申报？如何税前扣除？

清单申报以外的资产损失，应按专项申报的方式准备留存备查资料。企业无法准确判别是否属于清单申报扣除的资产损失，可以采取专项申报的形式申报扣除。属于专项申报的资产损失，企业应逐项（或逐笔）留存备查会计核算资料及其他相关的纳税资料。

（四）有关资产损失资料留存备查的最新规定是怎样的？

《国家税务总局公告〔2018 年〕第 15 号》规定：2017 年及以后年度企业所得税汇算清缴企业向税务机关申报扣除资产损失，仅需填报企业所得税年度纳税申报表《资产损失税前扣除及纳税调整明细表》，不再报送资产损失相关资料。相关资料由企业留存备查。

注：企业仍应按照《国家税务总局公告〔2011 年〕第 25 号》公告要求，按清单申报和专项申报的要求分别整理留存备查资料。

五十、对无法收回的应收账款，可以作为财产损失申报扣除吗？对相关证据资料的要求是怎样的？

《国家税务总局公告〔2011 年〕第 25 号》规定：企业应收及预付款项坏账损失应依据以下相关证据材料确认：

（一）相关事项合同、协议或说明；

（二）属于债务人破产清算的，应有人民法院的破产、清算公告；

（三）属于诉讼案件的，应出具人民法院的判决书或裁决书或仲裁机构的仲裁书，或者被法院裁定终（中）止执行的法律文书；

（四）属于债务人停止营业的，应有工商部门注销、吊销营业执照证明；

（五）属于债务人死亡、失踪的，应有公安机关等有关部门对债务人个人的死亡、失踪证明；

（六）属于债务重组的，应有债务重组协议及其债务人重组收益纳税情况说明；

（七）属于自然灾害、战争等不可抗力而无法收回的，应有债务人受灾情况说明以及放弃债权申明。

企业逾期三年以上的应收款项在会计上已作为损失处理的，可以作为坏账损失，但应说明情况，并出具专项报告。

企业逾期一年以上，单笔数额不超过五万或者不超过企业年度收入总额万分之一的应收款项，会计上已经作为损失处理的，可以作为坏账损失，但应说明情况，并出具专项报告。

五十一、存货报废、毁损或变质损失，需要准备哪些留存备查资料？

存货计税成本扣除残值及责任人赔偿后的余额，依据以下材料确认为财产损失：

（1）存货计税成本的确定依据；

（2）企业内部关于存货报废、毁损、变质、残值情况说明及核销资料；

（3）涉及责任人赔偿的，应当有赔偿情况说明；

（4）该项损失数额较大的，应有专业技术鉴定意见或法定资质中介机构出具的专项报告等（损失数额较大，指占企业该类资产计税成本10%以上，或减少当年应纳税所得、增加亏损10%以上）。

五十二、固定资产报废、毁损损失，需要准备哪些留存备查资料？

固定资产账面净值扣除残值和责任人赔偿后的余额，依据以下证据材料确认为财产损失：

（1）固定资产的计税基础相关资料；

（2）企业内部有关责任认定和核销资料；

（3）企业内部有关部门出具的鉴定材料；

（4）涉及责任赔偿的，应当有赔偿情况的说明；

（5）损失金额较大的或自然灾害等不可抗力原因造成固定资产毁损、报废的，应有专业技术鉴定意见或法定资质中介机构出具的专项报告等。

五十三、固定资产报废或处置，如何进行账务处理？

（一）固定资产报废

2021年9月，甲公司（一般纳税人）的一台设备由于自然灾害导致毁损，经公司决定予以报废。该设备账面原值为400万元，已提折旧140万元；报废时残值变价收入为4万元，已存入银行；清理过程中发生的清理费用为1万元，以银行存款支付；由于该设备已投保，经保险公司核准，决定给予甲公司100万元的保险赔偿，款项尚未收到；甲公司购入该设备时未抵扣进项税额（属于不得抵扣进项税的固定资产）。不考虑其他相关税费。

1. 固定资产转入清理：

借：固定资产清理　　260万
　　累计折旧　　140万
　　贷：固定资产　　400万

2. 发生清理费用：

借：固定资产清理　　1万
　　贷：银行存款　　1万

3. 取得变价收入：

借：银行存款　　4万
　　贷：固定资产清理　　4万

4. 甲公司应缴纳的增值税：

根据规定，一般纳税人销售自己使用过的不得抵扣且未抵扣进项税额的固定资产，按照简易办法依照3%征收率减按2%征收增值税。

因此，甲公司应缴纳的增值税：$4 \div (1+3\%) \times 2\% = 0.08$（万元）（不考虑城建税及附加）

借：固定资产清理　　0.08万
　　贷：应交税费——应交增值税（销项税额）　　0.08万

5. 应收取的保险赔偿（保险赔偿金不征收增值税）：

借：其他应收款　　100万
　　贷：固定资产清理　　100万

6. 结转固定资产清理净损失 $260+1-4+0.08-100=157.08$（万元）：

借：营业外支出　　157.08万
　　贷：固定资产清理　　157.08万

（二）固定资产处置

乙公司2020年3月购入一台设备并投入使用，取得增值税专用发票上注明的价款为20万元，增值税税额为2.6万元。因产品转型，2021年3月，乙公司将该机床出售给丙公司，开具的增值税专用发票上注明价款16万元，增值税税额为2.08万元，出售时，该设备已计提折旧2万元，乙公司以银行存款支付该设备拆卸费0.5万元。不考虑其他相关税费。

1. 2020年3月，乙公司购入该机床：

借：固定资产	20万	
应交税费——应交增值税（进项税额）	2.6万	
贷：银行存款		22.6万

2. 2021年3月，该机床转入固定资产清理：

借：固定资产清理	18万	
累计折旧	2万	
贷：固定资产		20万

3. 发生清理费用：

借：固定资产清理	0.5万	
贷：银行存款		0.5万

4. 出售固定资产取得价款：

借：银行存款	18.08万	
贷：固定资产清理		16万
应交税费——应交增值税（销项税额）		2.08万

（不考虑城建税及附加）

5. 结转固定资产净损失 16 - 18 - 0.5 = -2.5（万元）：

借：资产处置损益	2.5万	
贷：固定资产清理		2.5万

五十四、在建工程停建、报废损失，需要准备哪些留存备查资料？

在建工程停建、报废损失，为其工程项目投资账面价值扣除残值后的余额，应依据以下证据材料确认：

（一）工程项目投资账面价值确定依据；

（二）工程项目停建原因说明及相关材料；

（三）因质量原因停建、报废的工程项目和因自然灾害和意外事故停建、报废的工程项目，应出具专业技术鉴定意见和责任认定、赔偿情况的说明等。

五十五、企业股权投资损失，需要准备哪些留存备查资料？

《国家税务总局公告〔2011年〕第25号》规定：企业股权投资损失应依据以下相关证据材料确认：

（一）股权投资计税基础证明材料；

（二）被投资企业破产公告、破产清偿文件；

（三）工商行政管理部门注销、吊销被投资单位营业执照文件；

（四）政府有关部门对被投资单位的行政处理决定文件；

（五）被投资企业终止经营、停止交易的法律或其他证明文件；

（六）被投资企业资产处置方案、成交及入账材料；

（七）企业法定代表人、主要负责人和财务负责人签章证实有关投资（权益）性损失的书面申明；

（八）会计核算资料等其他相关证据材料。

第四十二条规定：被投资企业依法宣告破产、关闭、解散或撤销、吊销营业执照、停止生产经营活动、失踪等，应出具资产清偿证明或者遗产清偿证明。

上述事项超过三年以上且未能完成清算的，应出具被投资企业破产、关闭、解散或撤销、吊销等的证明以及不能清算的原因说明。

五十六、尾矿库达到设计使用年限报废，资产损失能否进行税前扣除？

《河北省国家税务局公告〔2014 年〕第 5 号》规定：根据《国家税务总局关于发布〈企业资产损失所得税税前扣除管理办法〉的公告》（国家税务总局公告〔2011 年〕第 25 号）第三条规定，达到设计使用年限报废的尾矿库，因特殊原因无法处置的，由企业提供书面说明，可以按照《国家税务总局关于发布〈企业资产损失所得税税前扣除管理办法〉的公告》（国家税务总局公告〔2011 年〕第 25 号）第三十条的规定，以尾矿库的账面净值确认为损失金额在税前扣除。已在税前申报扣除损失的尾矿库以后年度又处置的，处置收入应计入处置年度的应纳税所得额。

五十七、企业正常销售的产品因市场价格波动造成售价低于成本的差额是否应作为资产损失进行申报？

《河北省国家税务局公告〔2014 年〕第 5 号》规定：根据《实施条例》第三十二条规定，损失是指企业在生产经营活动中发生的固定资产和存货的盘亏、毁损、报废损失，转让财产损失，呆账损失，坏账损失，自然灾害等不可抗力因素造成的损失及其他损失。企业正常销售的产品因市场价格波动造成的售价低于成本的差额，不属于《实施条例》第三十二条规定的损失，因此不需进行清单申报。

五十八、汇总缴纳企业所得税的企业，总、分机构发生财产损失如何申报扣除？

根据《国家税务总局公告〔2012 年〕第 57 号》第二十五条：

（1）总机构及其分支机构发生的资产损失，除应按专项申报和清单申报的有关规定，各自向当地主管税务机关申报外，各分支机构同时还应上报总机构；

（2）总机构对各分支机构上报的资产损失，除税务机关另有规定外，应以清单申报的形式向当地主管税务机关进行申报；

（3）总机构将跨地区分支机构所属资产捆绑打包转让所发生的资产损失，由总机构向当地主管税务机关进行专项申报。

五十九、煤炭行业跨地区经营汇总纳税企业如何进行企业所得税汇算清缴？

《国家税务总局公告〔2012 年〕第 57 号》规定：居民企业在中国境内跨地区（指跨省、自治区、直辖市和计划单列市，下同）设立不具有法人资格分支机构的，该居民企业为跨地区经营汇总纳税企业，汇总纳税企业实行“统一计算、分级管理、就地预缴、汇总清算、财政调库”的企业所得税征收管理办法。

第十条规定：汇总纳税企业汇算清缴时，由总机构汇总计算企业年度应纳所得税额，扣除总机构和各分支机构已预缴的税款，计算出应缴应退税款，按照规定的税款分摊方法计算总机构和分支机构的企业所得税应缴应退税款，分别由总机构和分支机构就地办理税款缴库或退库。第十一条规定了总分支机构汇算清缴时应报送的申报表、财务报表及其他相关资料。

《国家税务总局公告〔2021 年〕第 34 号》规定：纳税人在纳税年度内预缴企业所得税税款超过汇算清缴应纳税款的，纳税人应及时申请退税，主管税务机关应及时按有关规定办理退税，不再抵缴其下一年度应缴企业所得税税款。

汇总纳税企业汇算清缴的主体仍然是总机构，分支机构并不需要进行年度纳税调整，自行计算应纳税所得额和应纳税额，只是根据总机构填报的分配表中应缴应退的税款，就地申报补退税。为了保证汇缴工作的顺利进行，也需要分支机构填列年度纳税申报表，但只需要填列有限的几项，与总机构的年度纳税申报是两个概念。同时，为便利就地实施税务检查，也需要分支机构报送参与企业年度纳税调整情况的说明，该说明由总机构确认后提交，涉及需由总机构统一计算调整的项目不进行说明。

六十、各分支机构分摊税款的比例，是如何规定的?

根据《国家税务总局公告〔2012 年〕第 57 号》，总机构应按照上年度分支机构的营业收入、职工薪酬和资产总额三个因素计算各分支机构分摊所得税款的比例；三级及以下分支机构，其营业收入、职工薪酬和资产总额统一计入二级分支机构；三因素的权重依次为 0.35、0.35、0.30。计算公式如下：

某分支机构分摊比例 =（该分支机构营业收入 ÷ 各分支机构营业收入之和）×0.35 +
（该分支机构职工薪酬 ÷ 各分支机构职工薪酬之和）×0.35 +
（该分支机构资产总额 ÷ 各分支机构资产总额之和）×0.30

分支机构分摊比例按上述方法一经确定后，除出现本办法第五条第（四）项和第十六条第二、三款情形外，当年不作调整。

六十一、实行汇总纳税的煤炭企业二级机构如何进行判定?

（一）就地分摊缴纳企业所得税的机构。《国家税务总局公告〔2012 年〕第 57 号》第四条规定：总机构和具有主体生产经营职能的二级分支机构，就地分摊缴纳企业所得税。二级分支机构，是指汇总纳税企业依法设立并领取非法人营业执照（登记证书），且总机构对其财务、业务、人员等直接进行统一核算和管理的分支机构。这是对二级分支机构法律形式和运营特点的一般概括。

同时明确了一种视同二级分支机构的情形，属于二级分支机构特例。第十六条第一款规定：总机构设立具有主体生产经营职能的部门（非办法第四条规定的二级分支机构），且该部门的营业收入、职工薪酬和资产总额与管理职能部门分开核算的，可将该部门视同一个二级分支机构，按办法规定计算分摊并就地缴纳企业所得税；该部门与管理职能部门的营业收入、职工薪酬和资产总额不能分开核算的，该部门不得视同一个二级分支机构，不得按办法规定计算分摊并就地缴纳企业所得税。

（二）不就地分摊缴纳企业所得税的机构。《国家税务总局公告〔2012 年〕第 57 号》第五条明确了不就地分摊缴纳企业所得税的二级分支机构，具体包括：

（1）不具有主体生产经营职能，且在当地不缴纳增值税、营业税的产品售后服务、内部研发、仓储等汇总纳税企业内部辅助性的二级分支机构，不就地分摊缴纳企业所得税。

（2）上年度认定为小型微利企业的，其二级分支机构不就地分摊缴纳企业所得税。

（3）新设立的二级分支机构，设立当年不就地分摊缴纳企业所得税。

（4）当年撤销的二级分支机构，自办理注销税务登记之日所属企业所得税预缴期间起，不就地分摊缴纳企业所得税。

（5）汇总纳税企业在中国境外设立的不具有法人资格的二级分支机构，不就地分摊缴纳企业所得税。

六十二、对未按照规定准确分摊税款的汇总纳税企业应如何处理？

根据《国家税务总局公告〔2012年〕第57号》第二十条，汇总纳税企业未按照规定准确计算分摊税款，造成总机构与分支机构之间同时存在一方（或几方）多缴另一方（或几方）少缴税款的，其总机构或分支机构分摊缴纳的企业所得税低于按本办法规定计算分摊的数额的，应在下一税款缴纳期内，由总机构将按本办法规定计算分摊的税款差额分摊到总机构或分支机构补缴；其总机构或分支机构就地缴纳的企业所得税高于按本办法规定计算分摊的数额的，应在下一税款缴纳期内，由总机构将按本办法规定计算分摊的税款差额从总机构或分支机构的分摊税款中扣减。

第三节　税收优惠备案管理

国家税务总局〔2018年〕第23号关于发布修订后的《企业所得税优惠政策事项办理办法》的公告：

第四条　企业享受优惠事项采取“自行判别、申报享受、相关资料留存备查”的办理方式。企业应当根据经营情况以及相关税收规定自行判断是否符合优惠事项规定的条件，符合条件的可以按照《目录》列示的时间自行计算减免税额，并通过填报企业所得税纳税申报表享受税收优惠。同时，按照本办法的规定归集和留存相关资料备查。

第五条　留存备查资料是指与企业享受优惠事项有关的合同、协议、凭证、证书、文件、账册、说明等资料。留存备查资料分为主要留存备查资料和其他留存备查资料两类。主要留存备查资料由企业按照《目录》列示的资料清单准备，其他留存备查资料由企业根据享受优惠事项情况自行补充准备。

第七条　企业同时享受多项优惠事项或者享受的优惠事项按照规定分项目进行核算的，应当按照优惠事项或者项目分别归集留存备查资料。

第八条 设有非法人分支机构的居民企业以及实行汇总纳税的非居民企业机构、场所享受优惠事项的，由居民企业的总机构以及汇总纳税的主要机构、场所负责统一归集并留存备查资料。分支机构以及被汇总纳税的非居民企业机构、场所按照规定可独立享受优惠事项的，由分支机构以及被汇总纳税的非居民企业机构、场所负责归集并留存备查资料，同时分支机构以及被汇总纳税的非居民企业机构、场所应在当完成年度汇算清缴后将留存的备查资料清单送总机构以及汇总纳税的主要机构、场所汇总。

一、符合条件的居民企业之间的股息、红利等权益性投资收益免征企业所得税，需要留存备查哪些资料？

企业可以在预缴时享受免税优惠，需要留存备查以下资料：

1. 被投资企业的最新公司章程（企业在证券交易市场购买上市公司股票获得股权的，提供相关记账凭证、本公司持股比例以及持股时间超过12个月情况说明）；

2. 被投资企业股东会（或股东大会）利润分配决议或公告、分配表；

3. 被投资企业进行清算所得税处理的，留存被投资企业填报的加盖主管税务机关受理章的《中华人民共和国清算所得税申报表》及附表三《剩余财产计算和分配明细表》复印件；

4. 投资收益、应收股利科目明细账或按月汇总表。

依据：

《中华人民共和国企业所得税法》第二十六条第二项。

《中华人民共和国企业所得税法实施条例》第十七条、第八十三条。

《财政部 国家税务总局关于执行企业所得税优惠政策若干问题的通知》（财税〔2009〕69号）。

《国家税务总局关于贯彻落实企业所得税法若干税收问题的通知》（国税函〔2010〕79号）。

二、综合利用资源生产产品取得的收入有什么税收优惠？需要留存备查哪些资料？

（一）企业以《资源综合利用企业所得税优惠目录》规定的资源作为主要原材料，生产国家非限制和非禁止并符合国家及行业相关标准的产品取得的收入，减按90%计入企业当年收入总额。

（二）企业可以在预缴时享受减免优惠，需要留存备查以下资料：

1. 企业实际资源综合利用情况（包括综合利用的资源、技术标准、产品名称等）的说明；

2. 综合利用资源生产产品取得的收入核算情况说明。

依据：

《中华人民共和国企业所得税法》第三十三条。

《中华人民共和国企业所得税法实施条例》第九十九条。

《财政部　国家税务总局关于执行资源综合利用企业所得税优惠目录有关问题的通知》（财税〔2008〕47号）。

《财政部　国家税务总局　国家发展改革委　生态环境部关于公布〈环境保护、节能节水项目企业所得税优惠目录（2021年版）〉以及〈资源综合利用企业所得税优惠目录（2021年版）〉的公告》（财政部　国家税务总局　国家发展改革委　生态环境部公告〔2021年〕第36号）。

三、开发新技术、新产品、新工艺发生的研究开发费用如何享受加计扣除？需要留存备查哪些资料？

（一）企业为开发新技术、新产品、新工艺发生的研究开发费用，未形成无形资产计入当期损益的，在按照规定据实扣除的基础上，按照研究开发费用的50%加计扣除（在2018年1月1日至2023年12月31日期间为75%）；形成无形资产的，按照无形资产成本150%摊销（在2018年1月1日至2023年12月31日期间为175%）。对从事文化产业支撑技术等领域的文化企业，开发新技术、新产品、新工艺发生的研究开发费用，允许按照税收法律法规的规定，在计算应纳税所得额时加计扣除。

制造业企业开展研发活动中实际发生的研发费用，未形成无形资产计入当期损益的，在按规定据实扣除的基础上，自2021年1月1日起，再按照实际发生额的100%在税前加计扣除；形成无形资产的，自2021年1月1日起，按照无形资产成本的200%在税前摊销。

制造业企业，是指以制造业业务为主营业务，享受优惠当年主营业务收入占收入总额的比例达到50%以上的企业。

科技型中小企业开展研发活动中实际发生的研发费用，未形成无形资产计入当期损益的，在按规定据实扣除的基础上，自2022年1月1日起，再按照实际发生额的100%在税前加计扣除；形成无形资产的，自2022年1月1日起，按照无形资产成本的200%在税前摊销。

（二）企业享受加计扣除优惠，需要留存备查以下资料：

1. 自主、委托、合作研究开发项目计划书和企业有权部门关于自主、委托、合作研究开发项目立项的决议文件；

2. 自主、委托、合作研究开发专门机构或项目组的编制情况和研发人员名单；

3. 经科技行政主管部门登记的委托、合作研究开发项目的合同；

4. 从事研发活动的人员（包括外聘人员）和用于研发活动的仪器、设备、无形资产的费用分配说明（包括工作使用情况记录及费用分配计算证据材料）；

5. 集中研发项目研发费决算表、集中研发项目费用分摊明细情况表和实际分享收益比例等资料；

6. "研发支出"辅助账及汇总表（见附件4、附件5）；

7. 企业如果已取得地市级（含）以上科技行政主管部门出具的鉴定意见，应作为资料留存备查。

依据：

《中华人民共和国企业所得税法》第三十条。

《中华人民共和国企业所得税法实施条例》第九十五条。

《财政部　国家税务总局　科技部关于完善研究开发费用税前加计扣除政策的通知》（财税〔2015〕119号）。

《国家税务总局关于研发费用税前加计扣除政策有关问题的公告》（国家税务总局公告〔2017年〕第40号）。

《财政部　国家税务总局　科技部关于提高研究开发费用税前加计扣除比例的通知》（财税〔2018〕99号）。

《财政部　国家税务总局关于延长部分税收优惠政策执行期限的公告》（财政部　税务总局公告〔2021年〕第6号）。

《财政部　国家税务总局关于进一步完善研发费用税前加计扣除政策的公告》（财政部　税务总局公告〔2021年〕第13号）。

《财政部　国家税务总局　科技部关于进一步提高科技型中小企业研发费用税前加计扣除比例的公告》（财政部　国家税务总局　科技部公告〔2022年〕第16号）。

四、安置残疾人员及国家鼓励安置的其他就业人员所支付的工资是否可以加计扣除？需要留存备查哪些资料？

（一）企业安置残疾人员的，在按照支付给残疾职工工资据实扣除的基础上，按照支付给残疾职工工资的100%加计扣除。残疾人员的范围适用《中华人民共和国残疾人保障法》的有关规定。

（二）企业可以在汇缴时享受加计优惠，需要留存备查以下资料：

1. 为安置的每位残疾人按月足额缴纳了企业所在区县人民政府根据国家政策规定的基本养老保险、基本医疗保险、失业保险和工伤保险等社会保险证明资料；

2. 通过非现金方式支付工资薪酬的证明；

3. 安置残疾职工名单及其《残疾人证》或《残疾军人证》；

4. 与残疾人员签订的劳动合同或服务协议。

依据：

《中华人民共和国企业所得税法》第三十条。

《中华人民共和国企业所得税法实施条例》第九十六条。

《财政部　国家税务总局关于安置残疾人员就业有关企业所得税优惠政策问题的通知》（财税〔2009〕70号）。

五、从事符合条件的环境保护、节能节水项目的所得如何减免企业所得税？需要留存备查哪些资料？

（一）企业从事《环境保护、节能节水项目企业所得税优惠目录》所列项目的所得，自项目取得第一笔生产经营收入所属纳税年度起，第一年至第三年免征企业所得税，第四年至第六年减半征收企业所得税。

（二）企业可以在预缴时享受减免优惠，需要留存备查以下资料：

1. 符合《环境保护、节能节水项目企业所得税优惠目录》规定范围、条件和标准的情况说明及证据资料；

2. 环境保护、节能节水项目取得的第一笔生产经营收入凭证（原始凭证及账务处理凭证）；

3. 环境保护、节能节水项目所得分项目核算资料，以及合理分摊期间共同费用的核算资料；

4. 项目权属变动情况及转让方已享受优惠情况的说明及证明资料（优惠期间项目权属发生变动的）。

依据：

《中华人民共和国企业所得税法》第二十七条第三项。

《中华人民共和国企业所得税法实施条例》第八十八条、第八十九条。

《财政部　国家税务总局　国家发展改革委关于公布环境保护节能节水项目企业所得税优惠目录（试行）的通知》（财税〔2009〕166号）。

《财政部　国家税务总局关于公共基础设施项目和环境保护　节能节水项目企业所得税优惠政策问题的通知》（财税〔2012〕10号）。

《财政部　国家税务总局　国家发展改革委　生态环境部关于公布〈环境保护、节能节水项目企业所得税优惠目录（2021年版）〉以及〈资源综合利用企业所得税优惠目录（2021年版）〉的公告》（财政部　国家税务总局　国家发展改革委　生态环境部公告〔2021年〕第36号）。

六、购置用于环境保护、节能节水、安全生产等专用设备的投资额有什么抵免优惠？需要留存备查哪些资料？

（一）企业购置并实际使用《环境保护专用设备企业所得税优惠目录》《节能节水专用设备企业所得税优惠目录》和《安全生产专用设备企业所得税优惠目录》规定的环境保护、节能节水、安全生产等专用设备的，该专用设备的投资额的10%可以从企业当年的应纳税额中抵免；当年不足抵免的，可以在以后5个纳税年度结转抵免。

享受上述规定的企业所得税优惠的企业，应当实际购置并自身实际投入使用前款规定的专用设备；企业购置上述专用设备在5年内转让、出租的，应当停止享受企业所得税优惠，并补缴已经抵免的企业所得税税款。

专用设备投资额，是指购买专用设备发票价税合计价格，但不包括按有关规定退还的增值税税款以及设备运输、安装和调试等费用。

进行税额抵免时，如增值税进项税额允许抵扣，其专用设备投资额不再包括增值税进项税额；如增值税进项税额不允许抵扣，其专用设备投资额应为增值税专用发票上注明的价税合计金额。企业购买专用设备取得普通发票的，其专用设备投资额为普通发票上注明的金额。

（二）企业可以在汇缴时享受抵免优惠，需要留存备查以下资料：

1. 购买并自身投入使用的专用设备清单及发票；

2. 以融资租赁方式取得的专用设备的合同或协议；

3. 专用设备属于《环境保护专用设备企业所得税优惠目录》《节能节水专用设备企业所得税优惠目录》或《安全生产专用设备企业所得税优惠目录》中的具体项目的说明；

4. 专用设备实际投入使用时间的说明。

依据：

《中华人民共和国企业所得税法》第三十四条。

《中华人民共和国企业所得税法实施条例》第一百条。

《财政部　国家税务总局关于执行环境保护专用设备企业所得税优惠目录　节能节水专用设备企业所得税优惠目录和安全生产专用设备企业所得税优惠目录有关问题的通知》（财税〔2008〕48号）。

《财政部　国家税务总局关于执行企业所得税优惠政策若干问题的通知》（财税〔2009〕69号）。

《国家税务总局关于环境保护节能节水　安全生产等专用设备投资抵免企业所得税有关问题的通知》（国税函〔2010〕256号）。

《财政部　国家税务总局　国家发展改革委　工业和信息化部　环境保护部关于印发节能节水和环境保护专用设备企业所得税优惠目录（2017年版）的通知》（财税〔2017〕71号）。

《财政部　国家税务总局　应急管理部关于印发〈安全生产专用设备企业所得税优惠目录（2018年版）〉的通知》（财税〔2018〕84号）。

七、符合条件的技术转让所得如何减免企业所得税？需要留存备查哪些资料？

（一）一个纳税年度内，居民企业技术转让所得不超过500万元的部分，免征企业所得税；超过500万元的部分，减半征收企业所得税。

技术转让的范围，包括居民企业转让专利技术、计算机软件著作权、集成电路布图设计权、植物新品种、生物医药新品种，以及财政部和国家税务总局确定的其他技术。其中：专利技术，是指法律授予独占权的发明、实用新型和非简单改变产品图案的外观设计。

上述所称技术转让，是指居民企业转让其拥有技术的所有权或5年以上（含5年）全球独占许可使用权的行为。

提示：

1. 技术转让应签订技术转让合同。其中，境内的技术转让须经省级以上（含省级）科技部门认定登记，跨境的技术转让须经省级以上（含省级）商务部门认定登记，涉及财政经费支持产生技术的转让，需省级以上（含省级）科技部门审批。

2. 居民企业从直接或间接持有股权之和达到100%的关联方取得的技术转让

所得，不享受技术转让减免企业所得税优惠政策。

3. 自2015年10月1日起，全国范围内的居民企业转让5年（含，下同）以上非独占许可使用权取得的技术转让所得，纳入享受企业所得税优惠的技术转让所得范围。居民企业的年度技术转让所得不超过500万元的部分，免征企业所得税；超过500万元的部分，减半征收企业所得税。

（二）企业可以在预缴时享受减免优惠，需要留存备查以下资料：

1. 所转让的技术产权证明；

2. 企业发生境内技术转让：

（1）技术转让合同（副本）；

（2）技术合同登记证明；

（3）技术转让所得归集、分摊、计算的相关资料；

（4）实际缴纳相关税费的证明资料；

3. 企业向境外转让技术：

（1）技术出口合同（副本）；

（2）技术出口合同登记证书或技术出口许可证；

（3）技术出口合同数据表；

（4）技术转让所得归集、分摊、计算的相关资料；

（5）实际缴纳相关税费的证明资料；

（6）有关部门按照商务部、科技部发布的《中国禁止出口限制出口技术目录》出具的审查意见；

4. 转让技术所有权的，其成本费用情况；转让使用权的，其无形资产费用摊销情况；

5. 技术转让年度，转让双方股权关联情况。

依据：

《中华人民共和国企业所得税法》第二十七条第四项。

《中华人民共和国企业所得税法实施条例》第九十条。

《财政部　国家税务总局关于居民企业技术转让有关企业所得税政策问题的通知》（财税〔2010〕111号）。

《财政部　国家税务总局关于将国家自主创业示范区有关税收试点政策推广到全国范围实施的通知》（财税〔2015〕116号）。

《国家税务总局关于技术转让所得减免企业所得税有关问题的通知》（国税函〔2009〕212号）（部分有效）。

《国家税务总局关于技术转让所得减免企业所得税有关问题的公告》（国家

税务总局公告〔2013 年〕第 62 号）。

《国家税务总局关于许可使用权技术转让所得企业所得税有关问题的公告》（国家税务总局公告〔2015 年〕第 82 号）。

八、固定资产是否能加速折旧或一次性扣除？需要留存备查哪些资料？

（一）企业在 2018 年 1 月 1 日至 2023 年 12 月 31 日期间新购进的设备、器具，单位价值不超过 500 万元的，允许一次性计入当期成本费用在计算应纳税所得额时扣除，不再分年度计算折旧；单位价值超过 500 万元的，仍按企业所得税法实施条例、《财政部　国家税务总局关于完善固定资产加速折旧企业所得税政策的通知》（财税〔2014〕75 号）、《财政部　国家税务总局关于进一步完善固定资产加速折旧企业所得税政策的通知》（财税〔2015〕106 号）等相关规定执行。

（二）企业可以在预缴时享受加速折旧或一次性扣除优惠，需要留存备查以下资料：

1. 企业属于重点行业、领域企业的说明材料［以某重点行业业务为主营业务，固定资产投入使用当年主营业务收入占企业收入总额 50%（不含）以上］；

2. 购进固定资产的发票、记账凭证（购入已使用过的固定资产，应提供已使用年限的相关说明）；

3. 核算有关资产税法与会计差异的台账。

依据：

《财政部　国家税务总局关于完善固定资产加速折旧企业所得税政策的通知》（财税〔2014〕75 号）。

《财政部　国家税务总局关于进一步完善固定资产加速折旧企业所得税政策的通知》（财税〔2015〕106 号）。

《财政部　国家税务总局关于设备、器具扣除有关企业所得税政策的通知》（财税〔2018〕54 号）。

《财政部　国家税务总局关于延长部分税收优惠政策执行期限的公告》（财政部　税务总局公告〔2021 年〕第 6 号）。

《国家税务总局关于固定资产加速折旧税收政策有关问题的公告》（国家税务总局公告〔2014 年〕第 64 号）。

《国家税务总局关于进一步完善固定资产加速折旧企业所得税政策有关问题的公告》（国家税务总局公告〔2015 年〕第 68 号）。

九、国家需要重点扶持的高新技术企业是否可以减按15%的税率征收企业所得税？需要留存备查哪些资料？

（一）国家需要重点扶持的高新技术企业，减按15%的税率征收企业所得税。

国家需要重点扶持的高新技术企业，是指拥有核心自主知识产权，产品（服务）属于国家重点支持的高新技术领域规定的范围、研究开发费用占销售收入的比例不低于规定比例、高新技术产品（服务）收入占企业总收入的比例不低于规定比例、科技人员占企业职工总数的比例不低于规定比例，以及高新技术企业认定管理办法规定的其他条件的企业。

（二）企业可以在预缴时享受减征优惠，需要留存备查以下资料：

1. 高新技术企业资格证书；
2. 高新技术企业认定资料；
3. 知识产权相关材料；
4. 年度主要产品（服务）发挥核心支持作用的技术属于《国家重点支持的高新技术领域》规定范围的说明，高新技术产品（服务）及对应收入资料；
5. 年度职工和科技人员情况证明材料；
6. 当年和前两个会计年度研发费用总额及占同期销售收入比例、研发费用管理资料以及研发费用辅助账，研发费用结构明细表。

依据：

《中华人民共和国企业所得税法》第二十八条。

《中华人民共和国企业所得税法实施条例》第九十三条。

《关于高新技术企业境外所得适用税率及税收抵免问题的通知》（财税〔2011〕47号）。

《科技部 财政部 国家税务总局关于修订印发〈高新技术企业认定管理办法〉的通知》（国科发火〔2016〕32号）。

《科技部 财政部 国家税务总局关于修订〈高新技术企业认定管理工作指引〉的通知》（国科发火〔2016〕195号）。

《国家税务总局关于实施高新技术企业所得税优惠政策有关问题的公告》（国家税务总局公告〔2017年〕第24号）。

十、吸纳自主就业退役士兵就业有什么税收优惠？需要留存备查哪些资料？

（一）招用自主就业退役士兵，与其签订1年以上期限劳动合同并依法缴纳社会保险费的，自签订劳动合同并缴纳社会保险当月起，在3年内按实际招用人数予以定额依次扣减增值税、城市维护建设税、教育费附加、地方教育附加和企业所得税优惠。河北省定额标准为每人每年9 000元。

（二）企业可以在预缴时享受税收优惠，需要留存备查以下资料：

1. 招用自主就业退役士兵的《中国人民解放军义务兵退出现役证》《中国人民解放军士官退出现役证》或《中国人民武装警察部队义务兵退出现役证》《中国人民武装警察部队士官退出现役证》。

2. 企业与招用自主就业退役士兵签订的劳动合同（副本），为职工缴纳的社会保险费记录。

3. 自主就业退役士兵本年度在企业工作时间表。

依据：

《财政部　国家税务总局　退役军人事务部关于进一步扶持自主就业退役士兵创业就业有关税收政策的通知》（财税〔2019〕21号）。

《河北省财政厅等三部门关于进一步扶持自主就业退役土兵创业就业有关税收政策的通知》（冀财税〔2019〕23号）。

第三章　增　值　税

《中华人民共和国增值税暂行条例》（1993 年 12 月 13 日中华人民共和国国务院令第 134 号公布；2008 年 11 月 5 日国务院第 34 次常务会议修订通过；根据 2016 年 2 月 6 日《国务院关于修改部分行政法规的决定》第一次修订；根据 2017 年 11 月 19 日《国务院关于废止〈中华人民共和国营业税暂行条例〉和修改〈中华人民共和国增值税暂行条例〉的决定》第二次修订）。

《中华人民共和国增值税暂行条例实施细则》（1993 年 12 月 25 日财政部文件（93）财法字第 38 号发布，2011 年 10 月 28 日中华人民共和国财政部令第 65 号第二次修改并发布）。

《中华人民共和国增值税法（征求意见稿）》于 2019 年 11 月 27 日发布并公开征求意见。

一、现行增值税纳税义务人是如何规定的？

在中华人民共和国境内销售货物或者加工、修理修配劳务，销售服务、无形资产、不动产以及进口货物的单位和个人，为增值税的纳税人，应当依照本条例缴纳增值税。

依据：

中华人民共和国国务院令第 691 号令《中华人民共和国增值税暂行条例》。

二、2018 年以来增值税税率变化历程是怎样的？

2018 年 5 月 1 日前：

（一）纳税人销售货物、劳务、有形动产租赁服务或者进口货物，除本条第二项、第四项、第五项另有规定外，税率为 17%。

（二）纳税人销售交通运输、邮政、基础电信、建筑、不动产租赁服务，销售不动产，转让土地使用权，销售或者进口下列货物，税率为 11%：

1. 粮食等农产品、食用植物油、食用盐；

2. 自来水、暖气、冷气、热水、煤气、石油液化气、天然气、二甲醚、沼气、居民用煤炭制品；

3. 图书、报纸、杂志、音像制品、电子出版物；

4. 饲料、化肥、农药、农机、农膜；

5. 国务院规定的其他货物。

（三）纳税人销售服务、无形资产，除本条第一项、第二项、第五项另有规定外，税率为6%。

（四）纳税人出口货物，税率为零；但是，国务院另有规定的除外。

（五）境内单位和个人跨境销售国务院规定范围内的服务、无形资产，税率为零。

税率的调整，由国务院决定。

依据：

《中华人民共和国增值税暂行条例》（中华人民共和国国务院令第691号令）。

2018年5月1日至2019年4月1日：

（一）纳税人发生增值税应税销售行为或者进口货物，原适用17%和11%税率的，税率分别调整为16%、10%。

（二）纳税人购进农产品，原适用11%扣除率的，扣除率调整为10%。

（三）纳税人购进用于生产销售或委托加工16%税率货物的农产品，按照12%的扣除率计算进项税额。

（四）本通知自2018年5月1日起执行。

依据：

《财政部　国家税务总局关于调整增值税税率的通知》（财税〔2018〕32号）。

2019年4月1日后（现行税率）：

（一）增值税一般纳税人（以下称纳税人）发生增值税应税销售行为或者进口货物，原适用16%税率的，税率调整为13%；原适用10%税率的，税率调整为9%。

（二）纳税人购进农产品，原适用10%扣除率的，扣除率调整为9%。纳税人购进用于生产或者委托加工13%税率货物的农产品，按照10%的扣除率计算进项税额。

（三）原适用16%税率且出口退税率为16%的出口货物劳务，出口退税率调整为13%；原适用10%税率且出口退税率为10%的出口货物、跨境应税行为，出口退税率调整为9%。

（四）适用13%税率的境外旅客购物离境退税物品，退税率为11%；适用9%税率的境外旅客购物离境退税物品，退税率为8%。

依据：

《财政部　国家税务总局　海关总署关于深化增值税改革有关政策的公告》（财政部　国家税务总局　海关总署公告〔2019年〕第39号）。

三、增值税价外费用包括哪些内容？

销售额为纳税人销售货物或者应税劳务向购买方收取的全部价款和价外费用（不包括收取的销项税额）。

价外费用，包括价外向购买方收取的手续费、补贴、基金、集资费、返还利润、奖励费、违约金、滞纳金、延期付款利息、赔偿金、代收款项、代垫款项、包装费、包装物租金、优质费、运输装卸费以及其他各种性质的价外收费。但下列项目不包括在内：

（1）受托加工应征消费税的消费品所代收代缴的消费税。

（2）同时符合以下条件的代垫运输费用：

①承运部门的运输费用发票开具给购买方的；

②纳税人将该项发票转交给购买方的。

（3）同时符合以下条件代为收取的政府性基金或者行政事业性收费：

①由国务院或者财政部批准设立的政府性基金，由国务院或者省级人民政府及其财政、价格主管部门批准设立的行政事业性收费；

②收取时开具省级以上财政部门印制的财政票据；

③所收款项全额上缴财政。

（4）销售货物的同时代办保险等而向购买方收取的保险费，以及向购买方收取的代购买方缴纳的车辆购置税、车辆牌照费。

（5）代为收取并符合规定的政府性基金或者行政事业性收费。

（6）以委托方名义开具发票代委托方收取的款项。

依据：

《中华人民共和国增值税暂行条例实施细则》。

《财政部　国家税务总局关于全面推开营业税改征增值税试点的通知》（财税〔2016〕36号）附件1《营业税改征增值税试点实施办法》。

四、购货方从销货方取得赔偿金是否属于价外费用？

价外费用是销货方收取的费用。销货方发生增值税应税货物或应税劳务的行为后，因销售方违约而支付给购货方的赔偿金不属于价外费用，不征收增值税。

依据：

《河北省国家税务局关于增值税若干问题的公告》（河北省国家税务局公告〔2011年〕第7号）。

五、增值税视同销售是如何规定的？

（一）单位或者个体工商户的下列行为，视同销售货物：

1. 将货物交付其他单位或者个人代销；

2. 销售代销货物；

3. 设有两个以上机构并实行统一核算的纳税人，将货物从一个机构移送其他机构用于销售，但相关机构设在同一县（市）的除外；

4. 将自产、委托加工或者购进的货物作为投资，提供给其他单位或者个体工商户；

5. 将自产、委托加工或者购进的货物分配给股东或者投资者；

6. 将自产、委托加工的货物用于集体福利或者个人消费；

7. 将自产或者委托加工的货物用于非增值税应税项目；

8. 将自产、委托加工或者购进的货物无偿赠送其他单位或者个人。

（二）下列情形视同销售服务、无形资产或者不动产：

1. 单位或者个体工商户向其他单位或者个人无偿提供服务，但用于公益事业或者以社会公众为对象的除外；

2. 单位或者个人向其他单位或者个人无偿转让无形资产或者不动产，但用于公益事业或者以社会公众为对象的除外；

3. 财政部和国家税务总局规定的其他情形。

依据：

《中华人民共和国增值税暂行条例实施细则》。

《财政部　国家税务总局关于全面推开营业税改征增值税试点的通知》（财税〔2016〕36号）附件1《营业税改征增值税试点实施办法》。

六、增值税混合销售是如何规定的？

一项销售行为如果既涉及服务又涉及货物，为混合销售。对于混合销售，按以下方法确定如何计税：

（一）该销售行为必须是一项行为，这是与兼营行为相区别的标志。

（二）按企业经营的主业确定。若企业在账务上已经分开核算，以企业核算为准。

（三）企业不能分别核算的，按如下原则：从事货物的生产、批发或者零售的单位和个体工商户的混合销售行为，按照销售货物缴纳增值税；其他单位和个体工商户的混合销售行为，按照销售服务缴纳增值税。

（四）纳税人销售活动板房、机器设备、钢结构件等自产货物的同时提供建筑、安装服务，不属于《营业税改征增值税试点实施办法》（财税〔2016〕36号文件印发）第四十条规定的混合销售，应分别核算货物和建筑服务的销售额，分别适用不同的税率或者征收率。

依据：

《财政部 国家税务总局关于全面推开营业税改征增值税试点的通知》（财税〔2016〕36号）附件1《营业税改征增值税试点实施办法》。

《河北省国家税务局关于全面推开营改增有关政策问题的解答》。

《国家税务总局关于进一步明确营改增有关征管问题的公告》（国家税务总局公告〔2017年〕第11号）。

七、哪些进项税额可以抵扣？

下列进项税额准予从销项税额中抵扣：

（一）从销售方取得的增值税专用发票（含税控机动车销售统一发票，下同）上注明的增值税额。

（二）从海关取得的海关进口增值税专用缴款书上注明的增值税税额。

（三）购进农产品，除取得增值税专用发票或者海关进口增值税专用缴款书外，按照农产品收购发票或者销售发票上注明的农产品买价×扣除率（2019年4月1日以后扣除率为9%）计算的进项税额。计算公式为：

$$进项税额 = 买价 \times 扣除率$$

买价，是指纳税人购进农产品在农产品收购发票或者销售发票上注明的价款和按照规定缴纳的烟叶税。

购进农产品，按照《农产品增值税进项税额核定扣除试点实施办法》抵扣进项税额的除外。

（四）从境外单位或者个人购进服务、无形资产或者不动产，自税务机关或者扣缴义务人取得的解缴税款的完税凭证上注明的增值税税额。

依据：

《中华人民共和国增值税暂行条例》（中华人民共和国国务院令第691号令）。

八、哪些进项税额不得抵扣？

下列项目的进项税额不得从销项税额中抵扣：

（一）用于简易计税方法计税项目、免征增值税项目、集体福利或者个人消费的购进货物、加工修理修配劳务、服务、无形资产和不动产。

其中涉及的固定资产、无形资产、不动产，仅指专用于上述项目的固定资产、无形资产（不包括其他权益性无形资产）、不动产。

纳税人的交际应酬消费属于个人消费。

注：1. 非专用于上述项目的固定资产、无形资产、不动产的购进可以抵扣进项税。如购进房屋专用于职工食堂不允许抵扣进项税，若既用于办公又用于职工食堂则可以全额抵扣进项税。

2. 报销本单位员工出差住宿费，允许抵扣进项税，报销客户出差住宿费计入业务招待费，属于纳税人的个人消费，不得抵扣进项税。

（二）非正常损失的购进货物，以及相关的加工修理修配劳务和交通运输服务。

注：非正常损失指的是因管理不善造成货物被盗、丢失、霉烂变质，以及因违反法律法规造成货物或者不动产被依法没收、销毁、拆除的情形。

（三）非正常损失的在产品、产成品所耗用的购进货物（不包括固定资产）、加工修理修配劳务和交通运输服务。

（四）非正常损失的不动产，以及该不动产所耗用的购进货物、设计服务和建筑服务。

（五）非正常损失的不动产在建工程所耗用的购进货物、设计服务和建筑服务。

纳税人新建、改建、扩建、修缮、装饰不动产，均属于不动产在建工程。

（六）购进的贷款服务、餐饮服务、居民日常服务和娱乐服务。

（七）财政部和国家税务总局规定的其他情形。

纳税人取得的增值税扣税凭证不符合法律、行政法规或者国家税务总局有关规定的，其进项税额不得从销项税额中抵扣。

增值税扣税凭证，是指增值税专用发票、海关进口增值税专用缴款书、农产品收购发票、农产品销售发票和完税凭证。

依据：

《财政部　国家税务总局关于全面推开营业税改征增值税试点的通知》（财税〔2016〕36号）附件1《营业税改征增值税试点实施办法》。

九、租入固定资产、不动产的进项税额如何抵扣?

自2018年1月1日起，纳税人租入固定资产、不动产，既用于一般计税方法计税项目，又用于简易计税方法计税项目、免征增值税项目、集体福利或者个人消费的，其进项税额准予从销项税额中全额抵扣。

依据：

《财政部　国家税务总局关于租入固定资产进项税额抵扣等增值税政策的通知》(财税〔2017〕90号)。

十、煤矿企业为出水事故等领用抢险物资，是否要做进项税额转出?

为出水事故等领用抢险物资不属于因管理不善造成货物被盗、丢失、霉烂变质，以及因违反法律法规造成货物或者不动产被依法没收、销毁、拆除的情形，不需要作进项税额转出。

十一、企业因技术更新、产品滞销等在库房长期放置报废的无价值的存货，进项税额是否需要转出?

企业因技术更新或在库房长期存放等报废的无价值的存货，不属于因管理不善造成货物被盗、丢失、霉烂变质，以及因违反法律法规造成货物或者不动产被依法没收、销毁、拆除的情形，不需要作进项税额转出。

十二、购进国内旅客运输服务，如何抵扣进项税额？ 劳务派遣员工发生的国内旅客运输服务是否可以抵扣进项税额?

根据规定，纳税人2019年4月1日及以后实际发生购进国内旅客运输服务并取得合法有效增值税扣税凭证的，其进项税额允许从销项税额中抵扣。纳税人未取得增值税专用发票的，暂按照以下规定确定进项税额：

(一) 取得增值税电子普通发票的，为发票上注明的税额。增值税电子普通发票上注明的购买方“名称”“纳税人识别号”等信息，应当与实际抵扣税款的纳税人一致，否则不予抵扣；

(二) 取得注明旅客身份信息的航空运输电子客票行程单的，为按照下列公式计算进项税额：

$$\text{航空旅客运输进项税额}=(\text{票价}+\text{燃油附加费})\div(1+9\%)\times 9\%$$

（三）取得注明旅客身份信息的铁路车票的，为按照下列公式计算的进项税额：

铁路旅客运输进项税额 = 票面金额 ÷ (1 + 9%) × 9%

（四）取得注明旅客身份信息的公路、水路等其他客票的，按照下列公式计算进项税额：

公路、水路等其他旅客运输进项税额 = 票面金额 ÷ (1 + 3%) × 3%

上述所称“国内旅客运输服务”，限于与本单位签订了劳动合同的员工，以及本单位作为用工单位接受的劳务派遣员工发生的国内旅客运输服务。

劳务派遣员工发生的国内旅客运输服务并取得符合取得合法有效增值税扣税凭证的，可以抵扣进项税额。

依据：

《财政部　国家税务总局　海关总署关于深化增值税改革有关政策的公告》（财政部　国家税务总局　海关总署公告〔2019 年〕第 39 号）。

《国家税务总局关于国内旅客运输服务进项税抵扣等增值税征管问题的公告》（国家税务总局公告〔2019 年〕第 31 号）。

十三、企业统一购买的工作服增值税进项税额能否抵扣?

企业根据其工作性质和特点，由企业统一制作并要求员工工作时统一着装所发生的工作服饰费用，取得增值税专用发票的可以按规定抵扣增值税进项税额。但是，由个人支付的工作服饰费用部分不得作为进项税额扣除。

依据：

河北国家税务局关于发布《河北省国家税务局关于全面推开营改增有关政策问题的解答（之八）》的通知。

十四、兼营简易计税、免征增值税项目的进项税如何抵扣?

适用一般计税方法的纳税人，兼营简易计税方法计税项目、免征增值税项目而无法划分不得抵扣的进项税额，按照下列公式计算不得抵扣的进项税额：

$$\text{不得抵扣的进项税额} = \text{当期无法划分的全部进项税额} \times \left(\text{当期简易计税方法计税项目销售额} + \text{免征增值税项目销售额}\right) \div \text{当期全部销售额}$$

主管税务机关可以按照上述公式依据年度数据对不得抵扣的进项税额进行清算。

依据：

《财政部　国家税务总局关于全面推开营业税改征增值税试点的通知》（财税〔2016〕36号）附件1《营业税改征增值税试点实施办法》。

十五、已抵扣进项税的购进发生不得抵扣情形的如何处理？

（一）已抵扣进项税额的购进货物（不含固定资产）、劳务、服务，发生不得从销项税额中抵扣情形的，应当将该进项税额从当期进项税额中扣减；无法确定该进项税额的，按照当期实际成本计算应扣减的进项税额。

依据：

《财政部　国家税务总局关于全面推开营业税改征增值税试点的通知》（财税〔2016〕36号）附件1《营业税改征增值税试点实施办法》。

（二）已抵扣进项税额的不动产，发生非正常损失，或者改变用途，专用于简易计税方法计税项目、免征增值税项目、集体福利或者个人消费的，按照下列公式计算不得抵扣的进项税额，并从当期进项税额中扣减：

不得抵扣的进项税额 = 已抵扣进项税额 × 不动产净值率

不动产净值率 =（不动产净值 ÷ 不动产原值）×100%

按照规定不得抵扣进项税额的不动产，发生用途改变，用于允许抵扣进项税额项目的，按照下列公式在改变用途的次月计算可抵扣进项税额。

可抵扣进项税额 = 增值税扣税凭证注明或计算的进项税额 × 不动产净值率

依据：

《国家税务总局关于深化增值税改革有关事项的公告》（国家税务总局公告〔2019年〕第14号）。

十六、取得2017年1月1日及以后开具的增值税专用发票认证抵扣期限是怎样规定的？

增值税一般纳税人取得2017年1月1日及以后开具的增值税专用发票、海关进口增值税专用缴款书、机动车销售统一发票、收费公路通行费增值税电子普通发票，取消认证确认、稽核比对、申报抵扣的期限。纳税人在进行增值税纳税申报时，应当通过本省（自治区、直辖市和计划单列市）增值税发票综合服务平台对上述扣税凭证信息进行用途确认。

依据：

《国家税务总局关于取消增值税扣税凭证认证确认期限等增值税征管问题的公告》（国家税务总局公告〔2019 年〕第 45 号）。

十七、纳税人取得的财政补贴收入需要缴纳增值税吗？

纳税人取得的财政补贴收入，与其销售货物、劳务、服务、无形资产、不动产的收入或者数量直接挂钩的，应按规定计算缴纳增值税。纳税人取得的其他情形的财政补贴收入，不属于增值税应税收入，不征收增值税。

依据：

《国家税务总局关于取消增值税扣税凭证认证确认期限等增值税征管问题的公告》（国家税务总局公告〔2019 年〕第 45 号）。

十八、“现代服务—金融服务”具体包括哪些内容？发生相关支出是否可以抵扣进项税额？

根据《财税〔2016〕36 号》附件 1《销售服务、无形资产、不动产注释》规定，金融服务，是指经营金融保险的业务活动。包括贷款服务、直接收费金融服务、保险服务和金融商品转让。

1. 贷款服务，以提供贷款服务取得的全部利息及利息性质的收入为销售额。

根据规定，纳税人购进贷款服务，其进项税额不得从销项税额中抵扣。

2. 直接收费金融服务，以提供直接收费金融服务收取的手续费、佣金、酬金、管理费、服务费、经手费、开户费、过户费、结算费、转托管费等各类费用为销售额。纳税人对于直接收费金融服务范围的支出，取得增值税专用发票可以抵扣进项税额。

3. 保险服务，是指投保人根据合同约定，向保险人支付保险费，保险人对于合同约定的可能发生的事故因其发生所造成的财产损失承担赔偿保险金责任，或者当被保险人死亡、伤残、疾病或者达到合同约定的年龄、期限等条件时承担给付保险金责任的商业保险行为。

纳税人购进符合规定的保险服务，若非用于不得抵扣进项税额的情形，取得增值税专用发票可以抵扣进项税额。

4. 金融商品转让，是指转让外汇、有价证券、非货物期货和其他金融商品所有权的业务活动，按照卖出价扣除买入价后的余额为销售额。根据规定，金融商品转让，不得开具增值税专用发票，因此不得抵扣进项税额。

十九、“贷款服务”的范围是什么？是否所有的贷款服务收入均需缴纳增值税？

贷款服务，是指将资金贷与他人使用而取得利息收入的业务活动。

各种占用、拆借资金取得的收入，包括金融商品持有期间（含到期）利息（保本收益、报酬、资金占用费、补偿金等）收入、信用卡透支利息收入、买入返售金融商品利息收入、融资融券收取的利息收入，以及融资性售后回租、押汇、罚息、票据贴现、转贷等业务取得的利息及利息性质的收入，按照贷款服务缴纳增值税。

以货币资金投资收取的固定利润或者保底利润，按照贷款服务缴纳增值税。

保本收益、报酬、资金占用费、补偿金，是指合同中明确承诺到期本金可全部收回的投资收益。

金融商品持有期间（含到期）取得的非保本的上述收益，不属于利息或利息性质的收入，不征收增值税。

依据：

《财政部　国家税务总局关于全面推开营业税改征增值税试点的通知》（财税〔2016〕36号）附件1《营业税改征增值税试点实施办法》。

《财政部　国家税务总局关于明确金融　房地产开发　教育辅助服务等增值税政策的通知》（财税〔2016〕140号）。

二十、企业接受贷款服务向贷款方支付的咨询费能否抵扣进项税额？

根据规定，增值税一般纳税人接受贷款服务进项税额不得从销项税额中扣除，同时接受贷款服务向贷款方支付的与该笔贷款直接相关的投融资顾问费、手续费、咨询费等费用，其进项税额也不得从销项税额中抵扣。

依据：

《财政部　国家税务总局关于全面推开营业税改征增值税试点的通知》（财税〔2016〕36号）附件2《营业税改征增值税试点有关事项的规定》。

二十一、统借统还业务中收取的利息免征增值税，具体规定是怎样的？

统借统还业务中，企业集团或企业集团中的核心企业以及集团所属财务公司按不高于支付给金融机构的借款利率水平或者支付的债券票面利率水平，向企业集团或者集团内下属单位收取的利息免征增值税。统借方向资金使用单位收取的利息，高于支付给金融机构借款利率水平或者支付的债券票面利率水平的，应全额缴纳增值税。

统借统还业务，是指：

（一）企业集团或者企业集团中的核心企业向金融机构借款或对外发行债券取得资金后，将所借资金分拨给下属单位（包括独立核算单位和非独立核算单位，下同），并向下属单位收取用于归还金融机构或债券购买方本息的业务。

（二）企业集团向金融机构借款或对外发行债券取得资金后，由集团所属财务公司与企业集团或者集团内下属单位签订统借统还贷款合同并分拨资金，并向企业集团或者集团内下属单位收取本息，再转付企业集团，由企业集团统一归还金融机构或债券购买方的业务。

依据：

《财政部　国家税务总局关于全面推开营业税改征增值税试点的通知》（财税〔2016〕36号）附件3《营业税改征增值税试点过渡政策的规定》。

二十二、关于母公司向金融机构借款分拨给子公司使用并向子公司收取利息行为是否适用统借统还业务问题?

《财税〔2016〕36号》文件规定，统借统还业务的主体是企业集团或企业集团中的核心企业以及集团所属财务公司。《企业集团登记管理暂行规定》（工商企字〔1998〕59号）规定，企业集团是指以资本为主要联结纽带的母子公司为主体，以集团章程为共同行为规范的母公司、子公司、参股公司及其他成员企业或机构共同组成的具有一定规模的企业法人联合体。企业集团经登记主管机关核准登记，发给《企业集团登记证》，该企业集团即告成立。

根据《国市监企注〔2018〕139号》文件要求，各地工商和市场监管部门要按照《国务院关于取消一批行政许可等事项的决定》（国发〔2018〕28号）要求，不再单独登记企业集团，不再核发《企业集团登记证》，集团母公司应当将企业集团名称及集团成员信息通过国家企业信用信息公示系统向社会公示。本通知下发前已经取得《企业集团登记证》的，可以不再公示。

因此，母公司向金融机构借款分拨给子公司使用并向子公司收取利息是否适用统借统还，应以母公司与子公司是否属于同一企业集团为前提。

依据：

河北国家税务局关于发布《河北省国家税务局关于全面推开营改增有关政策

问题的解答（之八）》的通知。

《关于做好取消企业集团核准登记等4项行政许可等事项衔接工作的通知》（国市监企注〔2018〕139号）。

二十三、企业集团内单位（含企业集团）之间的资金无偿借贷行为，是否征收增值税？

根据《财政部　国家税务总局关于明确养老机构免征增值税等政策的通知》（财税〔2019〕20号）、《财政部　国家税务总局关于延长部分税收优惠政策执行期限的公告》（财政部　国家税务总局公告〔2021年〕第6号）规定：

自2019年2月1日至2023年12月31日，对企业集团内单位（含企业集团）之间的资金无偿借贷行为，免征增值税。此前已发生未处理的事项，按本通知规定执行。

二十四、纳税人提供植物养护服务按照什么项目纳税？

按照“其他生活服务”缴纳增值税。

依据：

《国家税务总局关于进一步明确营改增有关征管问题的公告》（国家税务总局公告〔2017年〕第11号）。

二十五、小规模纳税人免税政策执行期间是怎样的？取得小规模纳税人开具的3%增值税专用发票，是否可以抵扣进项税额？

自2021年4月1日至2022年12月31日，小规模纳税人发生增值税应税销售行为，合计月销售额未超过15万元（以1个季度为1个纳税期的，季度销售额未超过45万元）的，免征增值税。

自2022年4月1日至2022年12月31日，增值税小规模纳税人适用3%征收率的应税销售收入，免征增值税；适用3%预征率的预缴增值税项目，暂停预缴增值税。

增值税小规模纳税人适用3%征收率应税销售收入免征增值税的，应按规定开具免税普通发票。纳税人选择放弃免税并开具增值税专用发票的，应开具征收率为3%的增值税专用发票。

因此，在2022年12月31日前，取得小规模纳税人开具的3%增值税专用发票，可以抵扣进项税额。

依据：

《财政部　国家税务总局关于明确增值税小规模纳税人免征增值税政策的公告（财政部　国家税务总局公告〔2021年〕第11号）。

《国家税务总局关于小规模纳税人免征增值税征管问题的公告》（国家税务总局公告〔2021年〕第5号）。

《财政部　国家税务总局关于对增值税小规模纳税人免征增值税的公告》（财政部　国家税务总局公告〔2022年〕第15号）。

《国家税务总局关于小规模纳税人免征增值税等征收管理事项的公告》（国家税务总局公告〔2022年〕第6号）。

二十六、一般纳税人销售使用过的固定资产、旧货如何计算缴纳增值税？如何纳税填写纳税申报表？

一般纳税人销售自己使用过的属于不得抵扣且未抵扣进项税额的固定资产、销售旧货，按照简易办法依照3%征收率减按2%征收增值税。

所称旧货，是指进入二次流通的具有部分使用价值的货物（含旧汽车、旧摩托车和旧游艇），但不包括自己使用过的物品。

（一）计算应纳税额

1. 按简易办法依3%的征收率，减按2%征收增值税，即应纳税额＝含税销售额÷(1＋3%)×2%

2. 只能开具增值税普通发票

（二）如何填写纳税申报表

1. 填写附表1：按照开票或未开票应将销售额与3%的税款填写至第11行对应的栏次，其中销售额＝含税销售额(即固定资产处理价格)÷(1＋3%)；

2. 填写申报表主表：应将3%的税款填写至第21行“简易计税办法计算的应纳税额”，申报表一般自动计算；

3. 填写申报表主表：同时将1%的减免税额［即含税销售额÷(1＋3%)×1%］，填写至23行“应纳税额减征额”。

依据：

《财政部　国家税务总局关于全国实施增值税转型改革若干问题的通知》（财税〔2008〕170号）。

《国家税务总局关于增值税简易征收政策有关管理问题的通知》（国税函〔2009〕90号）。

《财政部　国家税务总局关于部分货物适用增值税低税率和简易办法征收增值税政策的通知》（财税〔2009〕9号）。

《财政部　国家税务总局关于简并增值税征收率政策的通知》（财税〔2014〕57号）。

《国家税务总局关于一般纳税人销售自己使用过的固定资产增值税有关问题的公告》（国家税务总局公告〔2012年〕第1号）。

《国家税务总局关于简并增值税征收率有关问题的公告》（国家税务总局公告〔2014年〕第36号）。

《财政部　国家税务总局关于全面推开营业税改征增值税试点的通知》（财税〔2016〕36号）。

二十七、将自产、委托加工或者购进的货物捐赠给目标脱贫地区，是否需要视同销售缴纳增值税？目标脱贫地区的范围是什么？

（一）自2019年1月1日至2025年12月31日，对单位或者个体工商户将自产、委托加工或购买的货物通过公益性社会组织、县级及以上人民政府及其组成部门和直属机构，或直接无偿捐赠给目标脱贫地区的单位和个人，免征增值税。在政策执行期限内，目标脱贫地区实现脱贫的，可继续适用上述政策。

"目标脱贫地区"包括832个国家扶贫开发工作重点县、集中连片特困地区县（新疆阿克苏地区6县1市享受片区政策）和建档立卡贫困村。

（二）在2015年1月1日至2018年12月31日期间已发生的符合上述条件的扶贫货物捐赠，可追溯执行上述增值税政策。

依据：

《财政部　国家税务总局　国务院扶贫办关于扶贫货物捐赠免征增值税政策的公告》（财政部　国家税务总局　国务院扶贫办公告〔2019年〕第55号）。

《财政部　国家税务总局　人力资源和社会保障部　国家乡村振兴局关于延长部分扶贫税收优惠政策执行期限的公告》（财政部　国家税务总局　人力资源和社会保障部　国家乡村振兴局公告〔2021年〕第18号）。

二十八、集团内公司之间的资产重组行为，转让方是否缴纳增值税？

在资产重组过程中，通过合并、分立、出售、置换等方式，将全部或者部分实物资产以及与其相关联的债权、负债和劳动力一并转让给其他单位和个人，不属于增值税的征税范围，其中涉及的货物转让，不征收增值税。

集团内公司之间资产转让时需关注与资产相关联的债权、负债和劳动力是否一起转让，以判断是否属于不征收增值税情形。不属于不征税情形的，转让方应当缴纳增值税。

依据：

《国家税务总局关于纳税人资产重组有关增值税问题的公告》（国家税务总局〔2011 年〕第 13 号公告）。

《财政部　国家税务总局关于全面推开营业税改征增值税试点的通知》（财税〔2016〕36 号）附件 2《营业税改征增值税试点有关事项的规定》。

二十九、一般纳税人出租不动产，出租与其机构所在地不在同一县（市、区）的不动产，应当如何缴纳增值税？

（一）一般纳税人出租其 2016 年 4 月 30 日前取得的不动产，可以选择适用简易计税方法，按照 5% 的征收率计算应纳税额。

不动产所在地与机构所在地不在同一县（市、区）的，纳税人应按照上述计税方法向不动产所在地主管国税机关预缴税款，向机构所在地主管国税机关申报纳税。预缴税款计算方式如下：

$$应预缴税款 = 含税销售额 \div (1 + 5\%) \times 5\%$$

（二）一般纳税人出租其 2016 年 5 月 1 日后取得的不动产，适用一般计税方法计税。

不动产所在地与机构所在地不在同一县（市、区）的，纳税人应按照 3% 的预征率向不动产所在地主管国税机关预缴税款，向机构所在地主管国税机关申报纳税。预缴税款计算方式如下：

$$应预缴税款 = 含税销售额 \div (1 + 11\%) \times 3\%$$

一般纳税人出租其 2016 年 4 月 30 日前取得的不动产适用一般计税方法计税的，按照上述规定执行。适用税率的调整参考本章“二、2018 年以来增值税税率变化历程是怎样的？”的内容。

依据：

《国家税务总局关于发布〈纳税人提供不动产经营租赁服务增值税征收管理暂行办法〉的公告》（国家税务总局公告〔2016 年〕第 16 号）。

三十、哪些行业企业可以申请增值税留抵退税？

（一）根据《财政部　国家税务总局关于进一步加大增值税期末留抵退税政

策实施力度的公告》（财政部　国家税务总局公告〔2022年〕第14号）二、加大“制造业”“科学研究和技术服务业”“电力、热力、燃气及水生产和供应业”“软件和信息技术服务业”“生态保护和环境治理业”和“交通运输、仓储和邮政业”（以下称制造业等行业）增值税期末留抵退税政策力度，将先进制造业按月全额退还增值税增量留抵税额政策范围扩大至符合条件的制造业等行业企业（含个体工商户），并一次性退还制造业等行业企业存量留抵税额。

（二）根据《关于扩大全额退还增值税留抵税额政策行业范围的公告》（财政部　国家税务总局公告〔2022年〕第21号）规定，一、扩大全额退还增值税留抵税额政策行业范围，将《财政部　国家税务总局关于进一步加大增值税期末留抵退税政策实施力度的公告》（财政部　国家税务总局公告〔2022年〕第14号，以下称“〔2022年〕第14号公告”）第二条规定的制造业等行业按月全额退还增值税增量留抵税额、一次性退还存量留抵税额的政策范围，扩大至“批发和零售业”“农、林、牧、渔业”“住宿和餐饮业”“居民服务、修理和其他服务业”“教育”“卫生和社会工作”和“文化、体育和娱乐业”（以下称批发零售业等行业）企业（含个体工商户）。

三十一、纳税人留抵退税政策适用错误应如何处理？有没有处罚？留抵退税如何进行会计处理？

（一）纳税人取得退还的留抵税额后，应相应调减当期留抵税额

如果发现纳税人存在留抵退税政策适用有误的情形，纳税人应在下个纳税申报期结束前缴回相关留抵退税款。

以虚增进项、虚假申报或其他欺骗手段，骗取留抵退税款的，由税务机关追缴其骗取的退税款，并按照《中华人民共和国税收征收管理法》等有关规定处理。

（二）留抵退税的会计处理

留抵税额是未抵扣完的进项税额，留抵退税就是把增值税期末未抵扣完的留抵税额退还给纳税人，应相应冲减进项税额。在账务处理上为保证账面进项税额与在发票平台勾选确认的金额一致，不会直接红字冲减进项税额，而是通过进项税额转出这个科目来进行核算。

提交留抵退税申请时：

借：其他应收款——应收退税款

　　贷：应交税费——应交增值税——进项税额转出

收到退税款时：

借：银行存款

　　贷：其他应收款——应收退税款

如果在申请的当月收到退税款，也可以将以上二笔分录合并，直接做：

借：银行存款

　　贷：应交税费——应交增值税——进项税额转出

依据：

《财政部　国家税务总局关于进一步加大增值税期末留抵退税政策实施力度的公告》（财政部　国家税务总局公告〔2022年〕第14号）。

三十二、增值税、消费税分别与附加税费申报表整合后，如何进行增值税、消费税及附加税费申报？

纳税人申报增值税、消费税时，应一并申报附征的城市维护建设税、教育费附加和地方教育附加等附加税费。增值税、消费税分别与附加税费申报表整合。新启用的《增值税及附加税费申报表（一般纳税人适用）》《增值税及附加税费申报表（小规模纳税人适用）》《增值税及附加税费预缴表》及其附列资料和《消费税及附加税费申报表》中，附加税费申报表作为附列资料或附表，纳税人在进行增值税、消费税申报的同时完成附加税费申报。

具体为纳税人填写增值税、消费税相关申报信息后，自动带入附加税费附列资料（附表）；纳税人填写完附加税费其他申报信息后，回到增值税、消费税申报主表，形成纳税人本期应缴纳的增值税、消费税和附加税费数据。上述表内信息预填均由系统自动实现。

三十三、现行税收政策中增值税纳税义务发生时间是怎样规定的？

《中华人民共和国增值税暂行条例》第十九条规定，增值税纳税义务发生时间：

（一）发生应税销售行为，为收讫销售款项或者取得索取销售款项凭据的当天；先开具发票的，为开具发票的当天。

（二）进口货物，为报关进口的当天。

《中华人民共和国增值税暂行条例实施细则》第三十八条规定：条例第十九条第一款第（一）项规定的收讫销售款项或者取得索取销售款项凭据的当天，按销售结算方式的不同，具体为：

（一）采取直接收款方式销售货物，不论货物是否发出，均为收到销售款或者取得索取销售款凭据的当天；

（二）采取托收承付和委托银行收款方式销售货物，为发出货物并办妥托收手续的当天；

（三）采取赊销和分期收款方式销售货物，为书面合同约定的收款日期的当天，无书面合同的或者书面合同没有约定收款日期的，为货物发出的当天；

（四）采取预收货款方式销售货物，为货物发出的当天，但生产销售生产工期超过 12 个月的大型机械设备、船舶、飞机等货物，为收到预收款或者书面合同约定的收款日期的当天；

（五）委托其他纳税人代销货物，为收到代销单位的代销清单或者收到全部或者部分货款的当天。未收到代销清单及货款的，为发出代销货物满 180 天的当天；

（六）销售应税劳务，为提供劳务同时收讫销售款或者取得索取销售款的凭据的当天；

（七）纳税人发生本细则第四条第（三）项至第（八）项所列视同销售货物行为，为货物移送的当天。

《财税〔2016〕36 号》附件 1《营业税改征增值税试点实施办法》第四十五条规定：增值税纳税义务发生时间如下：

（1）纳税人发生应税行为并收讫销售款项或者取得索取销售款项凭据的当天；先开具发票的，为开具发票的当天。

收讫销售款项，是指纳税人销售服务、无形资产、不动产过程中或者完成后收到款项。

取得索取销售款项凭据的当天，是指书面合同确定的付款日期；未签订书面合同或者书面合同未确定付款日期的，为服务、无形资产转让完成的当天或者不动产权属变更的当天。

（2）纳税人提供租赁服务采取预收款方式的，其纳税义务发生时间为收到预收款的当天。

（3）纳税人从事金融商品转让的，为金融商品所有权转移的当天。

（4）纳税人发生一下情形的，其纳税义务发生时间为服务、无形资产转让完成的当天或者不动产权属变更的当天：

①单位或者个体工商户向其他单位或者个人无偿提供服务，但用于公益事业或者以社会公众为对象的除外。

②单位或者个人向其他单位或者个人无偿转让无形资产或者不动产，但用于公益事业或者以社会公众为对象的除外。

（5）纳税人提供建筑服务取得预收款，应在收到预收款时，以取得的预收款扣除支付的分包款后的余额，按以下预征率预缴增值税：

适用一般计税方法计税的项目预征率为2%，适用简易计税方法计税的项目预征率为3%。

三十四、采取直接收款方式销售货物，已将货物移送对方并暂估销售收入入账，未取得销售款，未签订销售合同，也未开具销售发票，应当在何时缴纳增值税？

根据规定，纳税人生产经营活动中采取直接收款方式销售货物，已将货物移送对方并暂估销售收入入账，但既未取得销售款或取得索取销售款凭据也未开具销售发票的，其增值税纳税义务发生时间为取得销售款或取得索取销售款凭据的当天；先开具发票的，为开具发票的当天。

因此，应当在取得销售款或签订书面合同确定的付款日期的当月缴纳增值税，先开具发票的，在开具发票当月缴纳。

依据：

《国家税务总局关于增值税纳税义务发生时间有关问题的公告》（国家税务总局公告〔2011年〕第40号）。

三十五、劳务派遣服务与人力资源外包服务，业务内容和发票开具等方面有何区别？

表3－1　　劳务派遣服务与人力资源外包服务的区别

项目	劳务派遣服务	人力资源外包服务
业务内容	是指劳务派遣公司为了满足用工单位对于各类灵活用工的需求，将员工派遣至用工单位，接受用工单位管理并为其工作的服务。	是指企业为了降低人力成本，实现效率最大化，将人力资源事务中非核心部分的工作全部或部分委托人才服务专业机构管（办）理。
发票开具	现代服务＊人力资源服务＊劳务派遣服务	现代服务＊经纪代理服务＊人力资源外包服务
一般税率	6%	6%
税款计算	以取得的全部价款和价外费用为销售额，按照一般计税方法计算缴纳增值税；也可以选择差额纳税，以取得的全部价款和价外费用，扣除代用工单位支付给劳务派遣员工的工资、福利和为其办理社会保险及住房公积金后的余额为销售额，按照简易计税方法依5%的征收率计算缴纳增值税。	销售额不包括受客户单位委托代为向客户单位员工发放的工资和代理缴纳的社会保险、住房公积金。向委托方收取并代为发放的工资和代理缴纳的社会保险、住房公积金，不得开具增值税专用发票，可以开具普通发票。一般纳税人提供人力资源外包服务，可以选择适用简易计税方法，按照5%的征收率计算缴纳增值税。

续表

项目	劳务派遣服务	人力资源外包服务
特殊事项	具有劳务派遣资质的企业，其承揽的业务凡是以提供的工作量、工程量与用工单位统一结算价款的，不适用劳务派遣差额缴纳增值税政策，不得开具劳务派遣服务发票。	

依据：

《财政部　国家税务总局关于进一步明确全面推开营改增试点有关劳务派遣服务、收费公路通行费抵扣等政策的通知》（财税〔2016〕47号）。

《河北省国家税务局关于全面推开营改增有关政策问题的解答（之八）》。

三十六、违约金是否一定属于价外费用？是否一定需要开具发票？

根据《财政部　国家税务总局关于全面推开营业税改征增值税试点的通知》（财税〔2016〕36号）规定，第三十七条销售额，是指纳税人发生应税行为取得的全部价款和价外费用，财政部和国家税务总局另有规定的除外。根据《中华人民共和国增值税暂行条例实施细则》（财政部　国家税务总局第50号令）十二条规定，条例第六条第一款所称价外费用，包括价外向购买方收取的手续费、补贴、基金、集资费、返还利润、奖励费、违约金、滞纳金、延期付款利息、赔偿金、代收款项、代垫款项、包装费、包装物租金、储备费、优质费、运输装卸费以及其他各种性质的价外收费。

（一）销售方向购买方支付的违约金，由于购买方未销售货物或提供劳务或服务，不属于增值税应税范围，不需要开具发票，开具收据及相关凭证。

【例1】销售方因晚交货给采购方支付的违约金，不属于增值税应税范围，不需要开具发票，开具收据及相关凭证。

【例2】甲乙双方签订租赁合同，甲方因自身原因不能如期将房屋出租给乙方，于是向后者支付了一笔违约金，此时，甲方支付的违约金，也不属于价外费用。

（二）购买方向销售方支付的违约金，涉及经营行为（即经营行为增值税纳税义务已经发生）的赔偿金，属于价外费用，应开具发票；不涉及经营行为（即经营行为增值税纳税义务未发生）的赔偿金，开具收据即可。

【例3】甲方将房屋出租给乙方，后来乙方提前退租。于是，甲方向乙方收取违约金。此时，该笔违约金，属于价外费用，需要缴纳增值税。

【例4】乙方向甲方支付一笔租房意向定金，但到期又未租赁，定金不予退还。此时，甲方收取的定金并未伴随应税销售行为发生，不属于价外费用。

三十七、公司购进货物后，委托第三方付款，并取得销售方开具的增值税专用发票，是否属于“三流不一致”，是否允许抵扣？

根据规定，纳税人购进货物或应税劳务，支付运输费用，所支付款项的单位，必须与开具抵扣凭证的销货单位、提供劳务的单位一致，才能够申报抵扣进项税额，否则不予抵扣。“所支付款项的单位”是指收款单位。

因此，委托第三方付款，可以抵扣增值税，不属于税务规定的“三流不一致”的情况。建议三方签订委托付款协议，作为凭证附件资料。

依据：

《国家税务总局关于加强增值税征收管理若干问题的通知》（国税发〔1995〕192号）。

三十八、不征收增值税项目包含哪些内容？

表3-2　不征收增值税项目

序号	不征税项目具体内容	依据
1	用于公益事业或者以社会公众为对象的服务。	财税〔2016〕36号附件1
2	单位或者个体工商户聘用的员工为本单位或者雇主提供取得工资的服务。	
3	单位或者个体工商户为聘用的员工提供服务。	
4	行政单位收取的同时满足以下条件的政府性基金或者行政事业性收费。（1）由国务院或者财政部批准设立的政府性基金，由国务院或者省级人民政府及其财政、价格主管部门批准设立的行政事业性收费；（2）收取时开具省级以上（含省级）财政部门监（印）制的财政票据；（3）所收款项全额上缴财政。	
5	根据国家指令无偿提供的铁路运输服务、航空运输服务，属于《试点实施办法》十四条规定的用于公益事业的服务。	财税〔2016〕36号附件2
6	存款利息。	
7	被保险人获得的保险赔付。	
8	房地产主管部门或者其指定机构、公积金管理中心、开发企业以及物业管理单位代收的住宅专项维修资金。	
9	在资产重组过程中，通过合并、分立、出售、置换等方式，将全部或者部分实物资产以及与其相关联的债权、负债和劳动力一并转让给其他单位和个人，其中涉及的不动产、土地使用权转让行为。	

续表

序号	不征税项目具体内容	依据
10	纳税人在资产重组过程中，通过合并、分立、出售、置换等方式，将全部或者部分实物资产以及与其相关联的债权、负债和劳动力一并转让给其他单位和个人，不属于增值税的征税范围，其中涉及的货物转让，不征收增值税。	国家税务总局公告〔2011年〕第13号
11	纳税人在资产重组过程中，通过合并、分立、出售、置换等方式，将全部或者部分实物资产以及与其相关联的债权、负债经多次转让后，最终的受让方与劳动力接收方为同一单位和个人的，仍适用《关于纳税人资产重组有关增值税问题的公告》（国家税务总局公告〔2011年〕第13号）的相关规定，其中货物的多次转让行为均不征收增值税。资产的出让方需将资产重组方案等文件资料报其主管税务机关。	国家税务总局公告〔2013年〕第66号
12	增值税纳税人收取的会员费收入不征收增值税。	财税〔2005〕165号
13	各党派、共青团、工会、妇联、中科协、青联、台联、侨联收取党费、团费、会费，以及政府间国际组织收取会费，属于非经营活动，不征收增值税。	（财税〔2016〕68号）
14	供应或开采未经加工的天然水（如水库供应农业灌溉用水，工厂自采地下水用于生产），不征收增值税。	国税发〔1993〕154号
15	基本建设单位和从事建筑安装业务的企业附设工厂、车间在建筑现场制造的预制构件，凡直接用于本单位或本企业建筑工程的。	
	权益性资产转移	
16	股权转让收入以及权益性投资分红。	
17	非保本金融商品收益（企业取得的股票股利）：《销售服务、无形资产、不动产注释》（财税〔2016〕36号）第一条第（五）项第1点所称"保本收益、报酬、资金占用费、补偿金"，是指合同中明确承诺到期本金可全部收回的投资收益。金融商品持有期间（含到期）取得的非保本的上述收益，不属于利息或利息性质的收入，不征收增值税。	财税〔2016〕140号
18	资产管理产品持有至到期：纳税人购入基金、信托和理财产品等各类资产管理产品持有至到期，不属于《销售服务、无形资产、不动产注释》（财税〔2016〕36号）第一条第（五）项第4点所称的金融商品转让。	
	会计制度不作为收益项目核算，税收政策也不作为增值税征收项目的经济利益流入，不得开具增值税发票	
19	收到所有者（股东、合伙人、业主）投入的资本，属于所有者权益。	
20	收到的债权人提供的债务性融资，属于短期或长期借款。	
21	收到其他单位或个人支付的、短期内需要原价退还的押金、保证金、往来款等，属于往来项目。	
22	第20、21如后续期间发生债转股、债务重组、罚没等行为而增加纳税人所有者权益，未发生增值税应税行为的，也不得开具发票。	
23	收到的以委托方名义开具发票代委托方收取的款项，属于往来项目。	

续表

序号	不征税项目具体内容	依据
	财政补贴	
24	2020年1月1日起，纳税人取得的财政补贴收入，与其销售货物、劳务、服务、无形资产、不动产的收入或者数量直接挂钩的，应按规定计算缴纳增值税。纳税人取得的其他情形的财政补贴收入，不属于增值税应税收入，不征收增值税	国家税务总局公告〔2019年〕第45号
25	供电工程贴费不属于增值税销售货物和收取价外费用的范围，不应当征收增值税（供电工程贴费是指在用户申请用电或增加用电容量时，供电企业向用户收取的用于建设110千伏及以下各级电压外部供电工程建设和改造等费用的总称，包括供电和配电贴费两部分。）	财税字〔1997〕102号
26	各燃油电厂从政府财政专户取得的发电补贴不属于规定的价外费用，不计入应税销售额，不征收增值税。	国税函〔2006〕1235号
	未发生应税行为	
27	销售合同解除收取的违约金、赔偿金等。	《中华人民共和国增值税暂行条例》非应税行为
28	对供应商、分包商等的罚款、索赔款等。	
29	未发生应税行为，对客户收取的退票费、没收的诚意金、订金等。	
30	不动产出租免租期：纳税人出租不动产，租赁合同中约定免租期的，不属于《营业税改征增值税试点实施办法》（财税〔2016〕36号文件印发）第十四条规定的视同销售服务	国家税务总局公告〔2016年〕第86号
31	对卫生防疫站调拨或发放的由政府财政负担的免费防疫苗不征收增值税。	国税函〔1999〕191号
32	对国家管理部门行使其管理职能，发放的执照、牌照和有关证书等取得的工本费收入，不征收增值税。	国税函发〔1995〕288号
33	代收的印花税、车船税等税款。	
34	单用途卡发卡企业或者售卡企业销售单用途卡，或者接受单用途卡持卡人充值取得的预收资金，不缴纳增值税。 支付机构销售多用途卡取得的等值人民币资金，或者接受多用途卡持卡人充值取得的充值资金，不缴纳增值税。	国家税务总局公告〔2016年〕第53号
35	融资性售后回租业务中承租方出售资产的行为，不属于增值税和营业税征收范围，不征收增值税和营业税。（但却要向出租方开具发票，出租方出售资产的行为，在会计上也不确认损益）（融资性售后回租业务是指承租方以融资为目的将资产出售给经批准从事融资租赁业务的企业后，又将该项资产从该融资租赁企业租回的行为。融资性售后回租业务中承租方出售资产时，资产所有权以及与资产所有权有关的全部报酬和风险并未完全转移。）	国家税务总局〔2010年〕第13号公告

续表

序号	不征税项目具体内容	依据
36	纳税人代理进口按规定免征进口增值税的货物，其销售额不包括向委托方收取并代为支付的货款。向委托方收取并代为支付的款项，不得开具增值税专用发票，可以开具增值税普通发票。	国家税务总局公告〔2016年〕第69号
	不征增值税可开具发票项目	
	上述不征税项目收到的款项不开具发票。《关于营改增试点若干征管问题的公告》（国家税务总局公告〔2016年〕第53号）增加6“未发生销售行为的不征税项目”，用于纳税人收取款项但未发生销售货物、应税劳务、服务、无形资产或不动产的情形。“未发生销售行为的不征税项目”下设601“预付卡销售和充值”、602“销售自行开发的房地产项目预收款”、603“已申报缴纳营业税未开票补开票”。使用“未发生销售行为的不征税项目”编码，发票税率栏应填写“不征税”，不得开具增值税专用发票。 目前，发票开票系统编码6“未发生销售行为的不征税项目”包含的内容具体如下：601“预付卡销售和充值”、602“销售自行开发的房地产项目预收款”、603“已申报缴纳营业税未开票补开票”、604“代收印花税”、605“代收车船税”、606“融资性售后回租业务中承租方出售资产”、607“资产重组涉及的房屋等不动产”、608“资产重组涉及的土地使用权”、609“代理进口免税货物货款”、610“有奖发票奖金支付”、611“不征税自来水”、612“建筑服务预收款”、613“代收民航发展基金”、614“未显示”、615“与销售行为不挂钩的财政补贴收入”、616“资产重组涉及的货物”。 需要说明的是，602“销售自行开发的房地产项目预收款”、612“建筑服务预收款”两个项目只是暂时没有实现纳税义务，而采取了预征增值税的方式。	国家税务总局公告〔2016年〕第53号

三十九、以不动产对外投资是否缴纳增值税？

《营业税改征增值税试点实施办法》第十条规定：“销售服务、无形资产或者不动产，是指有偿提供服务、有偿转让无形资产或者不动产。”

《营业税改征增值税试点实施办法》第十一条规定：“有偿，是指取得货币、货物或者其他经济利益。”

以不动产投资，是以不动产为对价换取了被投资企业的股权，取得了“其他经济利益”，应当缴纳增值税。

依据：

《河北省国家税务局关于全面推开营改增有关政策问题的解答》（之二）。

四十、单位和个人土地被国家征用取得土地及地上附着物补偿费是否缴纳征增值税？

国家因公共利益或城市规划需要而收回单位和个人所拥有的土地使用权，并按照《中华人民共和国土地管理法》规定的标准支付给单位和个人的土地及地上附着物（包括不动产）的补偿费，属于土地使用者将土地使用权归还给土地所有者的行为。单位和个人取得的上述补偿费免征增值税。

依据：

《河北省国家税务局关于全面推开营改增有关政策问题的解答》（之七）。

四十一、企业取得返还的代扣代缴个人所得税手续费是否需要缴纳增值税?

"三代"税款手续费是指税务机关支付向单位支付的代扣代缴、代收代缴、委托代征手续费。根据规定，"三代"单位所取得的手续费收入应单独核算，计入本单位收入，用于与"三代"业务直接相关的办公设备、人员成本、信息化建设、耗材、交通费等管理支出。单位取得的"三代"税款手续费以及手续费的使用，应按照法律、法规有关规定执行。

企业取得返还的代扣代缴个人所得税手续费应按"经纪代理服务"缴纳增值税，一般纳税人适用税率为6%。

依据：

《财政部　国家税务总局关于全面推开营业税改征增值税试点的通知》（财税〔2016〕36号）。

《财政部　国家税务总局　人民银行关于进一步加强代扣代收代征税款手续费管理的通知》（财行〔2019〕11号）。

四十二、现行增值税税收优惠有哪些?

（一）已使用固定资产减征增值税

减免性质代码：01129902、01129924。

【事项描述】

根据规定，一般纳税人销售自己使用过的下列固定资产，按照简易办法依照3%征收率减按2%征收增值税：

（1）一般纳税人销售自己使用过的属于条例第十条规定不得抵扣且未抵扣进项税额的固定资产；

（2）纳税人销售旧货。所称旧货，是指进入二次流通的具有部分使用价值的货物（含旧汽车、旧摩托车和旧游艇），但不包括自己使用过的物品。

（3）一般纳税人销售自己使用过的，2008年12月31日以前购进或自制的固定资产。

同时，适用按简易办法依3%征收率减按2%征收增值税政策的，应开具普通发票，不得开具增值税专用发票。

符合已使用固定资产减征增值税优惠条件的纳税人，按规定准备相关资料留存备查，享受减征增值税。

依据：

《国家税务总局关于发布〈税收减免管理办法〉的公告》（国家税务总局公告〔2015年〕第43号）。

《财政部　国家税务总局关于简并增值税征收率政策的通知》（财税〔2014〕57号）。

《财政部　国家税务总局关于全国实施增值税转型改革若干问题的通知》（财税〔2008〕170号）。

《财政部　国家税务总局关于部分货物适用增值税低税率和简易办法征收增值税政策的通知》（财税〔2009〕9号）。

《国家税务总局关于一般纳税人销售自己使用过的固定资产增值税有关问题的公告》（国家税务总局公告〔2012年〕第1号）。

（二）技术转让、技术开发免征增值税优惠

减免性质代码：01021203。

【事项描述】

符合技术转让、技术开发免征增值税优惠条件的纳税人，按规定准备相关资料留存备查，享受免征增值税优惠。

纳税人提供技术转让、技术开发和与之相关的技术咨询、技术服务。

1. 技术转让、技术开发，是指《销售服务、无形资产、不动产注释》中"转让技术""研发服务"范围内的业务活动。技术咨询，是指就特定技术项目提供可行性论证、技术预测、专题技术调查、分析评价报告等业务活动。

与技术转让、技术开发相关的技术咨询、技术服务，是指转让方（或者受托方）根据技术转让或者开发合同的规定，为帮助受让方（或者委托方）掌握所转让（或者委托开发）的技术，而提供的技术咨询、技术服务业务，且这部分技术咨询、技术服务的价款与技术转让或者技术开发的价款应当在同一张发票上开具。

2. 备案程序。试点纳税人申请免征增值税时，须持技术转让、开发的书面合同，到纳税人所在地省级科技主管部门进行认定，并持有关的书面合同和科技主管部门审核意见证明文件报主管税务机关备查。

【留存备查资料】

技术转让合同原件及复印件各1份，原件核对后退还；技术开发合同各1份，原件核对后退还；科技主管部门审核意见证明文件各1份，原件核对后退还。

依据：

《财政部　国家税务总局关于全面推开营业税改征增值税试点的通知》（财税〔2016〕36号附件三）。

《国家税务总局关于进一步优化增值税优惠政策办理程序及服务有关事项的公告》（国家税务总局公告〔2021年〕第4号）。

（三）资源综合利用增值税即征即退优惠办理

减免性质代码：01064019。

【事项描述】

（一）纳税人销售自产的资源综合利用产品和提供资源综合利用劳务（以下称销售综合利用产品和劳务），可享受增值税即征即退政策。具体综合利用的资源名称、综合利用产品和劳务名称、技术标准和相关条件、退税比例等按照政策通知所附《资源综合利用产品和劳务增值税优惠目录》的相关规定执行。

（二）纳税人从事《目录》所列的资源综合利用项目，其申请享受本通知规定的增值税即征即退政策时，应同时符合下列条件：

1. 属于增值税一般纳税人。

2. 销售综合利用产品和劳务，不属于国家发展改革委《产业结构调整指导目录》中的禁止类、限制类项目。

3. 销售综合利用产品和劳务，不属于环境保护部《环境保护综合名录》中的“高污染、高环境风险”产品或者重污染工艺。

4. 综合利用的资源，属于环境保护部《国家危险废物名录》列明的危险废物的，应当取得省级及以上环境保护部门颁发的《危险废物经营许可证》，且许可经营范围包括该危险废物的利用。

5. 纳税信用等级不属于税务机关评定的C级或D级。

【报送资料】

纳税人在办理退税事宜时，应向主管税务机关提供其符合本条规定的上述条件以及《目录》规定的技术标准和相关条件的书面声明材料，未提供书面声明材料或者出具虚假材料的，税务机关不得给予退税。

【办理时限】

（一）纳税人办理时限

无具体办理时限要求。

（二）税务机关办理时限

报送资料齐全、符合法定形式、填写内容完整的，自受理之日起 20 个工作日内办结。

依据：

《财政部 国家税务总局关于印发〈资源综合利用产品和劳务增值税优惠目录〉的通知》（财税〔2015〕78 号）。

《国家税务总局关于发布〈税收减免管理办法〉的公告》（国家税务总局〔2015 年〕第 43 号）。

【温馨提示】

1. 纳税人享受增值税即征即退税收优惠政策，首先进行税收优惠资格备案，按规定进行纳税申报。纳税人享受减免税的情形发生变化时，应当及时向税务机关报告。

2. 自 2015 年 7 月 1 日起，已享受资源综合利用增值税即征即退优惠政策的纳税人，自不符合规定的条件以及《目录》规定的技术标准和相关条件的次月起，不再享受规定的增值税即征即退政策。

3. 自 2015 年 7 月 1 日起，已享受资源综合利用增值税即征即退优惠政策的纳税人，因违反税收、环境保护的法律法规受到处罚（警告或单次 1 万元以下罚款除外）的，自处罚决定下达的次月起 36 个月内，不得享受规定的增值税即征即退政策。

4. 纳税人应当单独核算适用增值税即征即退政策的综合利用产品和劳务的销售额和应纳税额。未单独核算的，不得享受规定的增值税即征即退政策。

5. 纳税人接到税务机关通知之后，领取《税务事项通知书》。

（四）企业招用退役士兵扣减增值税优惠

减免性质代码：01011814。

【事项描述】

企业招用自主就业退役士兵，与其签订 1 年以上期限劳动合同并依法缴纳社会保险费的，自签订劳动合同并缴纳社会保险当月起，在 3 年内按实际招用人数予以定额依次扣减增值税、城市维护建设税教育费附加、地方教育费附加和企业所得税优惠。定额标准为每人每年 9 000 元。按规定准备相关资料留存备查，享受增值税优惠。

依据：

《河北省财政厅等三部门关于进一步扶持自主就业退役士兵创业就业有关税收政策的通知》（冀财税〔2019〕23 号）。

《河北省财政厅　国家税务总局河北省税务局　河北退役军人事务厅关于延续执行扶持自主就业退役士兵创业就业有关税收政策的通知》（冀财税〔2022〕6号）执行期限延长至2023年12月31日。

（五）企业招用建档立卡贫困人口就业扣减增值税

减免性质代码：01013612。

【事项描述】

企业招用建档立卡贫困人口，以及在人力资源和社会保障部门公共就业服务机构登记失业半年以上且持《就业创业证》或《就业失业登记证》（注明"企业吸纳税收政策"）的人员，与其签订1年以上期限劳动合同并依法缴纳社会保险费的，自签订劳动合同并缴纳社会保险当月起，在3年内按实际招用人数予以定额依次扣减增值税、城市维护建设税、教育费附加、地方教育费附加和企业所得税优惠。定额标准为每人每年7 800元。按规定准备相关资料留存备查，享受增值税优惠。

依据：

《河北省财政厅　国家税务总局河北省税务局　河北省人力资源和社会保障厅　河北省乡村振兴局关于延长支持和促进重点群体创业就业有关税收政策的通知》（冀财税〔2021〕40号）。

（六）购置增值税税控系统专用设备抵减增值税

减免性质代码：01129914。

【事项描述】

（一）增值税纳税人2011年12月1日（含，下同）以后初次购买增值税税控系统专用设备（包括分开票机）支付的费用，可凭购买增值税税控系统专用设备取得的增值税专用发票，在增值税应纳税额中全额抵减（抵减额为价税合计额），不足抵减的可结转下期继续抵减。增值税纳税人非初次购买增值税税控系统专用设备支付的费用，由其自行负担，不得在增值税应纳税额中抵减。

增值税税控系统包括：增值税防伪税控系统、货物运输业增值税专用发票税控系统、机动车销售统一发票税控系统和公路、内河货物运输业发票税控系统。

增值税防伪税控系统的专用设备包括：金税卡、IC卡、读卡器或金税盘和报税盘；货物运输业增值税专用发票税控系统专用设备包括税控盘和报税盘；机动车销售统一发票税控系统和公路、内河货物运输业发票税控系统专用设备包括税控盘和传输盘。

（二）增值税纳税人2011年12月1日以后缴纳的技术维护费（不含补缴的2011年11月30日以前的技术维护费），可凭技术维护服务单位开具的技术维护费发票，在增值税应纳税额中全额抵减，不足抵减的可结转下期继续抵减。技术维护费按照价格主管部门核定的标准执行。

依据：

《财政部　国家税务总局关于增值税税控系统专用设备和技术维护费用抵减增值税税额有关政策的通知》（财税〔2012〕15号）。

第四章　城市维护建设税、教育费附加

《中华人民共和国城市维护建设税法》（2020 年 8 月 11 日第十三届全国人民代表大会常务委员会第二十一次会议通过）。

一、城市维护建设税计税依据如何确定？

根据《中华人民共和国城市维护建设税法》等相关政策规定，城建税计税依据为纳税人依法实际缴纳的两税税额。

依法实际缴纳的增值税税额，是指纳税人依照增值税相关法律法规和税收政策规定计算应当缴纳的增值税税额，加上增值税免抵税额，扣除直接减免的增值税税额和期末留抵退税退还的增值税税额后的金额。

依法实际缴纳的消费税税额，是指纳税人依照消费税相关法律法规和税收政策规定计算应当缴纳的消费税税额，扣除直接减免的消费税税额后的金额。

具体计算公式如下：

城建税计税依据 = 依法实际缴纳的增值税税额 + 依法实际缴纳的消费税税额

依法实际缴纳的增值税税额 = 纳税人依照增值税相关法律法规和税收政策规定计算应当缴纳的增值税税额 + 增值税免抵税额 - 直接减免的增值税税额 - 留抵退税额

依法实际缴纳的消费税税额 = 纳税人依照消费税相关法律法规和税收政策规定计算应当缴纳的消费税税额 - 直接减免的消费税税额

二、城市维护建设税的税率是如何规定的？

（一）纳税人所在地在市区的，税率为百分之七；

（二）纳税人所在地在县城、镇的，税率为百分之五；

（三）纳税人所在地不在市区、县城或者镇的，税率为百分之一。

前款所称纳税人所在地，是指纳税人住所地或者与纳税人生产经营活动相关的其他地点，具体地点由省、自治区、直辖市确定。

三、教育费附加的纳税义务人及税率是怎么规定的？

凡缴纳消费税、增值税的单位和个人，除按照《国务院关于筹措农村学校办学经费的通知》（国发〔1984〕174 号）的规定，缴纳农村教育事业费附加的单位外，都应当缴纳教育费附加。

教育费附加、地方教育附加，以各单位和个人实际缴纳的增值税、消费税税额为计征依据，教育费附加率为 3%，地方教育附加率为 2%，分别与增值税、消费税同时缴纳。

四、所有两税税额是否都纳入城建税计税依据？

纳税人因进口货物或境外单位和个人向境内销售劳务、服务、无形资产缴纳的两税税额不纳入城建税计税依据，不需要缴纳城建税。

五、留抵退税额在城建税计税依据中扣除有什么具体规则？

纳税人自收到留抵退税额之日起，应当在以后纳税申报期从城建税计税依据中扣除。

留抵退税额仅允许在按照增值税一般计税方法确定的城建税计税依据中扣除。当期未扣除完的余额，在以后纳税申报期按规定继续扣除。

对于增值税小规模纳税人更正、查补此前按照一般计税方法确定的城建税计税依据，允许扣除尚未扣除完的留抵退税额。

六、对增值税免抵税额征收的城建税应在什么时候申报缴纳？

对增值税免抵税额征收的城建税，纳税人应在税务机关核准免抵税额的下一个纳税申报期内向主管税务机关申报缴纳。

七、纳税人在补缴两税时，是否需要补缴城市维护建设税？

根据《国家税务总局关于城市维护建设税征收管理有关事项的公告》（国家税务总局公告〔2021 年〕第 26 号）第五条第二款规定，采用委托代征、代扣代缴、代收代缴、预缴、补缴等方式缴纳两税的，应当同时缴纳城建税。

依据：

《国家税务总局关于城市维护建设税征收管理有关事项的公告》（国家税务总局公告〔2021 年〕第 26 号）。

《财政部　国家税务总局关于城市维护建设税计税依据确定办法等事项的公告》（财政部　国家税务总局公告〔2021 年〕第 28 号）。

《中华人民共和国城市维护建设税法》。

第五章　个人所得税

《中华人民共和国个人所得税法》自2018年8月31日起施行，《中华人民共和国个人所得税法实施条例》自2019年1月1日起施行。

一、个人所得税征收范围是如何规定的？税率是多少？

（一）根据政策规定，下列各项个人所得，应当缴纳个人所得税：

1. 工资、薪金所得：是指个人因任职或者受雇取得的工资、薪金、奖金、年终加薪、劳动分红、津贴、补贴以及与任职或者受雇有关的其他所得。

2. 劳务报酬所得：是指个人从事劳务取得的所得，包括从事设计、装潢、安装、制图、化验、测试、医疗、法律、会计、咨询、讲学、翻译、审稿、书画、雕刻、影视、录音、录像、演出、表演、广告、展览、技术服务、介绍服务、经纪服务、代办服务以及其他劳务取得的所得。

3. 稿酬所得：是指个人因其作品以图书、报刊等形式出版、发表而取得的所得。

4. 特许权使用费所得：是指个人提供专利权、商标权、著作权、非专利技术以及其他特许权的使用权取得的所得；提供著作权的使用权取得的所得，不包括稿酬所得。

5. 经营所得：(1) 个体工商户从事生产、经营活动取得的所得，个人独资企业投资人、合伙企业的个人合伙人来源于境内注册的个人独资企业、合伙企业生产、经营的所得；(2) 个人依法从事办学、医疗、咨询以及其他有偿服务活动取得的所得；(3) 个人对企业、事业单位承包经营、承租经营以及转包、转租取得的所得；(4) 个人从事其他生产、经营活动取得的所得。

6. 利息、股息、红利所得：是指个人拥有债权、股权等而取得的利息、股息、红利所得。

7. 财产租赁所得：是指个人出租不动产、机器设备、车船以及其他财产取得的所得。

8. 财产转让所得：是指个人转让有价证券、股权、合伙企业中的财产份额、不动产、机器设备、车船以及其他财产取得的所得。

9. 偶然所得：是指个人得奖、中奖、中彩以及其他偶然性质的所得。

居民个人取得前款第一项至第四项所得（以下称“综合所得”），按纳税年度合并计算个人所得税；非居民个人取得前款第一项至第四项所得，按月或者按次分项计算个人所得税。纳税人取得前款第五项至第九项所得，依照规定分别计算个人所得税。

（二）个人所得税的税率：

1. 综合所得，适用百分之三至百分之四十五的超额累进税率。

级数	全年应纳税所得额	税率（%）
1	不超过 36 000 元的	3
2	超过 36 000 元至 144 000 元的部分	10
3	超过 144 000 元至 300 000 元的部分	20
4	超过 300 000 元至 420 000 元的部分	25
5	超过 420 000 元至 660 000 元的部分	30
6	超过 660 000 元至 960 000 元的部分	35
7	超过 960 000 元的部分	45

2. 经营所得，适用百分之五至百分之三十五的超额累进税率。

级数	全年应纳税所得额	税率（%）
1	不超过 30 000 元的	5
2	超过 30 000 元至 90 000 元的部分	10
3	超过 90 000 元至 300 000 元的部分	20
4	超过 300 000 元至 500 000 元的部分	30
5	超过 500 000 元的部分	35

3. 利息、股息、红利所得，财产租赁所得，财产转让所得和偶然所得，适用比例税率，税率为百分之二十。

依据：

《中华人民共和国个人所得税法》。

二、综合所得应纳税所得额如何计算？

居民个人的综合所得，以每一纳税年度的收入额减除费用六万元以及专项扣除、专项附加扣除和依法确定的其他扣除后的余额，为应纳税所得额。

依据：

《中华人民共和国个人所得税法》。

《中华人民共和国个人所得税法实施条例》。

三、3 岁以下婴幼儿照护如何进行专项附加扣除？

自 2022 年 1 月 1 日起，3 岁以下婴幼儿照护个人所得税专项附加扣除按以下规定扣除：

（一）纳税人照护 3 岁以下婴幼儿子女的相关支出，按照每个婴幼儿每月 1 000 元的标准定额扣除。

（二）父母可以选择由其中一方按扣除标准的 100% 扣除，也可以选择由双方分别按扣除标准的 50% 扣除，具体扣除方式在一个纳税年度内不能变更。

（三）3 岁以下婴幼儿照护个人所得税专项附加扣除涉及的保障措施和其他事项，参照《个人所得税专项附加扣除暂行办法》有关规定执行。

依据：

《国务院关于设立 3 岁以下婴幼儿照护个人所得税专项附加扣除的通知》（国发〔2022〕8 号）。

四、住房租金如何进行专项附加扣除？

（一）纳税人在主要工作城市没有自有住房而发生的住房租金支出，可以按照以下标准定额扣除：

1. 直辖市、省会（首府）城市、计划单列市以及国务院确定的其他城市，扣除标准为每月 1 500 元；

2. 除第一项所列城市以外，市辖区户籍人口超过 100 万的城市，扣除标准为每月 1 100 元；市辖区户籍人口不超过 100 万的城市，扣除标准为每月 800 元。

纳税人的配偶在纳税人的主要工作城市有自有住房的，视同纳税人在主要工作城市有自有住房。其中主要工作城市是指纳税人任职受雇的直辖市、计划单列市、副省级城市、地级市（地区、州、盟）全部行政区域范围；纳税人无任职受雇单位的，为受理其综合所得汇算清缴的税务机关所在城市。

夫妻双方主要工作城市相同的，只能由一方扣除住房租金支出。

住房租金支出由签订租赁住房合同的承租人扣除。

纳税人及其配偶在一个纳税年度内不能同时分别享受住房贷款利息和住房租金专项附加扣除。

（二）纳税人享受符合规定的专项附加扣除的计算时间为租赁合同（协议）约定的房屋租赁期开始的当月至租赁期结束的当月。提前终止合同（协议）的，以实际租赁期限为准。

（三）纳税人享受住房租金专项附加扣除，应当填报主要工作城市、租赁住房坐落地址、出租人姓名及身份证件类型和号码或者出租方单位名称及纳税人识别号（社会统一信用代码）、租赁起止时间等信息；纳税人有配偶的，填写配偶姓名、身份证件类型及号码。

（四）纳税人需要留存备查资料包括：住房租赁合同或协议等资料。

依据：

《国务院关于印发个人所得税专项附加扣除暂行办法的通知》（国发〔2018〕41号）。

《国家税务总局关于修订发布〈个人所得税专项附加扣除操作办法（试行）〉的公告》（国家税务总局公告〔2022〕7号）。

五、继续教育如何进行专项附加扣除？

（一）纳税人在中国境内接受学历（学位）继续教育的支出，在学历（学位）教育期间按照每月400元定额扣除。同一学历（学位）继续教育的扣除期限不能超过48个月；纳税人接受技能人员职业资格继续教育、专业技术人员职业资格继续教育的支出，在取得相关证书的当年，按照3 600元定额扣除。

（二）根据河北省税务局12366纳税服务平台答复：技能人员职业资格继续教育、专业技术人员职业资格继续教育请参照人力资源和社会保障部门发布的《国家职业资格目录》。

（三）个人接受本科及以下学历（学位）继续教育，符合本办法规定扣除条件的，可以选择由其父母扣除，也可以选择由本人扣除。

（四）纳税人接受技能人员职业资格继续教育、专业技术人员职业资格继续教育的，应当留存相关证书等资料备查。

依据：

《国务院关于印发个人所得税专项附加扣除暂行办法的通知》（国发〔2018〕41号）。

《国家税务总局关于修订发布〈个人所得税专项附加扣除操作办法（试行）〉的公告》（国家税务总局公告〔2022〕7号）。

六、大病医疗如何进行专项附加扣除？

（一）在一个纳税年度内，纳税人发生的与基本医保相关的医药费用支出，扣除医保报销后个人负担（指医保目录范围内的自付部分）累计超过15 000元的部分，由纳税人在办理年度汇算清缴时，在80 000元限额内据实扣除。

（二）纳税人发生的医药费用支出可以选择由本人或者其配偶扣除；未成年子女发生的医药费用支出可以选择由其父母一方扣除。

纳税人及其配偶、未成年子女发生的医药费用支出，按本办法第十一条规定分别计算扣除额。

（三）纳税人可以通过国家医保服务平台APP查询医疗保障信息系统记录的本人年度医药费用信息。

（四）纳税人应当留存医药服务收费及医保报销相关票据原件（或者复印件）等资料备查。医疗保障部门应当向患者提供在医疗保障信息系统记录的本人年度医药费用信息查询服务。

依据：

《国务院关于印发个人所得税专项附加扣除暂行办法的通知》（国发〔2018〕41号）。

《国家税务总局关于修订发布〈个人所得税专项附加扣除操作办法（试行）〉的公告》（国家税务总局公告〔2022〕7号）。

七、子女教育如何进行专项附加扣除？

（一）纳税人的子女接受全日制学历教育的相关支出，按照每个子女每月1 000元的标准定额扣除。

学历教育包括义务教育（小学、初中教育）、高中阶段教育（普通高中、中等职业、技工教育）、高等教育（大学专科、大学本科、硕士研究生、博士研究生教育）。

年满3岁至小学入学前处于学前教育阶段的子女，按上述规定执行。

（二）父母可以选择由其中一方按扣除标准的100%扣除，也可以选择由双方分别按扣除标准的50%扣除，具体扣除方式在一个纳税年度内不能变更。

（三）纳税人子女在中国境外接受教育的，纳税人应当留存境外学校录取通知书、留学签证等相关教育的证明资料备查。

依据：

《国务院关于印发个人所得税专项附加扣除暂行办法的通知》（国发〔2018〕41号）。

《国家税务总局关于修订发布〈个人所得税专项附加扣除操作办法（试行）〉的公告》（国家税务总局公告〔2022〕7号）。

八、住房贷款利息如何进行专项附加扣除?

（一）纳税人本人或者配偶单独或者共同使用商业银行或者住房公积金个人住房贷款为本人或者其配偶购买中国境内住房，发生的首套住房贷款利息支出，在实际发生贷款利息的年度，按照每月1 000元的标准定额扣除，扣除期限最长不超过240个月。纳税人只能享受一次首套住房贷款的利息扣除。

首套住房贷款是指购买住房享受首套住房贷款利率的住房贷款。

（二）经夫妻双方约定，可以选择由其中一方扣除，具体扣除方式在一个纳税年度内不能变更。

（三）夫妻双方婚前分别购买住房发生的首套住房贷款，其贷款利息支出，婚后可以选择其中一套购买的住房，由购买方按扣除标准的100%扣除，也可以由夫妻双方对各自购买的住房分别按扣除标准的50%扣除，具体扣除方式在一个纳税年度内不能变更。

（四）纳税人应当留存住房贷款合同、贷款还款支出凭证备查。

依据：

《国务院关于印发个人所得税专项附加扣除暂行办法的通知》（国发〔2018〕41号）。

《国家税务总局关于修订发布〈个人所得税专项附加扣除操作办法（试行）〉的公告》（国家税务总局公告〔2022〕7号）。

九、房贷提前还款后还可以抵扣个税吗?

政策规定："纳税人本人或者配偶单独或者共同使用商业银行或者住房公积金个人住房贷款为本人或者其配偶购买中国境内住房，发生的首套住房贷款利息支出，在实际发生贷款利息的年度，按照每月1 000元的标准定额扣除，扣除期限最长不超过240个月。纳税人只能享受一次首套住房贷款的利息扣除。本办法所称首套住房贷款是指购买住房享受首套住房贷款利率的住房贷款。"

根据上述规定，个人只有“在实际发生贷款利息的年度”才可以按规定享受房贷利息的税前扣除，如果提前还贷后没有实际发生贷款利息支出的，就不能再享受税前扣除了。

依据：

《国务院关于印发个人所得税专项附加扣除暂行办法的通知》（国发〔2018〕41号）。

十、赡养老人如何进行专项附加扣除？

（一）纳税人赡养一位及以上被赡养人的赡养支出，统一按照以下标准定额扣除：

1. 纳税人为独生子女的，按照每月2 000元的标准定额扣除。

2. 纳税人为非独生子女的，由其与兄弟姐妹分摊每月2 000元的扣除额度，每人分摊的额度不能超过每月1 000元。可以由赡养人均摊或者约定分摊，也可以由被赡养人指定分摊。约定或者指定分摊的须签订书面分摊协议，指定分摊优先于约定分摊。具体分摊方式和额度在一个纳税年度内不能变更。

（二）上述所称被赡养人是指年满60岁的父母，以及子女均已去世的年满60岁的祖父母、外祖父母。

依据：

《国务院关于印发个人所得税专项附加扣除暂行办法的通知》（国发〔2018〕41号）。

《国家税务总局关于修订发布〈个人所得税专项附加扣除操作办法（试行）〉的公告》（国家税务总局公告〔2022〕7号）。

十一、纳税人享受专项附加扣除的计算时间是如何规定的？

（一）子女教育。学前教育阶段，为子女年满3周岁当月至小学入学前一月。学历教育，为子女接受全日制学历教育入学的当月至全日制学历教育结束的当月。

（二）继续教育。学历（学位）继续教育，为在中国境内接受学历（学位）继续教育入学的当月至学历（学位）继续教育结束的当月，同一学历（学位）继续教育的扣除期限最长不得超过48个月。技能人员职业资格继续教育、专业技术人员职业资格继续教育，为取得相关证书的当年。

（三）大病医疗。为医疗保障信息系统记录的医药费用实际支出的当年。

（四）住房贷款利息。为贷款合同约定开始还款的当月至贷款全部归还或贷款合同终止的当月，扣除期限最长不得超过240个月。

（五）住房租金。为租赁合同（协议）约定的房屋租赁期开始的当月至租赁期结束的当月。提前终止合同（协议）的，以实际租赁期限为准。

（六）赡养老人。为被赡养人年满60周岁的当月至赡养义务终止的年末。

（七）3岁以下婴幼儿照护。为婴幼儿出生的当月至年满3周岁的前一个月。

前款第一项、第二项规定的学历教育和学历（学位）继续教育的期间，包含因病或其他非主观原因休学但学籍继续保留的休学期间，以及施教机构按规定组织实施的寒暑假等假期。

依据：

《国家税务总局关于修订发布〈个人所得税专项附加扣除操作办法（试行）〉的公告》（国家税务总局公告〔2022年〕第7号）。

十二、办理个人所得税汇算清缴的时间？哪些人可以免于办理汇算清缴？

居民个人取得综合所得，按年计算个人所得税；有扣缴义务人的，由扣缴义务人按月或者按次预扣预缴税款；需要办理汇算清缴的，应当在取得所得的次年3月1日至6月30日内办理汇算清缴。预扣预缴办法由国务院税务主管部门制定。

2019年1月1日至2023年12月31日居民个人取得的综合所得，年度综合所得收入不超过12万元且需要汇算清缴补税的，或者年度汇算清缴补税金额不超过400元的，居民个人可免于办理个人所得税综合所得汇算清缴。居民个人取得综合所得时存在扣缴义务人未依法预扣预缴税款的情形除外。

依据：

《中华人民共和国个人所得税法》。

《财政部　国家税务总局关于个人所得税综合所得汇算清缴涉及有关政策问题的公告》（财政部　国家税务总局公告〔2019年〕第94号）。

《财政部　国家税务总局关于延长部分税收优惠政策执行期限的公告》（财政部　国家税务总局公告〔2021年〕第6号）。

十三、纳税人在扣缴义务人预扣预缴税款环节未享受或未足额享受专项附加扣除的，应如何享受剩余专项附加扣除？

一个纳税年度内，纳税人在扣缴义务人预扣预缴税款环节未享受或未足额享受专项附加扣除的，可以在当年内向支付工资、薪金的扣缴义务人申请在剩余月份发放工资、薪金时补充扣除，也可以在次年3月1日至6月30日内，向汇缴地主管税务机关办理汇算清缴时申报扣除。

依据：

《国家税务总局关于修订发布〈个人所得税专项附加扣除操作办法（试行）〉的公告》（国家税务总局公告〔2022年〕第7号）。

十四、工资薪金所得与劳务报酬所得如何区分？

依据政策规定，工资、薪金所得是属于非独立个人劳务活动，即在机关、团体、学校、部队、企事业单位及其他组织中任职、受雇而得到的报酬；劳务报酬所得则是个人独立从事各种技艺、提供各项劳务取得的报酬。两者的主要区别在于，前者存在雇佣与被雇佣关系，后者则不存在这种关系。

依据：

《国家税务总局关于印发〈征收个人所得税若干问题的规定〉的通知》（国税发〔1994〕89号）。

十五、工资薪金所得个人所得税如何计算？

工资、薪金所得，是指个人因任职或者受雇取得的工资、薪金、奖金、年终加薪、劳动分红、津贴、补贴以及与任职或者受雇有关的其他所得。

自2019年1月1日起，应当按照累计预扣法计算预扣税款，年末按综合所得进行个人所得税汇算清缴。

（一）本期应预扣预缴税额＝（累计预扣预缴应纳税所得额×预扣率－速算扣除数）－累计减免税额－累计已预扣预缴税额

累计预扣预缴应纳税所得额＝累计收入－累计免税收入－累计减除费用－累计专项扣除－累计专项附加扣除－累计依法确定的其他扣除

其中：累计减除费用，按照5 000元/月乘以纳税人当年截至本月在本单位的任职受雇月份数计算。自2021年1月1日起，对上一完整纳税年度内每月均在同一单位预扣预缴工资、薪金所得个人所得税且全年工资、薪金收入不超过6万元的居民个人，扣缴义务人在预扣预缴本年度工资、薪金所得个人所得税时，累计减除费用自1月份起直接按照全年6万元计算扣除。

（二）汇算清缴应补税款

全年累计应纳税所得额＝累计收入－累计免税收入－累计减除费用
－累计专项扣除－累计专项附加扣除
－累计依法确定的其他扣除

汇算清缴应补税额＝（全年累计应纳税所得额×税率－速算扣除数）
－全年累计减免税额－全年累计已预扣预缴税额

依据：

《国家税务总局关于全面实施新个人所得税法若干征管衔接问题的公告》（国家税务总局公告〔2018年〕第56号）。

《国家税务总局关于进一步简便优化部分纳税人个人所得税预扣预缴方法的公告》（国家税务总局公告〔2020年〕第19号）。

十六、员工1月份入职，3月份第一次发工资，4月份征期申报1～3月份工资薪金所得税款时，应该扣除几个5 000元？

根据规定，累计减除费用按照5 000元/月乘以纳税人当年截至本月在本单位的任职受雇月份数计算。因此，虽然该员工一共只领取了1次工资，但在计算个人所得税时，需按照其已任职受雇月份数（即3个月）来计算减除费用，也就是说，3月份计算税款时可以扣除15 000元。

依据：

《个人所得税扣缴申报管理办法（试行）》第六条。

十七、全年一次性奖金如何缴纳个税，职工取得的季度奖、半年奖，能否作为全年一次性奖金缴纳个人所得税？

居民个人取得全年一次性奖金，在2023年12月31日前，可以不并入当年综合所得，以全年一次性奖金收入除以12个月得到的数额，按照综合所得税率表，确定适用税率和速算扣除数，单独计算纳税。计算公式为：

应纳税额＝全年一次性奖金收入×适用税率－速算扣除数

居民个人取得全年一次性奖金，也可以选择并入当年综合所得计算纳税。

职工取得除全年一次性奖金以外的其他各种名目奖金，如半年奖、季度奖、加班奖、先进奖、考勤奖等，一律与当月工资、薪金收入合并，按税法规定缴纳个人所得税。在一个纳税年度内，对每一个纳税人，该计税办法只允许采用一次。

级数	应纳税所得额	税率（%）	速算扣除数
1	不超过 3 000 元	3	0
2	超过 3 000 元至 12 000 元的部分	10	210 元
3	超过 12 000 元至 25 000 元的部分	20	1 410 元
4	超过 25 000 元至 35 000 元的部分	25	2 660 元
5	超过 35 000 元至 55 000 元的部分	30	4 410 元
6	超过 55 000 元至 80 000 元的部分	35	7 160 元
7	超过 80 000 元的部分	45	15 160 元

依据：

《关于调整个人取得全年一次性奖金等计算征收个人所得税方法问题的通知》（国税发〔2005〕9 号）。

《财政部　国家税务总局关于个人所得税法修改后有关优惠政策衔接问题的通知》（财税〔2018〕164 号）。

《财政部　国家税务总局关于延续实施全年一次性奖金等个人所得税优惠政策的公告》（财税〔2021〕42 号）。

【例】2021 年 2 月职工王某领取年终奖 10 万元，王某 2021 年 2 月份工资 3 000 元，王某选择将年终奖单独计算缴纳个人所得税，应当如何计算？

100 000 ÷ 12 = 8 333.33（元），适用税率 10%，速算扣除数 210 元；

应纳个人所得税额：100 000 × 10% − 210 = 9 790（元）

十八、解除劳动关系、提前退休、内部退养的一次性补偿收入是否征收个人所得税？

（一）个人与用人单位解除劳动关系取得一次性补偿收入（包括用人单位发放的经济补偿金、生活补助费和其他补助费），在当地上年职工平均工资 3 倍数额以内的部分，免征个人所得税；超过 3 倍数额的部分，不并入当年综合所得，单独适用综合所得税率表，计算纳税。

（二）个人办理提前退休手续而取得的一次性补贴收入，应按照办理提前退休手续至法定离退休年龄之间实际年度数平均分摊，确定适用税率和速算扣除数，单独适用综合所得税率表，计算纳税。计算公式：

$$\text{应纳税额}=\left\{\left[\left(\text{一次性补贴收入}\div\text{办理提前退休手续至法定退休年龄的实际年度数}\right)-\text{费用扣除标准}\right]\times\text{适用税率}-\text{速算扣除数}\right\}\times\text{办理提前退休手续至法定退休年龄的实际年度数}$$

【例】 甲煤矿男职工李某为井下工人，截至2021年12月，距正式退休年龄还有10年，李某根据相关政策规定申请提前退休，并于2021年12月底办清了相关手续，甲煤矿给予一次性补偿12万元，应如何缴纳个人所得税？

应纳税所得额 = 120 000 ÷ 10 - 60 000 = -48 000（元），不涉及个人所得税。

如果补助70万元，则年应纳税所得额 = 700 000 ÷ 10 - 60 000 = 10 000（元），适用税率3%，应纳税额 = 10 000 × 3% × 10 = 3 000（元）。

（三）个人在办理内部退养手续后从原任职单位取得的一次性收入，应按办理内部退养手续后至法定离退休年龄之间的所属月份进行平均，并与领取当月的“工资、薪金”所得合并后减除当月费用扣除标准，以余额为基数确定适用税率，再将当月“工资、薪金”加上取得的一次性收入，减去费用扣除标准，按适用税率计征个人所得税。

个人在办理内部退养手续后至法定离退休年龄之间重新就业取得的“工资、薪金”所得，应与其从原任职单位取得的同一月份的“工资、薪金”所得合并，并依法自行向主管税务机关申报缴纳个人所得税。

依据：

《财政部　国家税务总局关于个人所得税法修改后有关优惠政策衔接问题的通知》（财税〔2018〕164号）。

《国家税务总局关于个人所得税有关政策问题的通知》（国税发〔1999〕58号）。

十九、企业为职工参加学历教育报销的学费是否应并入当月工资薪金缴纳个人所得税？

根据政策，企业职工参加社会上的学历教育以及个人为取得学位而参加的在职教育，所需费用应由个人承担，不能挤占企业的职工教育培训经费。

政策规定，工资、薪金所得，是指个人因任职或者受雇而取得的工资、薪金、奖金、年终加薪、劳动分红、津贴、补贴以及与任职或者受雇有关的其他所得。个人所得的形式，包括现金、实物、有价证券和其他形式的经济利益。所得为实物的，应当按照取得的凭证上所注明的价格计算应纳税所得额；无凭证的实物或者凭证上所注明的价格明显偏低的，参照市场价格核定应纳税所得额。所得为有价证券的，根据票面价格和市场价格核定应纳税所得额。所得为其他形式的经济利益的，参照市场价格核定应纳税所得额。

因此，职工参加学历教育的学费应当由个人承担，企业报销学费属于给予职工其他形式的经济利益，应并入当月工资薪金计算缴纳个人所得税。

依据：

《关于企业职工教育经费提取与使用管理的意见》（财建〔2006〕317 号）。

《个人所得税法实施条例》第八条。

《个人所得税法》第二条。

二十、不征收个人所得税的补贴、津贴包含那些？误餐补助的范围是什么？

根据规定，下列不属于工资、薪金性质的补贴、津贴或者不属于纳税人本人工资、薪金所得项目的收入，不征税：

（一）独生子女补贴；

（二）执行公务员工资制度未纳入基本工资总额的补贴、津贴差额和家属成员的副食品补贴；

（三）托儿补助费；

（四）差旅费津贴、误餐补助。

根据《财政部　国家税务总局关于误餐补助范围确定问题的通知》（财税字〔1995〕82 号）规定：国税发〔1994〕89 号文件规定不征税的误餐补助，是指按财政部门规定，个人因公在城区、郊区工作，不能在工作单位或返回就餐，确实需要在外就餐的，根据实际误餐顿数，按规定的标准领取的误餐费。一些单位以误餐补助名义发给职工的补贴，津贴，应当并入当月工资薪金所得计征个人所得税。

如误餐补贴符合上述规定，不征收个人所得税，如单位以误餐补助名义按月发给职工补贴，津贴，应当并入当月工资薪金所得计征个人所得税。

依据：

《国家税务总局关于印发〈征收个人所得税若干问题的规定〉的通知》（国税发〔1994〕89 号）。

《财政部　国家税务总局关于误餐补助范围确定问题的通知》（财税字〔1995〕82 号）。

二十一、差旅费津贴是否需要缴纳个税？

依据政策规定，取得的差旅费津贴不交个人所得税。

但如若采取差旅费包干形式，依据文件规定，其经销人员按差旅费包干收入办法取得的收入，按扣除据实报销差旅费用后的差额，与当月工薪所得项目合并计算征收个人所得税。

依据：

《国家税务总局关于印发〈征收个人所得税若干问题的规定〉的通知》（国税发〔1994〕89号）。

《河北省地方税务局关于个人所得税若干业务问题的通知》（冀地税发〔2009〕46号）。

二十二、企业为职工发放的生活补助是否需要缴纳个税？

根据政策规定，职工取得的福利费、抚恤金、救济金免纳个人所得税。

上述所说的福利费，是指根据国家有关规定，从企业、事业单位、国家机关、社会团体提留的福利费或者工会经费中支付给个人的生活补助费；所说的救济金，是指各级人民政府民政部门支付给个人的生活困难补助费。生活补助费是指由于某些特定事件或原因而给纳税人或其家庭的正常生活造成一定困难，其任职单位按国家规定从提留的福利费或者工会经费中向其支付的临时性生活困难补助。

下列收入不属于免税的福利费范围，应当并入纳税人的工资薪金收入计征个人所得税：

（一）从超出国家规定的比例或基数计提的福利费、工会经费中支付给个人的各种补贴补助；

（二）从福利费和工会经费中支付给单位职工的人人有份的补贴补助；

（三）单位为个人购买汽车住房电子计算机等不属于临时性生活困难补助性质的支出。

依据：

《中华人民共和国个人所得税法》第四条。

《中华人民共和国个人所得税法实施条例》第十四条。

《国家税务总局关于生活补助费范围确定问题的通知》（国税发〔1998〕155号）。

二十三、煤炭企业为职工发放的荣誉金是否缴纳个人所得税？

工资、薪金所得，是指个人因任职或者受雇而取得的工资、薪金、奖金、年终加薪、劳动分红、津贴、补贴以及与任职或者受雇有关的其他所得。

企业为职工发放的荣誉金属于奖金性质或与任职受雇有关的奖励，需要缴纳个税。

依据：

《中华人民共和国个人所得税法实施条例》第六条。

二十四、子公司员工，收到集团总部的奖金应该如何缴纳个税？

根据规定，工资、薪金所得，是指个人因任职或者受雇而取得的工资、薪金、奖金、年终加薪、劳动分红、津贴、补贴以及与任职或者受雇有关的其他所得。偶然所得，是指个人得奖、中奖、中彩以及其他偶然性质的所得。

个人因在各行各业做出突出贡献而从省级以下人民政府及其所属部门取得的一次性奖励收入，不论其奖金来源于何处，均不属于税法所规定的免税范畴，应按“偶然所得”项目征收个人所得税。

子公司员工不在集团公司处任职，其取得的奖金不属于与任职受雇取得的所得。因此，集团公司应当按“偶然所得”代扣代缴子公司员工的个人所得税。

依据：

《中华人民共和国个人所得税法实施条例》第六条。

《国家税务总局关于个人取得的奖金收入征收个人所得税问题的批复》（国税函〔1998〕293号）。

二十五、企业为个人买房、买车作为奖励，如何缴纳个人所得税？

符合以下情形的房屋或其他财产，不论所有权人是否将财产无偿或有偿交付企业使用，其实质均为企业对个人进行了实物性质的分配，应依法计征个人所得税。

（1）企业出资购买房屋及其他财产，将所有权登记为投资者个人、投资者家庭成员或企业其他人员的；

（2）企业投资者个人、投资者家庭成员或企业其他人员向企业借款用于购买房屋及其他财产，将所有权登记为投资者、投资者家庭成员或企业其他人员，且借款年度终了后未归还借款的。

对除个人独资企业、合伙企业以外其他企业的个人投资者或其家庭成员取得的上述所得，视为企业对个人投资者的红利分配，按照“利息、股息、红利所得”项目计征个人所得税；对企业其他人员取得的上述所得，按照“工资、薪金所得”项目计征个人所得税。

依据：

《关于企业为个人购买房屋或其他财产征收个人所得税问题的批复》（财税〔2008〕83号）。

二十六、企业过节为员工发放的米、面、油等福利，为参加运动会的职工购买的运动服、运动鞋等，应如何扣缴个人所得税？参加比赛获得的奖励，是否需要扣缴个人所得税？

个人所得的形式，包括现金、实物、有价证券和其他形式的经济利益；所得为实物的，应当按照取得的凭证上所注明的价格计算应纳税所得额，无凭证的实物或者凭证上所注明的价格明显偏低的，参照市场价格核定应纳税所得额；所得为有价证券的，根据票面价格和市场价格核定应纳税所得额；所得为其他形式的经济利益的，参照市场价格核定应纳税所得额。

1. 企业为职工发放的实物福利、召开运动会为职工购买的运动服等应按发票上注明的价格，并入当月工资薪金所得，计算缴纳个人所得税。

2. 根据政策，偶然所得，是指个人得奖、中奖、中彩以及其他偶然性质的所得。

个人参加比赛所得奖品，属于个人得奖、中奖、中彩以及其他偶然性质的所得，应当按照“偶然所得”项目扣缴个人所得税。

依据：

《中华人民共和国个人所得税法实施条例》第八条。

二十七、员工入职体检是否需要缴纳个税？公司统一组织员工体检是否需要缴纳个税？

工资薪金所得，是指个人因任职或者受雇而取得的工资、薪金、奖金、年终加薪、劳动分红、津贴、补贴以及与任职或者受雇有关的其他所得；企业职工福利费，包括为职工卫生保健、生活等发放或支付的各项现金补贴和非货币性福利。

国家税务总局所得税司2012年4月11日在国家税务总局网站就所得税相关政策中答复，集体享受的、不可分割的、非现金方式的福利不需缴纳个人所得税。

公司为员工报销入职体检费，发票开具个人抬头，属于个人性福利，应并入工资缴纳个税。公司统一组织职工体检，发票开具单位抬头，属于集体性福利，不需要申报个人所得税。

依据：

《国家税务总局关于企业工资薪金及职工福利费扣除问题的通知》（国税函〔2009〕3 号）。

《财政部关于企业加强职工福利费财务管理的通知》（财企〔2009〕242 号）。

《中华人民共和国个人所得税法》。

二十八、煤炭企业为井下职工发放的班中餐补贴、住房补贴是否缴纳个人所得税？

根据规定，对按照国务院规定发放的特殊津贴和国务院规定免缴个人所得税的补贴、津贴免予征收个人所得税。其他各种补贴、津贴均应计入工资薪金所得项目征税。

煤炭企业为井下职工发放的班中餐补贴、住房补贴，不属于免予征收个人所得税的范围，应并入发放当月工资、薪金，计算缴纳个人所得税。

依据：

《关于印发〈征收个人所得税若干问题的规定〉的通知》（国税发〔1994〕89 号）。

二十九、企业向员工发放的交通补贴、通讯补贴应如何缴纳个人所得税？

（一）企业向职工个人发放的交通补贴（包括报销、现金等形式），按交通补贴全额的 30% 作为个人收入并入当月工资、薪金所得征收个人所得税。

（二）企业向职工发放的通讯补贴，当地政府规定标准的，超过标准或超过每人每月 500 元限额的部分，并入当月工资薪金所得征收个人所得税；当地政府未规定具体标准的，按通讯补贴（包括报销、现金等形式）全额的 20% 并入当月工资薪金所得计算征收个人所得税。

依据：

《河北省地方税务局关于个人所得税若干业务问题的通知》（冀地税发〔2009〕46 号）。

三十、企业向员工发放的取暖补贴如何缴纳个人所得税？

当地政府对企业的取暖补贴发放标准有具体规定的，按政府规定执行；没有具体标准的可参照当地政府对行政事业单位的取暖补贴标准执行，但企业职工取得取暖补贴的标准最高不得超过 3 500 元，在标准内据实扣除。

企业职工取得的超过当地政府规定标准或超过 3 500 元最高限额的取暖补贴，分摊到取暖期所属月份计征个人所得税。

对取暖补贴仍然实行“暗补”的企业或企业职工不需要负担取暖费的，企业职工取得的取暖补贴收入应在发放月并入其当月的工资薪金收入计征个人所得税。

依据：

《河北地方税务局关于关于取暖补贴征免个人所得税问题的通知》（冀地税函〔2008〕236 号）。

三十一、企业向员工发放的防暑降温费、高温补贴应当如何缴纳个人所得税?

《冀地税发〔2009〕46 号》第三条规定：企业按照县级以上政府规定标准向职工个人发放的防暑降温费暂免征收个人所得税，超过当地政府规定标准部分并入当月工资薪金所得计算征收个人所得税。本条已被河北省地方税务局公告〔2015 年〕第 4 号作废。

从福利费和工会经费中支付给本单位职工的人人有份的补贴、补助不属于免税的福利费范围，应当并入纳税人的工资、薪金收入计征个人所得税。

因此，单位向个人以现金形式向个人发放的防暑降温费，以及给本单位职工按份发放的防暑降温物品，均应当代扣代缴个人所得税。

根据国家安全生产监督管理总局《防暑降温措施管理办法》规定，高温作业是指有高气温、或有强烈的热辐射、或伴有高气湿（相对湿度≥80% RH）相结合的异常气象条件、湿球黑球温度指数（WBGT 指数）超过规定限值的作业；劳动者从事高温作业和高温天气作业的，依法享受岗位津贴。

《个人所得税法》第四条第一款第三项规定，按照国家统一规定发给的补贴、津贴，免征个人所得税。《个人所得税法实施条例》第十条明确，个人所得税法第四条第一款第三项所称按照国家统一规定发给的补贴、津贴，是指按照国务院规定发给的政府特殊津贴、院士津贴，以及国务院规定免予缴纳个人所得税的其他补贴、津贴。

因此单位发放的符合条件的高温津贴，可免征个人所得税，不满足上述条件，应当代扣个人所得税。

依据：

《国家税务总局关于生活补助费范围确定问题的通知》（国税发〔1998〕155 号）。

三十二、企业年金的缴纳和领取分别应如何缴纳个人所得税?

企业和事业单位（以下统称单位）根据国家有关政策规定的办法和标准，为在本单位任职或者受雇的全体职工缴付的企业年金或职业年金（以下统称年金）单位缴费部分，在计入个人账户时，个人暂不缴纳个人所得税。

个人根据国家有关政策规定缴付的年金个人缴费部分，在不超过本人缴费工资计税基数的4%标准内的部分，暂从个人当期的应纳税所得额中扣除。

超过上述标准缴付的年金单位缴费和个人缴费部分，应并入个人当期的工资、薪金所得，依法计征个人所得税。税款由建立年金的单位代扣代缴，并向主管税务机关申报解缴。

个人达到国家规定的退休年龄，领取的企业年金、职业年金，符合《财政部 人力资源和社会保障部 国家税务总局关于企业年金职业年金个人所得税有关问题的通知》（财税〔2013〕103号）规定的，不并入综合所得，全额单独计算应纳税款。其中按月领取的，适用月度税率表计算纳税；按季领取的，平均分摊计入各月，按每月领取额适用月度税率表计算纳税；按年领取的，适用综合所得税率表计算纳税。

依据：

《财税关于企业年金 职业年金个人所得税有关问题的通知》（财税〔2013〕103号）。

《财政部 国家税务总局关于个人所得税法修改后有关优惠政策衔接问题的通知》（财税〔2018〕164号）。

三十三、企业为职工个人缴纳的补充医疗保险如何缴纳个人所得税?

根据规定，企事业单位按照国家或省（自治区、直辖市）人民政府规定的缴费比例或办法实际缴付的基本养老保险费、基本医疗保险费和失业保险费，免征个人所得税；个人按照国家或省（自治区、直辖市）人民政府规定的缴费比例或办法实际缴付的基本养老保险费、基本医疗保险费和失业保险费，允许在个人应纳税所得额中扣除。

企事业单位和个人超过规定的比例和标准缴付的基本养老保险费、基本医疗保险费和失业保险费，应将超过部分并入个人当期的工资、薪金收入，计征个人所得税。

根据政策，对企业为员工支付各项免税之外的保险金，应在企业向保险公司缴付时（即该保险落到被保险人的保险账户）并入员工当期的工资收入，按“工资、薪金所得”项目计征个人所得税，税款由企业负责代扣代缴。

综上，企业为职工个人缴纳的补充医疗保险，不属于财税〔2006〕10 号所提及的免税项目，应与个人当月的工资薪金合并一并缴纳个人所得税。

依据：

《财政部 国家税务总局关于基本养老保险费基本医疗保险费失业保险费住房公积金有关个人所得税政策的通知》（财税〔2006〕10 号）。

三十四、煤矿企业为井下作业的职工缴纳的意外伤害险是否缴纳个人所得税？

根据个人所得税法及有关规定，对企业为职工支付和职工个人缴付的基本养老保险、基本医疗保险、失业保险、生育保险、工伤保险、住房公积金免征个人所得税；对企业为员工支付各项免税之外的保险金，应在企业向保险公司缴付时（即该保险落到被保险人的保险账户）并入员工当期的工资收入，按“工资、薪金所得”项目计征个人所得税，税款由企业负责代扣代缴。

依据：

《国家税务总局关于单位为员工支付有关保险缴纳个人所得税问题的批复》（国税函〔2005〕318 号）。

三十五、对个人购买商业健康保险产品的支出，应如何在计算个人所得税时予以扣除？

对个人购买符合规定的商业健康保险产品的支出，允许在当年（月）计算应纳税所得额时予以税前扣除，扣除限额为 2 400 元/年（200 元/月）。单位统一为员工购买符合规定的商业健康保险产品的支出，应分别计入员工个人工资薪金，视同个人购买，按上述限额予以扣除。

同时，文件对商业健康保险产品的规范和条件也作出了详细说明，其中一个重要判断标准就是购买的保单上是否有“税优识别码”。税优识别码是为确保税收优惠商业健康保险保单唯一性、真实性、有效性。

依据：

《财政部 国家税务总局 保监会关于将商业健康保险个人所得税试点政策推广到全国范围实施的通知》（财税〔2017〕39 号）。

三十六、利息、股息、红利的扣缴义务人是如何规定的?

依据政策规定，利息、股息、红利所得实行源泉扣缴的征收方式，其扣缴义务人应是直接向纳税义务人支付利息、股息、红利的单位。

依据:

《国家税务总局关于印发〈征收个人所得税若干问题的规定〉的通知》（国税发〔1994〕89号）。

三十七、企业向引进的高学历人才支付的安家费是否缴纳个人所得税?

《中华人民共和国个人所得税法》第四条第一款第七项规定，按照国家统一规定发给干部、职工的安家费、退职费、基本养老金或者退休费、离休费、离休生活补助费，免征个人所得税。

《中华人民共和国个人所得税法》第四条第一款第三项规定，按照国家统一规定发给的补贴、津贴，免征个人所得税。《中华人民共和国个人所得税法实施条例》第十条明确，个人所得税法第四条第一款第三项所称按照国家统一规定发给的补贴、津贴，是指按照国务院规定发给的政府特殊津贴、院士津贴，以及国务院规定免予缴纳个人所得税的其他补贴、津贴。

企业为高学历人才支付的安家费，不属于按照国家统一规定发给干部、职工的安家费，不属于国务院规定免予缴纳个人所得税的其他补贴、津贴，实际上是在工资以外给予的补贴，需要并入“工资、薪金”计算扣缴个人所得税。

依据:

《中华人民共和国个人所得税法》。

《中华人民共和国个人所得税法实施条例》。

三十八、集团公司在活动中向本单位以外的个人提供的物质奖励和现金奖励，是否应代扣代缴个人所得税?

企业在业务宣传、广告等活动中，随机向本单位以外的个人赠送礼品（包括网络红包，下同），以及企业在年会、座谈会、庆典以及其他活动中向本单位以外的个人赠送礼品，个人取得的礼品收入，按照“偶然所得”项目计算缴纳个人所得税，但企业赠送的具有价格折扣或折让性质的消费券、代金券、抵用券、优惠券等礼品除外。

企业在销售商品（产品）和提供服务过程中，通过价格折扣、折让方式向个人销售产品和提供服务、赠送礼品不征收个人所得税。

依据：

《关于企业促销展业赠送礼品有关个人所得税问题的通知》（财税〔2011〕50号）。

《关于个人取得有关收入适用个人所得税应税所得项目的公告》（财税〔2019〕74号）。

三十九、在单位内部刊物上发表文章取得稿酬收入，如何缴纳个人所得税？

任职、受雇于报纸、杂志等单位的记者、编辑等专业人员，因在本单位的报纸、杂志上发表作品取得的所得，属于因任职、受雇而取得的所得，应与其当月工资收入合并，按“工资、薪金所得”项目征收个人所得税。

除上述专业人员以外，其他人员在本单位的报刊、杂志上发表作品取得的所得，应按“稿酬所得”项目征收个人所得。

依据：

《国家税务总局关于个人所得税若干业务问题的批复》（国税函〔2002〕146号）。

四十、公司管理人员为内部员工培训取得的课酬应如何缴纳个人所得税？

工资、薪金所得属于非独立个人劳务活动，即在机关、团体、学校、部队、企事业单位及其他组织中任职、受雇而得到的报酬；劳务报酬则是个人独立从事各种技艺、提供各种劳务取得的报酬。两者的区别在于，前者存在雇佣关系，后者则不存在这种关系。

由此可见，公司管理人员为内部员工培训取得的课酬，属于非独立个人劳务，应按照“工资薪金所得”并入其当月的工资总额，计算缴纳个人所得税。

依据：

《国家税务总局关于印发征收个人所得税若干问题的规定的通知》（国税发〔1994〕89号）。

四十一、企业用资本公积金转增股本，个人取得的转增股本数额是否应缴纳个人所得税？

根据政策规定：股份制企业用资本公积金转增股本不属于股息、红利性质的分配，对个人取得的转增股本数额，不作为个人所得，不征收个人所得税。其中“资本公积金”是指股份制企业股票溢价发行收入所形成的资本公积金。将此转增股本由个人取得的数额，不作为应税所得征收个人所得税。而与此不相符合的其他资本公积金分配个人所得部分，应当依法征收个人所得税。

如股份公司将从税后利润中提取的法定公积金和任意公积金转增注册资本，实际上是该公司将盈余公积金向股东分配了股息、红利，股东再以分得的股息、红利增加注册资本。因此，对属于个人股东分得再投入公司（转增注册资本）的部分应按照“利息、股息、红利所得”项目征收个人所得税，税款由公司代扣代缴。

依据：

《国家税务总局关于股份制企业转增股本和派发红股征免个人所得税的通知》（国税发〔1997〕198号）。

《国家税务总局关于原城市信用社在转制为城市合作银行过程中个人股增值所得应纳个人所得税的批复》（国税函发〔1998〕289号）。

四十二、股权转让，应当如何代扣代缴个人所得税？

（一）股权转让是指个人将股权转让给其他个人或法人的行为，包括以下情形：

1. 出售股权；

2. 公司回购股权；

3. 发行人首次公开发行新股时，被投资企业股东将其持有的股份以公开发行方式一并向投资者发售；

4. 股权被司法或行政机关强制过户；

5. 以股权对外投资或进行其他非货币性交易；

6. 以股权抵偿债务；

7. 其他股权转移行为。

（二）个人转让股权，以股权转让收入减除股权原值和合理费用后的余额为应纳税所得额，按“财产转让所得”缴纳个人所得税。

（三）个人股权转让所得个人所得税，以股权转让方为纳税人，以受让方为扣缴义务人。

（四）扣缴义务人应于股权转让相关协议签订后5个工作日内，将股权转让的有关情况报告主管税务机关。被投资企业应当详细记录股东持有本企业股权的相关成本，如实向税务机关提供与股权转让有关的信息，协助税务机关依法执行公务。

依据：

《国家税务总局关于发布〈股权转让所得个人所得税管理办法（试行）〉的公告》（国家税务总局公告〔2014年〕第67号）。

四十三、单位发给个人用于预防新型冠状病毒感染的肺炎的药品、医疗用品和防护用品等实物（不包括现金），是否需要缴纳个人所得税？

单位发给个人用于预防新型冠状病毒感染的肺炎的药品、医疗用品和防护用品等实物（不包括现金），不计入工资、薪金收入，免征个人所得税。

此政策执行期限为2020年1月1日至2023年12月31日。

依据：

《财政部　国家税务总局关于支持新型冠状病毒感染的肺炎疫情防控有关个人所得税政策的公告》（财税〔2020〕10号）。

《关于延长部分税收优惠政策执行期限的公告》（财税〔2022〕4号）。

四十四、新型冠状病毒疫情期内进行捐赠，如何办理个人所得税税前扣除？

个人通过公益性社会组织或者县级以上人民政府及其部门等国家机关，捐赠用于应对新型冠状病毒感染的肺炎疫情的现金和物品，允许在计算应纳税所得额时全额扣除。

个人直接向承担疫情防治任务的医院捐赠用于应对新型冠状病毒感染的肺炎疫情的物品，允许在计算应纳税所得额时全额扣除。

捐赠人凭承担疫情防治任务的医院开具的捐赠接收函办理税前扣除事宜。

依据：

《财政部　国家税务总局关于支持新型冠状病毒感染的肺炎疫情防控有关捐赠税收政策的公告》（财税〔2020〕9号）。

四十五、残疾人取得的工资薪金有什么个人所得税优惠?

残疾人、孤老人员和烈属本人独立从事个体生产经营取得的所得；工资薪金所得；对企事业单位的承包经营、承租经营所得；劳务报酬所得；稿酬所得；特许权使用费所得，减征 80% 的个人所得税。

依据：

《河北省个人所得税减征办法》第三条（河北省人民政府令〔2002〕16 号）。

第六章　房　产　税

《中华人民共和国房产税暂行条例》是依据《中华人民共和国税收征收管理暂行条例》制定的配套税暂行条例。由国务院于1986年9月15日发布，自1986年10月1日起施行。

2011年1月8日根据国务院令第588号《国务院关于废止和修改部分行政法规的决定》修订。

一、房产税的征税范围有哪些规定?

房产税在城市、县城、建制镇和工矿区征收。

城市：是指经国务院批准设立的市，市区、郊区和市辖县县城。不包括农村；

县城：未设立建制镇的县人民政府所在地；

建制镇：为镇人民政府所在地，包括镇政府所在的行政村，但不包括所辖的行政村；

工矿区：是指工商业比较发达，人口比较集中，符合国务院规定的建制镇标准，但尚未设立镇建制的大中型工矿企业所在地。开征房产税的工矿区须经省、自治区、直辖市人民政府批准。

依据：

《中华人民共和国房产税暂行条例》(2011年修订)。

《财政部　国家税务总局关于房产税若干具体问题的解释和暂行规定》(财税地字〔1986〕8号)。

二、房产的概念?

“房产”是以房屋形态表现的财产。房屋是指有屋面和围护结构（有墙或两边有柱)，能够遮风避雨，可供人们在其中生产、工作、学习、娱乐、居住或储藏物资的场所。

独立于房屋之外的建筑物，如围墙、烟囱、水塔、变电塔、油池油柜、酒窖菜窖、酒精池、糖蜜池、室外游泳池、玻璃暖房、砖瓦石灰窑以及各种油气罐等，不属于房产。

依据：

《财政部税务总局关于房产税和车船使用税几个业务问题的解释与规定》(财税地字〔1987〕3号)。

三、房产税的计税依据是如何规定的?

(一) 从价计征：房产税依照房产原值一次减除10%至30%后的余值计算缴纳。具体减除幅度，由省、自治区、直辖市人民政府规定。没有房产原值作为依据的，由房产所在地税务机关参考同类房产核定。

(二) 从租计征：房产出租的，以房产租金收入为房产税的计税依据。

依据：

《中华人民共和国房产税暂行条例》(2011年修订)。

四、房产税税率是如何规定的?

(一) 房产税的税率，依照房产余值计算缴纳的，税率为1.2%；依照房产租金收入计算缴纳的，税率为12%。

(二) 根据规定，对个人出租住房，按4%的税率征收房产税。

(三) 根据规定，由省、自治区、直辖市人民政府根据本地区实际情况，以及宏观调控需要确定，对增值税小规模纳税人可以在50%的税额幅度内减征资源税、城市维护建设税、房产税、城镇土地使用税、印花税（不含证券交易印花税)、耕地占用税和教育费附加、地方教育附加。增值税小规模纳税人已依法享受资源税、城市维护建设税、房产税、城镇土地使用税、印花税、耕地占用税、教育费附加、地方教育附加其他优惠政策的，可叠加享受上述减征优惠政策。

(四) 根据规定，对企事业单位、社会团体以及其他组织向个人、专业化规模化住房租赁企业出租住房的，减按4%的税率征收房产税。

对利用非居住存量土地和非居住存量房屋（含商业办公用房、工业厂房改造后出租用于居住的房屋）建设的保障性租赁住房，取得保障性租赁住房项目认定书后，比照适用第一条、第二条规定的税收政策，具体为：住房租赁企业向个人出租上述保障性租赁住房，比照适用第一条规定的增值税政策；企事业单位、社会团体以及其他组织向个人、专业化规模化住房租赁企业出租上述保障性租赁住房，比照适用上述减征房产税政策。

保障性租赁住房项目认定书由市、县人民政府组织有关部门联合审查建设方案后出具。

依据：

《中华人民共和国房产税暂行条例》（国发〔1986〕90号）第四条。

《财政部　国家税务总局关于廉租住房　经济适用住房和住房租赁有关税收政策的通知》（财税〔2008〕24号）。

《财政部　国家税务总局关于实施小微企业普惠性税收减免政策的通知》（财税〔2019〕13号）第三条、第四条。

《财政部　国家税务总局　住房和城乡建设部关于完善住房租赁有关税收政策的公告》（财政部　国家税务总局　住房和城乡建设部公告〔2021年〕第24号）。

五、从价计征房产税的房产原值应当如何计算？是否应包含附属设施？

（一）对依照房产原值计税的房产，不论是否记载在会计账簿固定资产科目中，均应按照房屋原价计算缴纳房产税。房屋原价应根据国家有关会计制度规定进行核算。对纳税人未按国家会计制度规定核算并记载的，应按规定予以调整或重新评估。

（二）房产原值应包括与房屋不可分割的各种附属设备或一般不单独计算价值的配套设施。主要有：暖气、卫生、通风、照明、煤气等设备；各种管线，如蒸气、压缩空气、石油、给水排水等管道及电力、电讯、电缆导线；电梯、升降机、过道、晒台等。

属于房屋附属设备的水管、下水道、暖气管、煤气管等从最近的探视井或三通管算起。电灯网、照明线从进线盒联接管算起。

（三）为了维持和增加房屋的使用功能或使房屋满足设计要求，凡以房屋为载体，不可随意移动的附属设备和配套设施，如给排水、采暖、消防、中央空调、电气及智能化楼宇设备等，无论在会计核算中是否单独记账与核算，都应计入房产原值，计征房产税。

对于更换房屋附属设备和配套设施的，在将其价值计入房产原值时，可扣减原来相应设备和设施的价值；对附属设备和配套设施中易损坏、需要经常更换的零配件，更新后不再计入房产原值。

依据：

《财政部 国家税务总局关于房产税城镇土地使用税有关问题的通知》（财税〔2008〕152 号）。

《财政部 国家税务总局关于房产税和车船使用税几个业务问题的解释与规定》（财税地字〔1987〕3 号）。

《国家税务总局关于进一步明确房屋附属设备和配套设施计征房产税有关问题的通知》（国税发〔2005〕173 号）。

六、用于计算房产税的房产原值，是否应包含地价？ 如何计算？

对按照房产原值计税的房产，无论会计上如何核算，房产原值均应包含地价，包括为取得土地使用权支付的价款、开发土地发生的成本费用等。宗地容积率低于 0.5 的，按房产建筑面积的 2 倍计算土地面积并据此确定计入房产原值的地价。

【例】某公司支付 4 000 万元取得 20 万平方米土地使用权，2020 年在购置的土地上新建房屋，2020 年 12 月完工并通过验收，房屋建筑面积 8 万平方米、总成本 1 800 万元，计算 2021 年应缴纳的房产税？

宗地容积率：8 万 ÷20 万 =0.4，宗地容积率低于 0.5，按房产建筑面积的 2 倍计算土地面积并据此确定计入房产原值的地价。

土地单价 =4 000 ÷20 =200（元/平方米）

该房产的房产税计税原值 =1 800 +（200 ×8 ×2）=5 000（万元）

不考虑其他相关税费，该房产 2021 年应计算缴纳房产税：

5 000 ×（1 −30%）×1.2% =42（万元）。

依据：

《财政部 国家税务总局关于安置残疾人就业单位城镇土地使用税等政策的通知》（财税〔2010〕121 号）。

七、房产税的纳税义务人是如何规定的？

房产税由产权所有人缴纳。产权属于全民所有的，由经营管理的单位缴纳。产权出典的，由承典人缴纳。产权所有人、承典人不在房产所在地的，或者产权未确定及租典纠纷未解决的，由房产代管人或者使用人缴纳。

依据：

《中华人民共和国房产税暂行条例》（2011 年修订）。

八、房产税的纳税义务发生时间是如何规定的?

表 6－1　　房产税的纳税义务发生时间

情形	纳税义务发生时间
纳税人将原有房产用于生产经营	从生产经营之月起纳税（当月）
纳税人自行新建房屋用于生产经营	从建成之次月起纳税
纳税人委托施工企业建设的房屋	从办理验收手续之次月起纳税 （纳税人在办理验收手续前已使用或出租，出借的新建房屋，应按规定征收房产税。）
纳税人购置新建商品房	自房屋交付使用之次月起纳税
纳税人购置存量房	自房地产权属登记机关签发房屋权属证书之次月起纳税
纳税人出租、出借房产	自交付出租、出借之次月起纳税

提示：纳税人因房产、土地的实物或权利状态发生变化而依法终止房产税、城镇土地使用税纳税义务的，其应纳税款的计算应截至房产、土地的实物或权利状态发生变化的当月末。

依据：

《财政部　国家税务总局关于房产税若干具体问题的解释和暂行规定》（财税地字〔1986〕8号）。

《国家税务总局关于房产税城镇土地使用税有关政策规定的通知》（国税发〔2003〕89号）。

《财政部　国家税务总局关于房产税城镇土地使用税有关问题的通知》（财税〔2008〕152号）。

九、房产坐落地与公司地址不在同一地点的，房产税应在何地缴纳?

房产税暂行条例第九条法规：“房产税由房产所在地的税务机关征收。”房产不在一地的纳税人，应按房产的坐落地点，分别向房产所在地的税务机关缴纳房产税。

因此应当在房产所在地的税务机关缴纳。

依据：

《财政部　国家税务总局关于房产税若干具体问题的解释和暂行规定》（财税地字〔1986〕8号）。

十、免租期间如何缴纳房产税？

对出租房产，租赁双方签订的租赁合同约定有免收租金期限的，免收租金期间由产权所有人按照房产原值缴纳房产税。

【例】 A 公司一处房产，约定 2021 年 1 月 1 日至 12 月 31 日出租给 B 公司使用，签订合同约定年租金 120 万元（不含增值税）。

情形一：前 3 个月免租，4 ~ 12 月每个季度租金为 40 万元。应当按如下方式计算缴纳房产税：前 3 个月应按房产余值从价计征房产税，4 ~ 12 月每季度应按租金收入 40 万元从租计征房产税。

情形二：每个季度租金为 30 万元。1 ~ 12 月每季度应按租金收入 30 万元从租计征房产税。

依据：

《财政部　国家税务总局关于安置残疾人就业单位城镇土地使用税等政策的通知》（财税〔2010〕121 号）。

十一、无租使用其他单位的房产，应当如何缴纳房产税？

无租使用其他单位房产的应税单位和个人，依照房产余值代缴纳房产税。

【例】 某地方政府通过招商引资，引进一家大型企业，并将政府办公楼的其中一层交由该企业无偿使用，房产税如何缴纳呢？

地方政府的办公楼属于免税单位的房产，而企业属于纳税单位，根据上述规定，纳税单位无偿使用免税单位的房产，应由使用人，即该企业按照房产余值缴纳房产税。

依据：

《财政部　国家税务总局关于房产税城镇土地使用税有关问题的通知》（财税〔2009〕128 号）。

十二、融资租赁房产如何缴纳房产税？

融资租赁的房产，由承租人自融资租赁合同约定开始日的次月起依照房产余值缴纳房产税。合同未约定开始日的，由承租人自合同签订的次月起依照房产余值缴纳房产税。

依据：

《财政部　国家税务总局关于房产税城镇土地使用税有关问题的通知》（财税〔2009〕128 号）。

十三、煤炭企业储煤仓和地面皮带走廊是否缴纳房产税?

"房产"是以房屋形态表现的财产。房屋是指有屋面和围护结构（有墙或两边有柱），能够遮风避雨，可供人们在其中生产、工作、学习、娱乐、居住或储藏物资的场所。

独立于房屋之外的建筑物，如围墙、烟囱、水塔、变电塔、油池油柜、酒窖菜窖、酒精池、糖蜜池、室外游泳池、玻璃暖房、砖瓦石灰窑以及各种油气罐等，不属于房产。

参考《关于矿井建筑征收房产税问题的通知》（皖地税函〔2007〕144号）：

根据《财政部税务总局关于房产税和车船使用税几个业务问题的解释与规定》（财税地字〔1987〕3号）精神，经调查了解，煤仓符合房屋功能和特征，对其应按规定征收房产税；对皮带机走廊暂不征收房产税。

因此，煤炭企业储煤仓符合房屋功能和特征的应当按规定缴纳房产税，皮带机走廊暂不征收房产税。

依据：

《财政部税务总局关于房产税和车船使用税几个业务问题的解释与规定》（财税地字〔1987〕3号）。

十四、矿井建筑物是否需要缴纳房产税?

凡在房产税征收范围内的具备房屋功能的地下建筑，包括与地上房屋相连的地下建筑以及完全建在地面以下的建筑、地下人防设施等，均应当依照有关规定征收房产税。

依据以上政策矿井建筑物延伸到井下，井下建筑物若是具备房屋功能的地下建筑，应按照规定缴纳房产税。对不具备房屋功能的井下建筑物，不缴纳房产税。

依据：

《财政部 国家税务总局关于具备房屋功能的地下建筑征收房产税的通知》（财税〔2005〕181号）。

十五、煤炭企业自供热是否可以享受减免房产税的税收优惠?

自2019年1月1日至2023年供暖期结束，对向居民供热收取采暖费的供热企业，为居民供热所使用的厂房及土地免征房产税、城镇土地使用税（减免性质代码：08064003）；对供热企业其他厂房及土地，应当按照规定征收房产税、城镇土地使用税。

对自供热单位，按向居民供热建筑面积占总供热建筑面积的比例，计算免征供热所使用的厂房及土地的房产税、城镇土地使用税。

如煤炭企业符合上述条件，可享受减免房产税的税收优惠。

依据：

《财政部 国家税务总局关于延续供热企业增值税 房产税 城镇土地使用税优惠政策的通知》（财税〔2019〕38号）。

《财政部 国家税务总局关于延长部分税收优惠政策执行期限的公告》（财政部 国家税务总局公告〔2021年〕第6号）。

十六、房屋转租收入，是否需要缴纳房产税?

根据《房产税暂行条例》第二条规定，房产税由产权所有人缴纳。

房屋转租的，转租房产以房产所有人取得的租金收入为计税依据，纳税人为房屋产权所有人，具体征收管理按《河北省房屋出租业房产税征收管理办法》办理。

由于转租者不是产权所有人，因此对转租者取得的房产转租收入不征收房产税。

依据：

《河北省房屋出租业房产税征收管理办法》（冀地税发〔2001〕85号）。

《河北省地方税务局关于房产税、印花税、城镇土地使用税有关政策问题的通知》（冀地税发〔2003〕43号）。

十七、以房产投资联营如何缴纳房产税?

（一）以房产投资联营，共担经营风险的，以房产余值为计税依据计征房产税（被投资方缴税）；

（二）以房产投资联营，收取固定收入，不承担经营风险，只收取固定收入的，实际是以联营名义取得房产租金，因此应由出租方按租金收入计征房产税。

依据：

《河北省地方税务局关于房产税、印花税、城镇土地使用税有关政策问题的通知》（冀地税发〔2003〕43号）。

十八、企业因增资扩股进行资产评估，对房产评估增值部分是否缴纳房产税？企业执行《企业会计准则》，因初始确认“投资性房地产”或“投资性房地产”公允价值变化而调整房产账面原价的，是否调整房产税的计税基础？

根据《财政部　国家税务总局关于房产税、城镇土地使用税有关问题的通知》（财税〔2008〕152号）规定：对依照房产原值计税的房产，不论是否记载在会计账簿固定资产科目中，均应按照房屋原价计算缴纳房产税。房屋原价应根据国家有关会计制度规定进行核算。对纳税人未按国家会计制度规定核算并记载的，应按规定予以调整或重新评估。

根据国家有关会计制度规定，除法律、行政法规和国家统一的会计制度另有规定外，房产的会计核算应当遵循历史成本原则，不得因房产增值（减值）而随意调增（调减）房产原值；企业合并、分立、股权重组、接受资产投资等情况是属于法律、行政法规和国家统一的会计制度另有规定情形，所以企业应调整其账面价值，并按其账面价值计征房产税。此外，若企业应该调整而未调整的，税务机关应按照相关规定进行调整，并按确认的新的价值作为房产原值计征房产税。

而企业执行《企业会计准则》，因初始确认“投资性房地产”或“投资性房地产”公允价值变化而调整房产账面原价的，不得调整房产税计税基础。

十九、房屋的装修、改造费是否计入房产原值征收房产税？

根据《财税〔2008〕152号》文件规定：“对依照房产原值计税的房产，不论是否记载在会计账簿固定资产科目中，均应按照房屋原价计算缴纳房产税。房屋原价应根据国家有关会计制度规定进行核算。对纳税人未按国家会计制度规定核算并记载的，应按规定予以调整或重新评估。”即是说缴纳房产税的房屋原价定义范围与会计制度是一致的，则自有房产的装修费是否需要并入原值的判断原则在于被装修房产的使用寿命是否提高，房产的建筑质量是否提高等标准上。

《国税发〔2005〕173号》规定：“一、为了维持和增加房屋的使用功能或使房屋满足设计要求，凡以房屋为载体，不可随意移动的附属设备和配套设施，如给排水、采暖、消防、中央空调、电气及智能化楼宇设备等，无论在会计核算中是否单独记账与核算，都应计入房产原值，计征房产税。二、对于更换房屋附属设备和配套设施的，在将其价值计入房产原值时，可扣减原来相应设备和设施的价值；对附属设备和配套设施中易损坏、需要经常更换的零配件，更新后不再计入房产原值。”此规定进一步明细规定了哪些装修支出必须计入原值。

同时，根据会计准则相关规定：1. 普通的装饰装修费用对房屋使用寿命未有任何影响，应费用化，计入本期费用。

2. 房产的改建、扩建费用对房屋的使用寿命及质量有重大影响，应资本化，计入房产原值，应当在“固定资产”科目下单设“固定资产装修”明细科目核算，按固定资产尚可使用年限单独计提折旧。

3. 新建或新购入房产的装修费是在未投入使用状态前发生的，其属于固定资产达到可使用状态前必要且合理的支出，应计入房产原值，按房产可使用年限计提折旧。

因此，纳税人应根据会计核算规定确认是否调整房屋的固定资产账面价值，并据此申报缴纳房产税；其中对于更换房屋附属设备和配套设施的，无论会计上如何核算，均应将其价值计入房产原值，同时，可扣减原来相应设备和设施的价值计算缴纳房产税。

依据：

《财政部关于印发〈关于执行《企业会计制度》和相关会计准则有关问题解答（二）〉的通知》（财会〔2003〕10号）。

《国家税务总局关于进一步明确房屋附属设备和配套设施计征房产税有关问题的通知》（国税发〔2005〕173号）。

《财政部　国家税务总局关于房产税城镇土地使用税有关问题的通知》（财税〔2008〕152号）。

二十、企业将自有住房出租给员工，如何缴纳房产税？

对企事业单位、社会团体以及其他组织向个人（减免性质代码：08011708）、专业化规模化住房租赁企业（减免性质代码：08011707）出租住房的，减按4%的税率征收房产税。

依据：

《财政部　国家税务总局　住房和城乡建设部关于完善住房租赁有关税收政策的公告》（财政部　国家税务总局　住房和城乡建设部公告〔2021年〕第24号）。

二十一、未取得房产证的房产是否应缴纳房产税？

《房产税暂行条例》第二条规定：“房产税由产权所有人缴纳。产权属于全民所有的，由经营管理的单位缴纳。产权出典的，由承典人缴纳。产权所有人、承典人不在房产所在地的，或者产权未确定及租典纠纷未解决的，由房产代管人或者使用人缴纳。”因此，不论是否取得房产证，只要属于房产税的纳税义务人，均应按规定缴纳房产税。

二十二、纳税人自有房产对外出租，对方为民办学校（颁发学历证），房产税是否有优惠政策？免税单位自有房产对外出租，是否缴纳房产税？

《房产税暂行条例》规定，下列房产免纳房产税：

（一）国家机关、人民团体、军队自用的房产；

（二）由国家财政部门拨付事业经费的单位自用的房产；

（三）宗教寺庙、公园、名胜古迹自用的房产；

（四）个人所有非营业用的房产；

（五）经财政部批准免税的其他房产。

《财税地字〔1986〕8号》文件规定：关于免税单位自用房产的解释。

国家机关、人民团体、军队自用的房产，是指这些单位本身的办公用房和公务用房。

事业单位自用的房产，是指这些单位本身的业务用房。

宗教寺庙自用的房产，是指举行宗教仪式等的房屋和宗教人员使用的生活用房屋。

公园、名胜古迹自用的房产，是指供公共参观游览的房屋及其管理单位的办公用房屋。

上述免税单位出租的房产以及非本身业务用的生产、营业用房产不属于免税范围，应征收房产税。

因此纳税人以自有房产出租，以及免税单位自有房产出租，均不属于《房产税暂行条例》规定的免税范围，应以租金收入为计税依据，正常计算缴纳房产税。

二十三、公司的房产和土地被政府征收，但是房屋没有被拆除，房产税和城镇土地使用税是否还需要缴纳？从何时起不再缴纳？

（一）根据《财政部　国家税务总局关于房产税　城镇土地使用税有关问题的通知》（财税〔2008〕152号）第三条关于房产税、城镇土地使用税纳税义务截止时间的问题的规定，纳税人因房产、土地的实物或权利状态发生变化而依法终止房产税、城镇土地使用税纳税义务的，其应纳税款的计算应截至房产、土地的实物或权利状态发生变化的当月末。

（二）根据《中华人民共和国房产税暂行条例》（国发〔1986〕90号）第二条规定，房产税由产权所有人缴纳。产权属于全民所有的，由经营管理的单位缴纳。产权出典的，由承典人缴纳。产权所有人、承典人不在房产所在地的，或者产权未确定及租典纠纷未解决的，由房产代管人或者使用人缴纳。

（三）根据《中华人民共和国城镇土地使用税暂行条例》（中华人民共和国国务院令第483号）第二条的规定，在城市、县城、建制镇、工矿区范围内使用土地的单位和个人，为城镇土地使用税（以下简称“土地使用税”）的纳税人，应当依照本条例的规定缴纳土地使用税。

前款所称单位，包括国有企业、集体企业、私营企业、股份制企业、外商投资企业、外国企业以及其他企业和事业单位、社会团体、国家机关、军队以及其他单位；所称个人，包括个体工商户以及其他个人。

因此，企业房产被政府征收，其应纳税款的计算应截至房产、土地的实物或权利状态发生变化的当月末，从被征收的次月开始不再征收房产税和城镇土地使用税。

二十四、既出租又自用的房产，应当如何缴纳房产税?

《河北省地方税务局关于财产行为税有关政策问题的通知》（冀地税发〔2003〕83号）第二条第二款规定：对分割出租房产的，包括出租柜台、铺位、场地等，以租金收入为计税依据征收房产税。对房产部分自用，部分出租的，按自用与出租所占比例分别确定按原值或租金收入征收房产税，无法划分的按房产原值征收房产税。

因此，应当按照所占面积比例进行划分，自用部分按房产余值缴纳房产税，出租部分按租金收入缴纳房产税。

二十五、房产税有哪些减免税优惠及如何享受?

税务总局决定，对城镇土地使用税、房产税、耕地占用税、车船税、印花税、城市维护建设税、教育费附加（以下简称“六税一费”）享受优惠有关资料实行留存备查管理方式。纳税人享受“六税一费”优惠实行“自行判别、申报享受、有关资料留存备查”办理方式，申报时无须再向税务机关提供有关资料。

纳税人根据具体政策规定自行判断是否符合优惠条件，符合条件的，纳税人申报享受税收优惠，并将有关资料留存备查。

依据：

《国家税务总局关于城镇土地使用税等“六税一费”优惠事项资料留存备查的公告》（国家税务总局公告〔2019年〕第21号）。

提示：

1. 纳税人在符合减免税条件期间，相关资料留存备查，在政策存续期可一直享受。

2. 纳税人享受减免税的情形发生变化时，应当及时更正税源明细表。

3. 纳税人享受备案类减免税的，对符合政策规定条件的材料有留存备查的义务。

（一）教育行业的房产税优惠

减免性质代码：08101401。

【事项描述】

国家拨付事业经费和企业办的各类学校、托儿所、幼儿园，其自用房产符合免征房产税优惠条件的，按规定准备相关资料留存备查。

依据：

《中华人民共和国房产税暂行条例》。

《财政部 国家税务总局关于教育税收政策的通知》（财税〔2004〕39号）。

【留存备查资料】

表6-2　需留存备查的资料

序号	资料名称	原件/复印件	份数	备注
1	“财产和行为税税源明细表”“财产和行为税减免税明细申报附表”	原件	2	
2	房屋权属证书或其他证明纳税人拥有或使用房屋的文件	原件及复印件	1	
3	证明房产原值的资料	原件及复印件	1	
4	教育部门出具的教育行业证明	原件及复印件	1	

（二）医疗卫生机构的房产税优惠

减免性质代码：08123402（非营利）08123404（营利）。

【事项描述】

非营利性医疗机构自用的房产、营利性医疗机构取得执业登记之日起3年内自用的房产，符合免征房产税优惠条件的，纳税人按规定准备相关资料留存备查。

依据：

《中华人民共和国房产税暂行条例》。

《财政部 国家税务总局关于医疗卫生机构有关税收政策的通知》（财税〔2000〕42号）。

【留存备查资料】

表6－3 需留存备查的资料

序号	资料名称	原件/复印件	份数	备注
1	"财产和行为税税源明细表""财产和行为税减免税明细申报表"	原件	2	
2	房屋权属证书或其他证明纳税人拥有或使用房屋的文件	原件及复印件	1	
3	证明房产原值的资料	原件及复印件	1	
4	医疗执业注册登记证	原件及复印件	1	

（三）大修停用房屋的房产税优惠

减免性质代码：08129916。

【事项描述】

纳税人因房屋大修导致连续停用半年以上的，在房屋大修期间免征房产税，免征税额由纳税人在申报缴纳房产税时自行计算扣除，并在申报表附表或备注栏中作相应说明，按规定准备相关资料留存备查。

【留存备查资料】

表6－4 需留存备查的资料

序号	资料名称	原件/复印件	份数	备注
1	"财产和行为税税源明细表""财产和行为税减免税明细申报附表"	原件	2	
2	房屋权属证书或其他证明纳税人拥有或使用房屋的文件	原件及复印件	1	
3	证明房产原值的资料	原件及复印件	1	
4	房屋大修相关证明材料	原件及复印件	1	

依据：

《中华人民共和国房产税暂行条例》。

《财政部 税务总局关于房产税若干具体问题的解释和暂行规定》（财税地字〔1986〕8号）。

《国家税务总局关于房产税部分行政审批项目取消后加强后续管理工作的通知)(国税函〔2004〕839号)。

(四)毁损不堪居住的房屋和危险房屋的房产税优惠

减免性质代码:08129903。

【事项描述】

经有关部门鉴定,对毁损不堪居住的房屋和危险房屋,在停止使用后,符合免征房产税优惠条件的,纳税人按规定准备相关资料留存备查。

【留存备查资料】

表6-5　需留存备查的资料

序号	资料名称	原件/复印件	份数	备注
1	"财产和行为税税源明细表""财产和行为税减免税明细申报附表"	原件	2	
2	房屋权属证书或其他证明纳税人拥有或使用房屋的文件	原件及复印件	1	
3	证明房产原值的资料	原件及复印件	1	
4	房屋毁损鉴定证明材料	原件及复印件	1	

依据:

《中华人民共和国房产税暂行条例》。

《财政部税务总局关于房产税若干具体问题的解释和暂行规定》(财税地字〔1986〕8号)。

(五)具备房屋功能的地下建筑房产税优惠

减免性质代码:08129913。

【事项描述】

凡在房产税征收范围内的具备房屋功能的自用地下建筑,按以下方式计税:对工业用途房产,以房屋原价的50%~60%作为应税房产原值;对商业和其他用途房产,以房屋原价的70%~80%作为应税房产原值。房屋原价折算为应税房产原值的具体比例,由各省、自治区、直辖市和计划单列市财政和地方税务部门在上述幅度内自行确定。对符合原价折算条件的纳税人,按规定提交相关资料进行备案。

【留存备查资料】

表 6-6 需留存备查的资料

序号	资料名称	原件/复印件	份数	备注
1	“财产和行为税税源明细表”“财产和行为税减免税明细申报附表”	原件	2	
2	房屋权属证书或其他证明纳税人拥有或使用房屋的文件	原件及复印件	1	
3	证明房产原值的资料	原件及复印件	1	
4	证明房产用途的资料	原件	1	

依据：

《中华人民共和国房产税暂行条例》。

《财政部 国家税务总局关于具备房屋功能的地下建筑征收房产税的通知》（财税〔2005〕181号）。

（六）纳税有困难的企业房产税优惠

减免性质代码：08019902。

【事项描述】

纳税人纳税确有困难的，可由省、自治区、直辖市人民政府确定，定期减征或者免征房产税。

对个别纳税人缴纳房产税确有困难的，税务机关可参照本公告《国家税务总局河北省税务局关于城镇土地使用税困难减免税等有关事项的公告》（国家税务总局河北省税务局公告〔2019年〕第4号）依法给予减税或者免税。

应报送：

（1）《纳税人减免税申请核准表》；

（2）减免税申请报告；

（3）不动产权属资料或其他证明纳税人实际使用房产的材料原件及复印件（原件查验后退回）；

（4）证明纳税人困难的相关材料。

依据：

《中华人民共和国房产税暂行条例》。

（七）基建工地临时性房屋免征房产税

减免性质代码：08129915。

【事项描述】

凡是在基建工地为基建工地服务的各种工棚、材料棚、休息棚和办公室、食堂、茶炉房、汽车房等临时性房屋，不论是施工企业自行建造还是由基建单位出资建造交施工企业使用的，在施工期间，一律免征房产税。但是，如果在基建工程结束以后，施工企业将这种临时性房屋交还或者估价转让给基建单位的，应当从基建单位接收的次月起，依照规定征收房产税。

依据：

《财政部税务总局关于房产税若干具体问题的解释和暂行规定》（财税地字〔1986〕8号）。

（八）去产能和调结构政策关停企业房产税优惠

减免性质代码：08052403。

【事项描述】

为推进去产能、调结构，促进产业转型升级，现将有关房产税、城镇土地使用税政策明确如下：

1. 对按照去产能和调结构政策要求停产停业、关闭的企业，自停产停业次月起，免征房产税、城镇土地使用税。企业享受免税政策的期限累计不得超过两年。

2. 按照去产能和调结构政策要求停产停业、关闭的中央企业名单由国务院国有资产监督管理部门认定发布，其他企业名单由省、自治区、直辖市人民政府确定的去产能、调结构主管部门认定发布。认定部门应当及时将认定发布的企业名单（含停产停业、关闭时间）抄送同级财政和税务部门。

各级认定部门应当每年核查名单内企业情况，将恢复生产经营、终止关闭注销程序的企业名单及时通知财政和税务部门。

3. 企业享受本通知规定的免税政策，应按规定进行减免税申报，并将房产土地权属资料、房产原值资料等留存备查。

4. 本通知自2018年10月1日至2020年12月31日执行。本通知发布前，企业按照去产能和调结构政策要求停产停业、关闭但涉及的房产税、城镇土地使用税尚未处理的，可按本通知执行。

依据：

《财政部　国家税务总局关于去产能和调结构房产税、城镇土地使用税政策的通知》（财税〔2018〕107号）。

第七章　城镇土地使用税

《中华人民共和国城镇土地使用税暂行条例》（1988 年 9 月 27 日中华人民共和国国务院令第 17 号发布，根据 2006 年 12 月 31 日《国务院关于修改〈中华人民共和国城镇土地使用税暂行条例〉的决定》第一次修订，根据 2011 年 1 月 8 日《国务院关于废止和修改部分行政法规的决定》第二次修订，根据 2013 年 12 月 7 日《国务院关于修改部分行政法规的决定》第三次修订）。

一、土地使用税的征税范围是如何规定的?

在城市、县城、建制镇、工矿区范围内使用土地的单位和个人，为城镇土地使用税（以下简称土地使用税）的纳税人，应当依照《中华人民共和国城镇土地使用税暂行条例》的规定缴纳土地使用税。

城市的征税范围为市区和郊区。

县城的征税范围为县人民政府所在的城镇。

建制镇的征税范围为镇人民政府所在地。

工矿区是指工商业比较发达，人口比较集中，符合国务院规定的建制镇标准，但尚未设立镇建制的大中型工矿企业所在地。

城市、县城、建制镇、工矿区的具体征税范围，由各省、自治区、直辖市人民政府划定。

依据：

《中华人民共和国城镇土地使用税暂行条例》。

《国家税务局关于印发〈关于土地使用税若干具体问题的解释和暂行规定〉的通知》（国税地字〔1988〕15 号）。

二、土地使用税的纳税义务人是如何规定的?

（一）在城市、县城、建制镇、工矿区范围内使用土地的单位和个人，为城镇土地使用税的纳税人，应当依照规定缴纳土地使用税。

（二）在本省所辖的城市、县城、建制镇和工矿区范围内使用土地的单位和个人，为城镇土地使用税的纳税人，应当依照规定缴纳土地使用税。

土地权属争议未解决的，土地使用税暂由土地的实际使用人或者占有人申报缴纳。

（三）土地使用税由拥有土地使用权的单位或个人缴纳。拥有土地使用权的纳税人不在土地所在地的，由代管人或实际使用人纳税；土地使用权未确定或权属纠纷未解决的，由实际使用人纳税。

依据：

《中华人民共和国城镇土地使用税暂行条例》（2006 版）。

《河北省人民政府关于修改〈河北省城镇土地使用税实施办法〉的决定》（河北省人民政府令〔2013〕第 11 号）第二条。

《国家税务局关于印发〈关于土地使用税若干具体问题的解释和暂行规定〉的通知》（国税地字〔1988〕15 号）。

三、土地使用税的纳税义务发生时间是如何规定的?

（一）购置新建商品房，自房屋交付使用之次月起计征房产税和城镇土地使用税。

购置存量房，自办理房屋权属转移、变更登记手续，房地产权属登记机关签发房屋权属证书之次月起计征房产税和城镇土地使用税。

出租、出借房产，自交付出租、出借房产之次月起计征房产税和城镇土地使用税。

（二）征用的耕地，自批准征用之日起满 1 年时开始缴纳土地使用税；

征用的非耕地，自批准征用次月起缴纳土地使用税。

（三）以出让或转让方式有偿取得土地使用权的，应由受让方从合同约定交付土地时间的次月起缴纳城镇土地使用税；合同未约定交付土地时间的，由受让方从合同签订的次月起缴纳城镇土地使用税。

（四）纳税人因土地的权利发生变化而依法终止城镇土地使用税纳税义务的，其应纳税款的计算应截至土地权利发生变化的当月末。

依据：

《国家税务总局关于房产税城镇土地使用税有关政策规定的通知》（国税发〔2003〕89 号）。

《中华人民共和国城镇土地使用税暂行条例》(2006 版)。

《财政部　国家税务总局关于房产税、城镇土地使用税有关政策的通知》(财税〔2006〕186 号)。

《财政部　国家税务总局关于房产税城镇土地使用税有关问题的通知》(财税〔2008〕152 号)。

四、土地使用税的税率是如何规定的?

(一)根据国家税务局规定土地使用税每平方米年税额如下:

1. 大城市 1.5 元至 30 元。

2. 中等城市 1.2 元至 24 元。

3. 小城市 0.9 元至 18 元。

4. 县城、建制镇、工矿区 0.6 元至 12 元。

(二)根据河北省政策规定土地使用税每平方米年适用税额幅度如下:

1. 石家庄、唐山、邯郸市市区,一元五角至三十元。

2. 承德、张家口、秦皇岛、廊坊、保定、沧州、衡水、邢台市市区,一元二角至二十四元。

3. 县级市市区,九角至十八元。

4. 县城、建制镇、工矿区,六角至十二元。

设区的市市区、县级市市区、县城、建制镇的范围,依照行政区划确定。

设区的市、县(市)人民政府应当根据实际情况,将本地区土地划分为若干等级,在本办法第六条确定的适用税额幅度内,制定相应的适用税额标准。其中,经济落后地区的适用税额标准可以适当降低,但降低额不得超过本办法第六条规定最低适用税额的百分之三十。

设区的市、县(市)人民政府制定的适用税额标准报省人民政府批准后执行。

依据:

《中华人民共和国城镇土地使用税暂行条例》(2006 版)。

《河北省城镇土地使用税实施办法》(2013 修订)。

五、有偿取得土地使用权但由于政府原因未交地,该如何缴纳土地使用税?

对以有偿方式取得土地使用权,因政府拆迁等原因未能按照合同约定时间交付使用的，在未办理土地使用权属证明前，以其与土地管理部门签订的补充合同、协议或者以政府相关职能部门的补充证明上注明的交付土地时间的次月起计算缴纳城镇土地使用税［参考《安徽省地方税务局关于若干税收政策问题的公告》（安徽省地方税务局公告〔2012 年〕第 2 号）］。

六、如何确定土地使用税的实际占用面积?

纳税人实际占用的土地面积，是指由省、自治区、直辖市人民政府确定的单位组织测定的土地面积。尚未组织测量，但纳税人持有政府部门核发的土地使用证书的，以证书确认的土地面积为准；尚未核发土地使用证书的，应由纳税人据实申报土地面积。

依据：

《国家税务局关于印发〈关于土地使用税若干具体问题的解释和暂行规定〉的通知》（国税地字〔1988〕15 号）。

七、关于占用集体土地如何缴纳城镇土地使用税?

在城镇土地使用税征税范围内实际使用应税集体所有建设用地、但未办理土地使用权流转手续的，由实际使用集体土地的单位和个人按规定缴纳城镇土地使用税。

在城镇土地使用税征税范围内，承租集体所有建设用地的，由直接从集体经济组织承租土地的单位和个人，缴纳城镇土地使用税。

依据：

《财政部　国家税务总局关于集体土地城镇土地使用税有关政策的通知》（财税〔2006〕56 号）。

《财政部　国家税务总局关于承租集体土地城镇土地使用税有关政策的通知》（财税〔2017〕29 号）。

八、企业范围内荒山林地湖泊如何纳税?

对已按规定免征城镇土地使用税的企业范围内荒山、林地、湖泊等占地，自 2014 年 1 月 1 日至 2015 年 12 月 31 日，按应纳税额减半征收城镇土地使用税；自 2016 年 1 月 1 日起，全额征收城镇土地使用税。

依据：

《财政部　国家税务总局关于企业范围内荒山　林地　湖泊等占地城镇土地

使用税有关政策的通知》（财税〔2014〕1号）。

九、煤炭企业未利用塌陷地是否征收土地使用税？

对位于城镇土地使用税征收范围内的煤炭企业已取得土地使用权、但未利用的塌陷地，自2006年9月1日起恢复征收城镇土地使用税。

依据：

《财政部　国家税务总局关于煤炭企业未利用塌陷地城镇土地使用税政策的通知》（财税〔2006〕74号）。

十、土地使用税有哪些税收优惠？

国家税务总局决定，对城镇土地使用税、房产税、耕地占用税、车船税、印花税、城市维护建设税、教育费附加（以下简称“六税一费”）享受优惠有关资料实行留存备查管理方式。纳税人享受“六税一费”优惠实行“自行判别、申报享受、有关资料留存备查”办理方式，申报时无须再向税务机关提供有关资料。纳税人根据具体政策规定自行判断是否符合优惠条件，符合条件的，纳税人申报享受税收优惠，并将有关资料留存备查。

依据：

《国家税务总局关于城镇土地使用税等“六税一费”优惠事项资料留存备查的公告》（国家税务总局公告〔2019年〕第21号）。

注：

1. 纳税人在符合减免税条件期间，相关资料留存备查，在政策存续期可一直享受。

2. 纳税人享受减免税的情形发生变化时，应当及时更正税源明细表。

3. 纳税人享受备案类减免税的，对符合政策规定条件的材料有留存备查的义务。

（一）教育行业城镇土地使用税优惠

减免性质代码：10101401。

【事项描述】

国家拨付事业经费和企业办的各类学校、托儿所、幼儿园，其自用土地符合免征城镇土地使用税优惠条件的，按规定准备相关资料留存备查。

【留存备查资料】

表 7-1　需留存备查的资料

序号	资料名称	原件/复印件	份数	备注
1	“财产和行为税税源明细表”“财产和行为税减免税明细申报附表”	原件	2	
2	土地权属证书或其他证明纳税人使用土地的文件	原件及复印件	1	
3	教育部门出具的教育行业证明	原件及复印件	1	

依据：

《国务院关于修改〈中华人民共和国城镇土地使用税暂行条例〉的决定》（中华人民共和国国务院令〔2006〕第 483 号）。

《财政部　国家税务总局关于教育税收政策的通知》（财税〔2004〕39 号）。

（二）医疗卫生机构城镇土地使用税优惠

减免性质代码：10123402（非营利）。

减免性质代码：10123403（营利）。

【事项描述】

非营利性医疗机构自用的土地免征城镇土地使用税。对营利性医疗机构自取得执业登记之日起，3 年内自用土地免征城镇土地使用税。

符合上述免征城镇土地使用税优惠条件的，纳税人按规定准备相关资料留存备查。

【留存备查资料】

表 7-2　需留存备查的资料

序号	资料名称	原件/复印件	份数	备注
1	“财产和行为税税源明细表”“财产和行为税减免税明细申报附表”	原件	2	
2	土地权属证书或其他证明纳税人使用土地的文件	原件及复印件	1	
3	医疗执业注册登记证	原件及复印件	1	

依据：

《财政部　国家税务总局关于医疗卫生机构有关税收政策的通知》（财税〔2000〕42 号）。

（三）大宗商品仓储设施用地城镇土地使用税优惠

减免性质代码：10019909。

【事项描述】

自2020年1月1日起至2022年12月31日止，对物流企业自有（包括自用和出租）或承租的大宗商品仓储设施用地，减按所属土地等级适用税额标准的50%计征城镇土地使用税。

《城填土地使用税暂行条例》规定，土地使用税按年计算、分期缴纳。缴纳期限由省、自治区、直辖市人民政府确定。符合减税条件的纳税人享受土地使用税减税优惠，应按规定在分期缴纳时进行减免税申报，并将不动产权属证明、土地用途证明、租赁协议等资料留存备查。相关留存备查资料按照《税收征管法实施细则》的规定保存十年。十年，按照各省城填土地使用税缴纳期限规定，自年度最后一次纳税申报期限届满次日起计算。

依据：

《国务院关于修改〈中华人民共和国城镇土地使用税暂行条例〉的决定》（中华人民共和国国务院令〔2006〕第483号）。

《财政部　国家税务总局关于继续实施物流企业大宗商品仓储设施用地城镇土地使用税优惠政策的公告》（财政部　国家税务总局公告〔2020年〕第16号）。

（四）矿山企业城镇土地使用税优惠

减免性质代码：10129909。

【事项描述】

对矿山企业（包括黑色冶金矿和有色金属矿及除煤矿外的其他非金属矿）的用地征免土地使用税问题，通知如下：

矿山的采矿场、排土场、尾矿库、炸药库的安全区、采区运矿及运岩公路、尾矿输送管道及回水系统用地，免征土地使用税。对矿山企业采掘地下矿造成的塌陷地以及荒山占地，在未利用之前，暂免征收土地使用税。

对符合上述免征城镇土地使用税优惠条件的，纳税人按规定准备相关资料留存备查。

【留存备查资料】

表7-3　　需留存备查的资料

序号	资料名称	原件/复印件	份数	备注
1	“财产和行为税税源明细表”“财产和行为税减免税明细申报附表”	原件	2	
2	土地权属证书或其他证明纳税人使用土地的文件	原件及复印件	1	原件核对后退还
3	单位性质证明材料	原件及复印件	1	原件核对后退还

依据：

《国家税务局关于对矿山企业征免土地使用税问题的通知》（国税地字〔1989〕122号）。

（五）煤炭企业用地城镇土地使用税优惠

减免性质代码：10129910。

【事项描述】

煤炭企业的矸石山、排土场用地，防排水沟用地，矿区办公、生活区以外的公路、铁路专用线及轻便道和输变电线路用地，火炸药库库房外安全区用地，向社会开放的公园及公共绿化带用地，符合暂免征收城镇土地使用税优惠条件的，纳税人按规定准备相关资料留存备查。

【留存备查资料】

表7－4　需留存备查的资料

序号	资料名称	原件/复印件	份数	备注
1	“财产和行为税税源明细表”“财产和行为税减免税明细申报附表”	原件	2	
2	土地权属证书或其他证明纳税人使用土地的文件	原件及复印件	1	原件核对后退还
3	单位性质证明材料	原件及复印件	1	原件核对后退还

依据：

《国务院关于修改〈中华人民共和国城镇土地使用税暂行条例〉的决定》（中华人民共和国国务院令〔2006〕第483号）。

《国家税务局关于对煤炭企业用地征免土地使用税问题的规定》（国税地字〔1989〕89号）。

（六）电力行业用地城镇土地使用税优惠

减免性质代码：10064201。

【事项描述】

对火电厂厂区围墙外的灰场、输灰管、输油（气）管道、铁路专用线用地，免征土地使用税；对水电站除发电厂房用地（包括坝内、坝外式厂房）和生产、办公、生活用地以外的其他用地给予免税照顾；对供电部门的输电线路用地、变电站用地，免征土地使用税。

对符合上述免征城镇土地使用税优惠条件的，纳税人按规定准备相关资料留存备查。

【留存备查资料】

表 7－5　　需留存备查的资料

序号	资料名称	原件/复印件	份数	备注
1	“财产和行为税税源明细表”“财产和行为税减免税明细申报附表”	原件	2	
2	土地权属证书或其他证明纳税人使用土地的文件	原件及复印件	1	
3	电力行业用地证明材料	原件及复印件	1	

依据：

《国务院关于修改〈中华人民共和国城镇土地使用税暂行条例〉的决定》（中华人民共和国国务院令〔2006〕第 483 号）。

《国家税务局关于电力行业征免土地使用税问题的规定》（国税地字〔1989〕13 号）。

（七）供热企业城镇土地使用税优惠

减免性质代码：10064004。

【事项描述】

自 2019 年 1 月 1 日至 2023 年供暖期结束，对向居民供热收取采暖费的供热企业，为居民供热所使用的厂房及土地免征房产税、城镇土地使用税；对供热企业其他厂房及土地，应当按照规定征收房产税、城镇土地使用税。

对专业供热企业，按其向居民供热取得的采暖费收入占全部采暖费收入的比例，计算免征的房产税、城镇土地使用税。

对兼营供热企业，视其供热所使用的厂房及土地与其他生产经营活动所使用的厂房及土地是否可以区分，按照不同方法计算免征的房产税、城镇土地使用税。可以区分的，对其供热所使用厂房及土地，按向居民供热取得的采暖费收入占全部采暖费收入的比例，计算免征的房产税、城镇土地使用税。难以区分的，对其全部厂房及土地，按向居民供热取得的采暖费收入占其营业收入的比例，计算免征的房产税、城镇土地使用税。

对自供热单位，按向居民供热建筑面积占总供热建筑面积的比例，计算免征供热所使用的厂房及土地的房产税、城镇土地使用税。

依据：

《财政部　国家税务总局关于延续供热企业增值税　房产税　城镇土地使用税优惠政策的通知》（财税〔2019〕38 号）。

《财政部　国家税务总局关于延长部分税收优惠政策执行期限的公告》（财

政部　国家税务总局公告〔2021 年〕第 6 号)。

(八)经批准开山填海整治的土地和改造的废弃土地城镇土地使用税优惠

减免性质代码：10129918。

【事项描述】

对经批准开山填海整治的土地和改造的废弃土地，从使用的月份起免缴土地使用税 5 年至 10 年。对符合免征城镇土地使用税优惠条件的，纳税人按规定准备相关资料留存备查。

【留存备查资料】

表 7－6　　需留存备查的资料

序号	资料名称	原件/复印件	份数	备注
1	“财产和行为税税源明细表”“财产和行为税减免税明细申报附表”	原件	2	
2	土地权属证书或其他证明纳税人使用土地的文件	原件及复印件	1	
3	开山填海整治或废弃土地改造前的图纸、图片及其他能够证明目标土地整治或改造前状态的证明材料	原件及复印件	1	
4	国土资源部门批准占用滩涂、泽塘、山地等废弃土地的批复文件	原件及复印件	1	

依据：

《国务院关于修改〈中华人民共和国城镇土地使用税暂行条例〉的决定》(中华人民共和国国务院令〔2006〕第 483 号)(2013 年修订)。

(九)安置残疾人员就业城镇土地使用税优惠

减免性质代码：10012701。

【事项描述】

对在一个纳税年度内月平均实际安置残疾人就业人数占单位在职职工总数的比例高于 25%(含 25%)且实际安置残疾人人数高于 10 人(含 10 人)的单位，可减征或免征该年度城镇土地使用税。具体减免税比例及管理办法由省、自治区、直辖市财税主管部门确定。符合减征或免征城镇土地使用税优惠条件的，按规定准备相关资料留存备查。

对在一个纳税年度内，月平均实际安置残疾人就业人数，占单位在职职工总数的比例高于 25%(含 25%)且实际安置残疾人人数高于 10 人(含 10 人)的单位，可减征该年度城镇土地使用税，减征比例为实际安置残疾人就业人数占单位在职职工总数比例的 2 倍，但最高减征税额不得超过当年应缴纳土地使用税税额。

【留存备查资料】

表 7－7　需留存备查的资料

序号	资料名称	原件/复印件	份数	备注
1	“财产和行为税税源明细表”“财产和行为税减免税明细申报附表”	原件	2	
2	土地权属证书或其他证明纳税人使用土地的文件	原件及复印件	1	
3	安置的残疾职工名单（备月）及相应的中华人民共和国残疾人证或中华人民共和国残疾军人证（1 至 8 级）	原件及复印件	1	
4	劳动合同或服务协议，工资发放及社会保险费缴纳清单（应注明全体职工的个人明细情况）	原件及复印件	1	
5	职工名单，安置残疾人名单及岗位安排，符合安置比例及相关条件的用工情况说明	原件及复印件	1	

依据：

《国务院关于修改〈中华人民共和国城镇土地使用税暂行条例〉的决定》（中华人民共和国国务院令〔2006〕第 483 号）。

《财政部　国家税务总局关于安置残疾人就业单位城镇土地使用税等政策的通知》（财税〔2010〕121 号）。

《河北省财政厅　河北省地方税务局〈转发财政部　国家税务总局关于安置残疾人就业单位城镇土地使用税等政策通知〉的通知》（冀财税〔2011〕8 号）。

（十）已售房改房用地城镇土地使用税优惠

减免性质代码：10129919。

【事项描述】

应税单位按照国家住房制度改革有关规定，将住房出售给职工并按规定进行核销账务处理后，住房用地在未办理土地使用权过户期间的城镇土地使用税征免，比照各省、自治区、直辖市对个人所有住房用地的现行政策执行。

对符合免征城镇土地使用税优惠条件的纳税人，按规定准备相关资料留存备查。

对应税单位依据国家住房制度改革的有关规定，将职工住宅全部产权出售给本单位职工，并按规定核销固定资产账务，可免征房产税。对应税单位将职工住宅办理了土地使用权过户手续，可免征城镇土地使用税，对未办理土地使用权过户手续的应按规定征收城镇土地使用税。

依据：

《国务院关于修改〈中华人民共和国城镇土地使用税暂行条例〉的决定》（中华人民共和国国务院令〔2006〕第483号）。

《财政部　国家税务总局关于房改房用地未办理土地使用权过户期间城镇土地使用税政策的通知》（财税〔2013〕44号）。

《国家税务总局关于房改后房产税城镇土地使用税征免问题批复》（国税函〔2001〕659号）。

【留存备查资料】

表7－8　　需留存备查的资料

序号	资料名称	原件/复印件	份数	备注
1	“财产和行为税税源明细表”“财产和行为税减免税明细申报附表”	原件	2	
2	土地权属证书或其他证明纳税人使用土地的文件	原件及复印件	1	
3	房改房销售合同（协议）	原件及复印件	1	

（十一）企业铁路、公路用地城镇土地使用税优惠

减免性质代码：10121308。

【事项描述】

在厂区以外、与社会公用地段未加隔离的企业铁路专用线、公路等用地，符合暂免征收城镇土地使用税优惠条件的，纳税人按规定准备相关资料留存备查。

依据：

《国务院关于修改〈中华人民共和国城镇土地使用税暂行条例〉的决定》（中华人民共和国国务院令〔2006〕第483号）。

《国家税务局关于印发〈关于土地使用税若干具体问题的补充规定〉的通知》（国税地字〔1989〕140号）。

【留存备查资料】

表7－9　　需留存备查的资料

序号	资料名称	原件/复印件	份数	备注
1	“财产和行为税税源明细表”“财产和行为税减免税明细申报附表”	原件	2	
2	土地权属证书或其他证明纳税人使用土地的文件	原件及复印件	1	原件核对后退还
3	企业铁路专用线、公路用地证明材料	原件及复印件	1	原件核对后退还

（十二）企业绿化用地城镇土地使用税优惠

减免性质代码：10061001。

【事项描述】

企业厂区以外的公共绿化用地和向社会开放的公园用地，符合暂免征收城镇土地使用税优惠条件的，纳税人按规定准备相关资料留存备查。

依据：

《国务院关于修改〈中华人民共和国城镇土地使用税暂行条例〉的决定》（中华人民共和国国务院令〔2006〕第483号）。

《国家税务局关于印发〈关于土地使用税若干具体问题的补充规定〉的通知》（国税地字〔1989〕140号）。

【留存备查资料】

表7-10　需留存备查的资料

序号	资料名称	原件/复印件	份数	备注
1	“财产和行为税税源明细表”“财产和行为税减免税明细申报附表”	原件	2	
2	土地权属证书或其他证明纳税人使用土地的文件	原件及复印件	1	原件核对后退还
3	企业公共绿化用地证明材料	原件及复印件	1	原件核对后退还

（十三）棚户区改造安置住房建设用地城镇土地使用税优惠

减免性质代码：10011608。

【事项描述】

对改造安置住房建设用地免征城镇土地使用税。在商品住房等开发项目中配套建造安置住房的，依据政府部门出具的相关材料、房屋征收（拆迁）补偿协议或棚户区改造合同（协议），按改造安置住房建筑面积占总建筑面积的比例免征城镇土地使用税。

符合上述免征城镇土地使用税优惠条件的，纳税人按规定准备相关资料留存备查。

依据：

《国务院关于修改〈中华人民共和国城镇土地使用税暂行条例〉的决定》（中华人民共和国国务院令〔2006〕第483号）。

《财政部　国家税务总局关于棚户区改造有关税收政策的通知》（财税〔2013〕101号）。

【留存备查资料】

表 7－11　需留存备查的资料

序号	资料名称	原件/复印件	份数	备注
1	“财产和行为税税源明细表”“财产和行为税减免税明细申报附表”	原件	2	
2	土地权属证书或其他证明纳税人使用土地的文件	原件及复印件	1	
3	政府部门出具的棚户区改造安置住房建设用地证明材料	原件	1	
4	房屋征收（拆迁）补偿协议或棚户区改造合同（协议）	原件及复印件	1	

（十四）地下建筑用地城镇土地使用税优惠

减免性质代码：10129901。

【事项描述】

对在城镇土地使用税征税范围内单独建造的地下建筑用地，按规定征收城镇土地使用税。其中，已取得地下土地使用权证的，按土地使用权证确认的土地面积计算应征税款；未取得地下土地使用权证或地下土地使用权证上未标明土地面积的，按地下建筑垂直投影面积计算应征税款。对上述地下建筑用地暂按应征税款的50%征收城镇土地使用税。

对符合上述减征城镇土地使用税优惠条件的，纳税人按规定准备相关资料留存备查。

依据：

《国务院关于修改〈中华人民共和国城镇土地使用税暂行条例〉的决定》（中华人民共和国国务院令〔2006〕第483号）。

《财政部　国家税务总局关于房产税城镇土地使用税有关问题的通知》（财税〔2009〕128号）。

【留存备查资料】

表 7－12　需留存备查的资料

序号	资料名称	原件/复印件	份数	备注
1	“财产和行为税税源明细表”“财产和行为税减免税明细申报附表”	原件	2	
2	土地权属证书或其他证明纳税人使用土地的文件	原件及复印件	1	
3	地下建筑用地相关证明材料	原件及复印件	1	

（十五）纳税有困难的企业城镇土地使用税优惠

减免性质代码：10129917。

【事项描述】

1. 困难减免税情形

对符合以下情形之一，缴纳城镇土地使用税确有困难的，可酌情给予减税或免税：

（1）因严重自然灾害或其他不可抗力因素遭受重大损失的；

（2）从事国家鼓励类产业或社会公益事业发生严重亏损的；

（3）依法进入破产程序，土地闲置未用的；

（4）因承担县级以上政府任务，造成严重亏损或土地闲置未用的。

从事国家限制或不鼓励发展的产业不给予困难减免税。

2. 提供资料

（1）缴税困难情况说明。包括但不限于以下内容：纳税人基本情况；财务数据及有关情况；城镇土地使用税涉税情况；申请理由和依据。

（2）符合本公告第一条第一款第一项的，提供受灾、受损材料。

（3）符合本公告第一条第一款第二项的，提供属于国家鼓励类产业或社会公益事业材料。

（4）符合本公告第一条第一款第三项的，提供人民法院出具的裁定受理文书。

（5）符合本公告第一条第一款第四项的，提供县级以上人民政府出具的相关资料。

土地权属等相关资料应留存备查。

3. 办理时限

纳税人应于年度终了后，向土地所在地主管税务机关提出上年度困难减免税申请。

因自然灾害或其他不可抗力因素申请困难减免税的，可在当年申请。

4. 审批权限

城镇土地使用税困难减免税受理机关为县（市、区）税务机关。

纳税人年减免税额在100万元以上的，县（市、区）税务机关（定州、辛集市除外）须向设区市税务机关备案。

依据：

《国家税务总局河北省税务局关于城镇土地使用税困难减免税等有关事项的公告》（国家税务总局河北省税务局公告〔2019年〕第4号）。

（十六）企业搬迁城镇土地使用税优惠

减免性质代码：10052403。

【事项描述】

企业搬迁后，其原有场地和新场地都使用的，均应照章征收土地使用税；原有场地不使用的，可暂免征收土地使用税。

依据：

《关于土地使用税若干具体问题的补充规定》的通知（国税地字〔1989〕140号）。

（十七）去产能和调结构政策关停企业城镇土地使用税优惠

减免性质代码：10052404。

【事项描述】

为推进去产能、调结构，促进产业转型升级，现将有关房产税、城镇土地使用税政策明确如下：

1. 对按照去产能和调结构政策要求停产停业、关闭的企业，自停产停业次月起，免征房产税、城镇土地使用税。企业享受免税政策的期限累计不得超过两年。

2. 按照去产能和调结构政策要求停产停业、关闭的中央企业名单由国务院国有资产监督管理部门认定发布，其他企业名单由省、自治区、直辖市人民政府确定的去产能、调结构主管部门认定发布。认定部门应当及时将认定发布的企业名单（含停产停业、关闭时间）抄送同级财政和税务部门。

各级认定部门应当每年核查名单内企业情况，将恢复生产经营、终止关闭注销程序的企业名单及时通知财政和税务部门。

3. 企业享受本通知规定的免税政策，应按规定进行减免税申报，并将房产土地权属资料、房产原值资料等留存备查。

4. 本通知自2018年10月1日至2020年12月31日执行。本通知发布前，企业按照去产能和调结构政策要求停产停业、关闭但涉及的房产税、城镇土地使用税尚未处理的，可按本通知执行。

依据：

《财政部 国家税务总局关于去产能和调结构房产税、城镇土地使用税政策的通知》（财税〔2018〕107号）。

第八章　耕地占用税

《中华人民共和国耕地占用税法》（2018 年 12 月 29 日第十三届全国人民代表大会常务委员会第七次会议通过）、《国家税务总局关于耕地占用税征收管理有关事项的公告》（国家税务总局公告〔2019 年〕第 30 号）、《中华人民共和国耕地占用税法实施办法》（财政部　国家税务总局　自然资源部　农业农村部　生态环境部公告〔2019 年〕第 81 号）自 2019 年 9 月 1 日起施行。

一、耕地占用税的纳税义务人与征税范围是什么?

在中华人民共和国境内占用耕地建设建筑物、构筑物或者从事非农业建设的单位和个人，为耕地占用税的纳税人。

占用耕地建设农田水利设施的，不缴纳耕地占用税。

征税范围：耕地，指用于种植农作物的土地（占用鱼塘及其他农用土地，也视同占用耕地，须依法征税），包括：

（1）菜地；

（2）园地（包括果园、茶园、橡胶园、其他园地）；

（3）林地（包括乔木林地、竹林地、红树林地、森林沼泽、灌木林地、灌丛沼泽、其他林地，不包括城镇村庄范围内的绿化林木用地，铁路、公路征地范围内的林木用地，以及河流、沟渠的护堤林用地）；

（4）草地（包括天然牧草地、沼泽草地、人工牧草地，以及用于农业生产并已由相关行政主管部门发放使用权证的草地）；

（5）农田水利用地（包括农田排灌沟渠及相应附属设施用地）；

（6）养殖水面（包括人工开挖或者天然的用于水产养殖的河流水面、湖泊水面、水库水面、坑塘水面及相应附属设施用地）；

（7）渔业水域滩涂（包括专门用于种植或者养殖水生动植物的海水潮浸地带和滩地，以及用于种植芦苇并定期进行人工养护管理的苇田）；

（8）建设直接为农业生产服务的生产设施占用上述农用地的，不征收耕地占用税。

提示：此处的耕地范围是广义的耕地，凡是用于农业生产的农用地，包括茶园、果园、桑园、种植经济林木的土地、鱼塘等，都属于广义耕地的范畴。

二、耕地占用税的纳税人是如何规定的?

经批准占用耕地的，纳税人为农用地转用审批文件中标明的建设用地人；农用地转用审批文件中未标明建设用地人的，纳税人为用地申请人，其中用地申请人为各级人民政府的，由同级土地储备中心、自然资源主管部门或政府委托的其他部门、单位履行耕地占用税申报纳税义务。

未经批准占用耕地的，纳税人为实际用地人。

三、纳税义务发生时间是如何规定的?

耕地占用税的纳税义务发生时间为纳税人收到自然资源主管部门办理占用耕地手续的书面通知的当日。纳税人应当自纳税义务发生之日起三十日内申报缴纳耕地占用税。

自然资源主管部门凭耕地占用税完税凭证或者免税凭证和其他有关文件发放建设用地批准书。

未经批准占用耕地的，耕地占用税纳税义务发生时间为自然资源主管部门认定的纳税人实际占用耕地的当日。

因挖损、采矿塌陷、压占、污染等损毁耕地的纳税义务发生时间为自然资源、农业农村等相关部门认定损毁耕地的当日。

依据：

《中华人民共和国耕地占用税法》。

《财政部　国家税务总局　自然资源部　农业农村部　生态环境部关于发布〈中华人民共和国耕地占用税法实施办法〉的公告》（财政部公告〔2019 年〕第 81 号）。

四、纳税人临时占用耕地如何缴纳耕地占用税?

纳税人因建设项目施工或者地质勘查临时占用耕地，应当依照《中华人民共和国耕地占用税法》的规定缴纳耕地占用税。纳税人在批准临时占用耕地期满之日起一年内依法复垦，恢复种植条件的，全额退还已经缴纳的耕地占用税。

临时占用耕地，是指经自然资源主管部门批准，在一般不超过 2 年内临时使用耕地并且没有修建永久性建筑物的行为。

依法复垦应由自然资源主管部门会同有关行业管理部门认定并出具验收合格确认书。

依据：

《中华人民共和国耕地占用税法》。

《财政部　国家税务总局　自然资源部　农业农村部　生态环境部关于发布〈中华人民共和国耕地占用税法实施办法〉的公告》（财政部公告〔2019 年〕第 81 号）。

五、未办理占用耕地手续，提前使用耕地应如何缴纳耕地占用税？

未经批准占用耕地的，耕地占用税纳税义务发生时间为自然资源主管部门认定的纳税人实际占用耕地的当日。

根据相关规定纳税人应在实际使用的当日缴纳耕地占用税，耕地占用税按照适用税率一次性征收，后续补办手续时不再征收耕地占用税。

六、因挖损、采矿塌陷、压占、污染等损毁耕地如何缴纳耕地占用税？

因挖损、采矿塌陷、压占、污染等损毁耕地属于税法所称的非农业建设，应依照税法规定缴纳耕地占用税；自自然资源、农业农村等相关部门认定损毁耕地之日起 3 年内依法复垦或修复，恢复种植条件的，按规定办理退税。

依据：

《财政部　国家税务总局　自然资源部　农业农村部　生态环境部关于发布〈中华人民共和国耕地占用税法实施办法〉的公告》（财政部公告〔2019 年〕第 81 号）。

七、耕地占用税有哪些税收优惠？

军事设施、学校、幼儿园、社会福利机构、医疗机构占用耕地，免征耕地占用税。

铁路线路、公路线路、飞机场跑道、停机坪、港口、航道、水利工程占用耕地，减按每平方米二元的税额征收耕地占用税。

农村居民在规定用地标准以内占用耕地新建自用住宅，按照当地适用税额减半征收耕地占用税；其中农村居民经批准搬迁，新建自用住宅占用耕地不超过原宅基地面积的部分，免征耕地占用税。

农村烈士遗属、因公牺牲军人遗属、残疾军人以及符合农村最低生活保障条件的农村居民，在规定用地标准以内新建自用住宅，免征耕地占用税。

根据国民经济和社会发展的需要，国务院可以规定免征或者减征耕地占用税的其他情形，报全国人民代表大会常务委员会备案。

耕地占用税减免优惠实行“自行判别、申报享受、有关资料留存备查”办理方式。纳税人根据政策规定自行判断是否符合优惠条件，符合条件的，纳税人申报享受税收优惠，并将有关资料留存备查。纳税人对留存材料的真实性和合法性承担法律责任。

依据：

《中华人民共和国耕地占用税法》（主席令13届第18号）。

《财政部　国家税务总局　自然资源部　农业农村部　生态环境部关于发布〈中华人民共和国耕地占用税法实施办法〉的公告》（财政部公告〔2019年〕第81号）。

《国家税务总局关于耕地占用税征收管理有关事项的公告》（国家税务总局公告〔2019年〕第30号）。

第九章　契　　税

《中华人民共和国契税法》、《财政部　国家税务总局关于贯彻实施契税法若干事项执行口径的公告》（财政部　国家税务总局公告〔2021年〕第23号）、《国家税务总局关于契税纳税服务与征收管理若干事项的公告》（国家税务总局公告〔2021年〕第25号）自2021年9月1日起施行。

一、契税的纳税义务人?

在中华人民共和国境内转移土地、房屋权属，承受的单位和个人为契税的纳税人，应当依照《中华人民共和国契税法》的规定缴纳契税。

转移土地、房屋权属，是指下列行为：

（一）土地使用权出让；

（二）土地使用权转让，包括出售、赠与、互换；

（三）房屋买卖、赠与、互换。

前款第二项土地使用权转让，不包括土地承包经营权和土地经营权的转移。

以作价投资（入股）、偿还债务、划转、奖励等方式转移土地、房屋权属的，应当依照本法规定征收契税。

依据：

《中华人民共和国契税法》。

二、契税的计税依据是什么?

（一）土地使用权出让、出售，房屋买卖，为土地、房屋权属转移合同确定的成交价格，包括应交付的货币以及实物、其他经济利益对应的价款；

（二）土地使用权互换、房屋互换，为所互换的土地使用权、房屋价格的差额；

（三）土地使用权赠与、房屋赠与以及其他没有价格的转移土地、房屋权属行为，为税务机关参照土地使用权出售、房屋买卖的市场价格依法核定的价格。

纳税人申报的成交价格、互换价格差额明显偏低且无正当理由的，由税务机关依照《中华人民共和国税收征收管理法》的规定核定。

依据：

《中华人民共和国契税法》。

三、契税的税率是如何规定的?

契税税率为百分之三至百分之五。

契税的具体适用税率，由省、自治区、直辖市人民政府在前款规定的税率幅度内提出，报同级人民代表大会常务委员会决定，并报全国人民代表大会常务委员会和国务院备案。

根据《河北省人民代表大会常务委员会关于河北省契税适用税率等有关事项的决定》，本省契税适用税率为百分之四。其中，个人购买普通住房适用税率为百分之三。

四、特殊情形下的契税计税依据有何规定?

（一）以划拨方式取得的土地使用权，经批准改为出让方式重新取得该土地使用权的，应由该土地使用权人以补缴的土地出让价款为计税依据缴纳契税。

（二）先以划拨方式取得土地使用权，后经批准转让房地产，划拨土地性质改为出让的，承受方应分别以补缴的土地出让价款和房地产权属转移合同确定的成交价格为计税依据缴纳契税。

（三）先以划拨方式取得土地使用权，后经批准转让房地产，划拨土地性质未发生改变的，承受方应以房地产权属转移合同确定的成交价格为计税依据缴纳契税。

（四）土地使用权及所附建筑物、构筑物等（包括在建的房屋、其他建筑物、构筑物和其他附着物）转让的，计税依据为承受方应交付的总价款。

（五）土地使用权出让的，计税依据包括土地出让金、土地补偿费、安置补助费、地上附着物和青苗补偿费、征收补偿费、城市基础设施配套费、实物配建房屋等应交付的货币以及实物、其他经济利益对应的价款。

（六）房屋附属设施（包括停车位、机动车库、非机动车库、顶层阁楼、储藏室及其他房屋附属设施）与房屋为同一不动产单元的，计税依据为承受方应交付的总价款，并适用与房屋相同的税率；房屋附属设施与房屋为不同不动产单元的，计税依据为转移合同确定的成交价格，并按当地确定的适用税率计税。

（七）承受已装修房屋的，应将包括装修费用在内的费用计入承受方应交付的总价款。

（八）土地使用权互换、房屋互换，互换价格相等的，互换双方计税依据为零；互换价格不相等的，以其差额为计税依据，由支付差额的一方缴纳契税。

（九）契税的计税依据不包括增值税。

依据：

《财政部 国家税务总局关于贯彻实施契税法若干事项执行口径的公告》（财政部 国家税务总局公告〔2021年〕第23号）。

五、纳税义务发生时间是如何规定的？

契税的纳税义务发生时间，为纳税人签订土地、房屋权属转移合同的当日，或者纳税人取得其他具有土地、房屋权属转移合同性质凭证的当日。

具体情形：

（一）因人民法院、仲裁委员会的生效法律文书或者监察机关出具的监察文书等发生土地、房屋权属转移的，纳税义务发生时间为法律文书等生效当日。

（二）因改变土地、房屋用途等情形应当缴纳已经减征、免征契税的，纳税义务发生时间为改变有关土地、房屋用途等情形的当日。

（三）因改变土地性质、容积率等土地使用条件需补缴土地出让价款，应当缴纳契税的，纳税义务发生时间为改变土地使用条件当日。

发生上述情形，按规定不再需要办理土地、房屋权属登记的，纳税人应自纳税义务发生之日起90日内申报缴纳契税。

依据：

《中华人民共和国契税法》。

《财政部 国家税务总局关于贯彻实施契税法若干事项执行口径的公告》（财政部 国家税务总局公告〔2021年〕第23号）。

六、承受集体土地、房产，是否缴纳契税？

土地使用权转让不包括农村集体土地承包经营权的转移。

根据上述规定，除农村集体土地承包经营权的转移外，农村集体所有的土地权属转让和农村房屋权属转移，应按规定缴纳契税。

依据：

《中华人民共和国契税法》。

七、以出让方式或国家作价出资（入股）方式承受划拨用地是否缴纳契税?

以出让方式或国家作价出资（入股）方式承受原改制重组企业、事业单位划拨用地的，不属上述规定的免税范围，对承受方应按规定征收契税。

依据：

《财政部　国家税务总局关于继续执行企业　事业单位改制重组有关契税政策的公告》（财政部　国家税务总局公告〔2021 年〕第 17 号）。

八、售后回租业务中契税如何缴纳?

对金融租赁公司开展售后回租业务，承受承租人房屋、土地权属的，照章征税。对售后回租合同期满，承租人回购原房屋、土地权属的，免征契税。

依据：

《财政部　国家税务总局关于企业以售后回租方式进行融资等有关契税政策的通知》（财税〔2012〕82 号）。

九、契税纳税申报时，应提交哪些资料?

契税纳税人依法纳税申报时，应填报《财产和行为税税源明细表》中的《契税税源明细表》部分，并根据具体情形提交下列资料：

（一）纳税人身份证件（单位纳税人为营业执照，或者统一社会信用代码证书或者其他有效登记证书；个人纳税人中，自然人为居民身份证，或者居民户口簿或者入境的身份证件，个体工商户为营业执照）；

（二）土地、房屋权属转移合同或其他具有土地、房屋权属转移合同性质的凭证；

（三）交付经济利益方式转移土地、房屋权属的，提交土地、房屋权属转移相关价款支付凭证，其中，土地使用权出让为财政票据，土地使用权出售、互换和房屋买卖、互换为增值税发票；

（四）因人民法院、仲裁委员会的生效法律文书或者监察机关出具的监察文书等因素发生土地、房屋权属转移的，提交生效法律文书或监察文书等。

符合减免税条件的，应按规定附送有关资料或将资料留存备查。

依据：

《国家税务总局关于简并税费申报有关事项的公告》（国家税务总局公告〔2021 年〕第 9 号）。

十、契税的税收优惠有哪些?

提示:

1. 纳税人在符合减免税条件期间，备案材料一次性报备，在政策存续期可一直享受。

2. 纳税人享受减免税的情形发生变化时，应当及时向税务机关报告。

3. 纳税人享受备案类减免税的，对符合政策规定条件的材料有留存备查的义务。

(一) 纳税人承受荒山、荒沟、荒丘、荒滩土地使用权，用于农、林、牧、渔业生产的契税优惠

减免性质代码：15099901。

【事项描述】

纳税人承受荒山、荒沟、荒丘、荒滩土地使用权，用于农、林、牧、渔业生产，符合免征契税优惠条件的，按规定提交相关资料进行备案。

【办理时限】

(一) 纳税人办理时限

纳税人在首次享受减免税的申报阶段，或在税务机关要求的申报征期后的其他规定期限内办理。

(二) 税务机关办理时限

报送资料齐全、符合法定形式、填写内容完整，受理后即时办结。

【报送资料】

表 9-1　　需报送的资料

序号	资料名称	原件/复印件	份数	备注
1	“财产和行为税税源明细表”“财产和行为税减免税明细申报附表”	原件	2	
2	土地权属转移合同或土地权属变更、过户文书	原件及复印件	1	原件核对后退还
3	政府主管部门出具的土地用途证明、承受土地性质证明	原件及复印件	1	原件核对后退还
4	单位或个人身份证明（单位纳税人为营业执照，或者统一社会信用代码证书或者其他有效登记证书）	原件及复印件	1	原件核对后退还

依据:

《中华人民共和国契税法》。

（二）土地、房屋被政府征用后，重新承受土地、房屋权属的契税优惠

减免性质代码：15011716。

【事项描述】

因土地、房屋被县级以上人民政府征收、征用，重新承受土地、房屋权属，省、自治区、直辖市可以决定对此情形免征或者减征契税。

因土地、房屋被县级以上人民政府征收、征用，重新承受土地、房屋权属的，对于成交价格不超过补偿部分的免征契税，超出部分征收契税；对于房屋产权调换或土地使用权置换且不支付价格差额的免征契税，支付价格差额的，对价格差额部分征收契税。

【办理时限】

（一）纳税人办理时限

纳税人在首次享受减免税的申报阶段，或在税务机关要求的申报征期后的其他规定期限内办理。

（二）税务机关办理时限

报送资料齐全、符合法定形式、填写内容完整，受理后即时办结。

依据：

《中华人民共和国契税法》。

《河北省人民代表大会常务委员会关于河北省契税适用税率等有关事项的决定》（河北省第十三届人民代表大会常务委员会公告第九十号）。

【报送资料】

表9-2　　需报送的资料

序号	资料名称	原件/复印件	份数	备注
1	“财产和行为税税源明细表”“财产和行为税减免税明细申报附表”	原件	2	
2	土地、房屋被政府征用、占用的文书	原件及复印件	1	原件核对后退还
3	纳税人承受被征用或占用的土地、房屋权属证明	原件及复印件	1	原件核对后退还
4	单位或个人身份证明（单位纳税人为营业执照，或者统一社会信用代码证书或者其他有效登记证书）	原件及复印件	1	原件核对后退还

（三）因不可抗力灭失住房，重新承受住房权属

减免性质代码：15011717。

【事项描述】

因不可抗力灭失住房，重新承受住房权属的，免征契税。

依据：

《河北省人民代表大会常务委员会关于河北省契税适用税率等有关事项的决定》（河北省第十三届人民代表大会常务委员会公告第九十号）。

【报送资料】

表 9-3　　需报送的资料

序号	资料名称	原件/复印件	份数	备注
1	“财产和行为税税源明细表”“财产和行为税减免税明细申报附表”	原件	2	
2	房管部门出具的住房灭失相关材料原件及复印件	原件及复印件	1	
3	重新购置住房合同、协议，房屋权属变更、过户文书复印件	复印件	1	
4	单位或个人身份证明（单位纳税人为营业执照，或者统一社会信用代码证书或者其他有效登记证书）	原件及复印件	1	

（四）对棚户区改造经营管理单位回购已分配的改造安置住房继续作为改造安置房源的契税优惠

减免性质代码：15011712。

【事项描述】

经营管理单位回购已分配的改造安置住房继续作为改造安置房源，符合免征契税优惠条件的，按规定提交相关资料进行备案。

【办理时限】

（一）纳税人办理时限

纳税人在首次享受减免税的申报阶段，或在税务机关要求的申报征期后的其他规定期限内办理。

（二）税务机关办理时限

报送资料齐全、符合法定形式、填写内容完整，受理后即时办结。

【报送资料】

表 9-4　　需报送的资料

序号	资料名称	原件/复印件	份数	备注
1	“财产和行为税税源明细表”“财产和行为税减免税明细申报附表”	原件	2	
2	省级人民政府出具的改造安置住房相关证明材料	原件及复印件	1	原件核对后退还

续表

序号	资料名称	原件/复印件	份数	备注
3	回购合同（协议）	原件及复印件	1	原件核对后退还
4	单位或个人身份证明（单位纳税人为营业执照，或者统一社会信用代码证书或者其他有效登记证书）		1	原件核对后退还

依据：

《财政部　国家税务总局关于棚户区改造有关税收政策的通知》（财税〔2013〕101号）。

（五）企业、事业单位改制重组的契税优惠

【事项描述】

1. 企业改制（减免性质代码：15052515）

企业按照《中华人民共和国公司法》有关规定整体改制，包括非公司制企业改制为有限责任公司或股份有限公司，有限责任公司变更为股份有限公司，股份有限公司变更为有限责任公司，原企业投资主体存续并在改制（变更）后的公司中所持股权（股份）比例超过75%，且改制（变更）后公司承继原企业权利、义务的，对改制（变更）后公司承受原企业土地、房屋权属，免征契税。

2. 事业单位改制（减免性质代码：15052516）

事业单位按照国家有关规定改制为企业，原投资主体存续并在改制后企业中出资（股权、股份）比例超过50%的，对改制后企业承受原事业单位土地、房屋权属，免征契税。

3. 公司合并（减免性质代码：15052517）

两个或两个以上的公司，依照法律规定、合同约定，合并为一个公司，且原投资主体存续的，对合并后公司承受原合并各方土地、房屋权属，免征契税。

4. 公司分立（减免性质代码：15052518）

公司依照法律规定、合同约定分立为两个或两个以上与原公司投资主体相同的公司，对分立后公司承受原公司土地、房屋权属，免征契税。

5. 企业破产（减免性质代码：15052519）

企业依照有关法律法规规定实施破产，债权人（包括破产企业职工）承受破产企业抵偿债务的土地、房屋权属，免征契税；对非债权人承受破产企业土地、房屋权属，凡按照《中华人民共和国劳动法》等国家有关法律法规政策妥善安置原企业全部职工规定，与原企业全部职工签订服务年限不少于三年的劳动用工合同的，对其承受所购企业土地、房屋权属，免征契税；与原企业超过

30%的职工签订服务年限不少于三年的劳动用工合同的，减半征收契税。

6. 资产划转

对承受县级以上人民政府或国有资产管理部门按规定进行行政性调整、划转国有土地、房屋权属的单位，免征契税。（减免性质代码：15052520）

同一投资主体内部所属企业之间土地、房屋权属的划转，包括母公司与其全资子公司之间，同一公司所属全资子公司之间，同一自然人与其设立的个人独资企业、一人有限公司之间土地、房屋权属的划转，免征契税。（减免性质代码：15052521）

母公司以土地、房屋权属向其全资子公司增资，视同划转，免征契税。（减免性质代码：15052522）

7. 债权转股权（减免性质代码：15052523）

经国务院批准实施债权转股权的企业，对债权转股权后新设立的公司承受原企业的土地、房屋权属，免征契税。

依据：

《财政部 国家税务总局关于继续执行企业 事业单位改制重组有关契税政策的公告》（财政部 国家税务总局公告〔2021年〕第17号）。

上述企业、事业单位改制重组契税优惠事项，企业应提供的资料如下：

1. 企业、事业单位改制，公司合并、分立提供

表9-5 需报送的资料

序号	资料名称	原件/复印件	份数	备注
1	上级主管机关批准其改制、重组或董事会决议等相关材料原件及复印件	原件及复印件	1	原件核对后退还
2	改制前后的投资情况相关材料	原件及复印件	1	原件核对后退还

2. 破产企业提供

表9-6 需报送的资料

序号	资料名称	原件/复印件	份数	备注
1	上级主管机关批准其破产或董事会决议等相关材料	原件及复印件	1	原件核对后退还
2	法院破产公告等证明材料	原件及复印件	1	原件核对以后退还
3	债权人债务情况的证明材料（债权人提供）	原件及复印件	1	原件核对后退还
4	非债权人妥善安置原企业职工，签订服务年限不少非债权人妥善安置原企业职工，签订服务年限不少于三年的劳动用工合同相关材料（非债权人提供）	原件及复印件	1	原件核对后退还

3. 资产划转企业提供

表 9－7　　需报送的资料

序号	资料名称	原件/复印件	份数	备注
1	县级以上人民政府或国有资产管理部门按规定进行行政性调整、划转国有土地、房屋权属的证明材料，同一投资主体内部所属企业之间土地、房屋权属划转的相关材料，母公司以土地、房屋权属向其全资子公司增资（视同划转）的相关材料。	原件及复印件	1	原件核对后退还

4. 债权转股权

表 9－8　　需报送的资料

序号	资料名称	原件/复印件	份数	备注
1	国务院批准实施债权转股权相关文件	原件及复印件	1	原件核对后退还
2	改制前后的投资情况的相关材料	原件及复印件	1	原件核对后退还

第十章 印 花 税

《中华人民共和国印花税法》（主席令13届第89号）、《财政部 国家税务总局关于印花税若干事项政策执行口径的公告》（财政部 国家税务总局公告〔2022年〕第22号）、《财政部 国家税务总局关于印花税法实施后有关优惠政策衔接问题的公告》（财政部 国家税务总局公告〔2022年〕第23号）自2022年7月1日起施行。

一、印花税的纳税义务人如何确认？

在中华人民共和国境内书立应税凭证、进行证券交易的单位和个人，为印花税的纳税人。

在中华人民共和国境外书立在境内使用的应税凭证的单位和个人，应当依照本法规定缴纳印花税。

关于纳税人的具体情形：

1. 书立应税凭证的纳税人，为对应税凭证有直接权利义务关系的单位和个人。

2. 采用委托贷款方式书立的借款合同纳税人，为受托人和借款人，不包括委托人。

3. 按买卖合同或者产权转移书据税目缴纳印花税的拍卖成交确认书纳税人，为拍卖标的的产权人和买受人，不包括拍卖人。

同一应税凭证由两方以上当事人书立的，按照各自涉及的金额分别计算应纳税额。

依据：

《中华人民共和国印花税法》（主席令13届第89号）。

《财政部 国家税务总局关于印花税若干事项政策执行口径的公告》（财政部 国家税务总局公告〔2022年〕第22号）。

二、“应税凭证”“证券交易”具体是如何规定的?

应税凭证，是指本法所附《印花税税目税率表》列明的合同、产权转移书据和营业账簿。

证券交易，是指转让在依法设立的证券交易所、国务院批准的其他全国性证券交易场所交易的股票和以股票为基础的存托凭证。

证券交易印花税对证券交易的出让方征收，不对受让方征收。

三、印花税各税目、税率是如何规定的?

（一）下列情形的凭证，不属于印花税征收范围

1. 人民法院的生效法律文书，仲裁机构的仲裁文书，监察机关的监察文书。

2. 县级以上人民政府及其所属部门按照行政管理权限征收、收回或者补偿安置房地产书立的合同、协议或者行政类文书。

3. 总公司与分公司、分公司与分公司之间书立的作为执行计划使用的凭证。

同一应税凭证载有两个以上税目事项并分别列明金额的，按照各自适用的税目税率分别计算应纳税额；未分别列明金额的，从高适用税率。

表 10－1　印花税各税目、税率

税目		税率	备注
合同（指书面合同）	借款合同	借款金额的万分之零点五	指银行业金融机构、经国务院银行业监督管理机构批准设立的其他金融机构与借款人（不包括同业拆借）的借款合同
	融资租赁合同	租金的万分之零点五	
	买卖合同	价款的万分之三	指动产买卖合同（不包括个人书立的动产买卖合同）
	承揽合同	报酬的万分之三	
	建设工程合同	价款的万分之三	
	运输合同	运输费用的万分之三	指货运合同和多式联运合同（不包括管道运输合同）
	技术合同	价款、报酬或者使用费的万分之三	不包括专利权、专有技术使用权转让书据
	租赁合同	租金的千分之一	
	保管合同	保管费的千分之一	
	仓储合同	仓储费的千分之一	
	财产保险合同	保险费的千分之一	不包括再保险合同

续表

税目		税率	备注
产权转移书据	土地使用权出让书据	价款的万分之五	转让包括买卖（出售）、继承、赠与、互换、分割
	土地使用权、房屋等建筑物和构筑物所有权转让书据（不包括土地承包营权和土地经营权转移）	价款的万分之五	
	股权转让书据（不包括应缴纳证券交易印花税的）	价款的万分之五	
	商标专用权、著作权、专利权、专有技术使用权转让书据	价款的万分之三	
营业账簿		实收资本（股本）资本公积合计金额的万分之二点五	
证券交易		成交金额的千分之一	

（二）新旧印花税税目及税率的变化

表 10－2　　新旧印花税税目及税率的变化

印花税法（2022 年 7 月 1 日正式施行）		印花税暂行条例(1988 年国务院令 11 号)		备注
税目	税率	税目	税率	
借款合同	借款金额的万分之零点五	借款合同	借款金额万分之零点五	不变
融资租金合同	租金的万分之零点五			
买卖合同	价款的万分之三	购销合同	按购销金额万分之三	不变
承揽合同	报酬的万分之三	加工承揽合同	按加工或承揽收入万分之五	税率下降
建设工程合同	价款的万分之三	建设工程勘察设计合同	按收取费用万分之五	税率下降
		建筑安装工程承包合同	按承包金额万分之三	不变
运输合同	运输费用的万分之三	货物运输合同	按运输费用万分之五	税率下降
技术合同	价款、报酬或使用费的万分之三	技术合同	按所载金额万分之三	计税依据有 3 种选择，更加灵活

续表

印花税法（2022年7月1日正式施行）		印花税暂行条例(1988年国务院令11号)		备注
税目	税率	税目	税率	
租赁合同	租金的千分之一	财产租赁合同	按租赁金额千分之一，税额不足一元的按一元	不变
保管合同	保管费的千分之一	仓储保管合同	按仓储保管费用千分之一	不变
仓储合同	仓储费的千分之一			
财产保险合同	保险费的千分之一	财产保险合同	按投保金额万分之零点三贴	计税依据改变；税率上调；不含再保险合同
土地使用权出让书据	价款的万分之五	产权转移书据	按所载金额万分之五	不变
土地使用权、房屋等建筑物和构筑物所有权转让书据（不包括土地承包经营权和土地经营权转移）	价款的万分之五			不变
股权转让书据（不包括应缴纳证券交易印花税的）	价款的万分之五			不变
商标专用权、著作权、专利权、专有技术使用权转让书据	价款的万分之三			税率下降
营业账簿	营业账簿实收资本(股本)、资本公积合计金额的万分之二点五	营业账簿	记载资金的账簿，按实收资本和资本公积的合计金额万分之五贴花，其他账簿按件贴花5元	营业账簿税率减半，其他账簿不再征收
证券交易	成交金额的千分之一			
		权利、许可证照（包括政府部门发给的房屋产权证、工商营业执照、商标注册证、专利证、土地使用证）	每件贴花5元	删除税目

依据：

《中华人民共和国印花税法》（主席令 13 届第 89 号）。

《财政部 国家税务总局关于印花税若干事项政策执行口径的公告》（财政部 国家税务总局公告〔2022 年〕第 22 号）。

四、印花税的计税依据如何确定？

（一）应税合同的计税依据，为合同所列的金额，不包括列明的增值税税款；

（二）应税产权转移书据的计税依据，为产权转移书据所列的金额，不包括列明的增值税税款；

（三）应税营业账簿的计税依据，为账簿记载的实收资本（股本）、资本公积合计金额；

（四）证券交易的计税依据，为成交金额。

五、应税合同、产权转移书据及证券交易未列明金额的，应当如何确定计税依据？

应税合同、产权转移书据未列明金额的，印花税的计税依据按照实际结算的金额确定。计税依据按照前款规定仍不能确定的，按照书立合同、产权转移书据时的市场价格确定；依法应当执行政府定价或者政府指导价的，按照国家有关规定确定。

证券交易无转让价格的，按照办理过户登记手续时该证券前一个交易日收盘价计算确定计税依据；无收盘价的，按照证券面值计算确定计税依据。

依据：

《中华人民共和国印花税法》（主席令 13 届第 89 号）。

六、印花税的征收管理是如何规定的？印花税应计入“管理费用”还是“税金及附加”？

（一）纳税义务发生时间和纳税期限

表 10－3 纳税义务发生时间和纳税期限

应税项目	纳税义务发生时间	纳税期限
合同、产权转移书据、资金账簿印花税	书立应税凭证的当日	按季、按年或者按次计征；实行按季、按年计征的，自季度、年度终了之日起 15 日内申报纳税；实行按次计征的，自纳税义务发生之日起 15 日内申报纳税

续表

应税项目	纳税义务发生时间	纳税期限
证券交易印花税	完成证券交易的当日（扣缴义务发生时间）	按周解缴。扣缴义务人应当自每周终了之日起 5 日内申报解缴税款以及银行结算的利息

（二）纳税地点

纳税人为单位的，应当向其机构所在地的主管税务机关申报缴纳印花税；纳税人为个人的，应当向应税凭证书立地或者纳税人居住地的主管税务机关申报缴纳印花税。不动产产权发生转移的，纳税人应当向不动产所在地的主管税务机关申报缴纳印花税。

（三）缴纳方式

印花税可以采用粘贴印花税票或者由税务机关依法开具其他完税凭证的方式缴纳。

印花税票由国务院税务主管部门监制。

（四）计入“税金及附加”科目

根据《财会〔2016〕22 号》文，全面试行营业税改征增值税后，“营业税金及附加”科目名称调整为“税金及附加”科目，该科目核算企业经营活动发生的消费税、城市维护建设税、资源税、教育费附加及房产税、土地使用税、车船使用税、印花税等相关税费；利润表中的“营业税金及附加”项目调整为“税金及附加”项目。

依据：

《中华人民共和国印花税法》（主席令 13 届第 89 号）。

《财政部关于印发〈增值税会计处理规定〉的通知》（财会〔2016〕22 号）。

七、总公司与分公司、分公司与分公司之间的业务是否需要缴纳印花税？

企业集团内具有平等法律地位的主体之间自愿签订、明确双方购销关系、据以供货和结算、具有合同性质的凭证，应按规定征收印花税。对于企业集团内部执行计划使用的、不具有合同性质的凭证，不征收印花税。

因此，总公司与分公司、分公司与分公司之间签订的具有合同性质的凭证，应当按规定缴纳印花税，书立的作为执行计划使用的凭证不属于印花税征收范围，不缴纳印花税。

依据：

《国家税务总局关于企业集团内部使用的有关凭证征收印花税问题的通知》（国税函〔2009〕9号）。

《财政部 国家税务总局关于印花税若干事项政策执行口径的公告》（财政部 税务总局公告〔2022年〕第22号）。

八、技术合同的范围包含哪些？应当如何缴纳印花税？培训合同是否贴花？

技术合同包括技术转让合同、技术咨询合同、技术服务合同。

技术转让合同中，专利申请权转让、非专利技术转让所书立的合同，适用“技术合同”税目；专利权转让、专利实施许可所书立的合同、书据，适用“产权转移书据”税目。

技术咨询合同是当事人就有关项目的分析、论证、评价、预测和调查订立的技术合同，适用“技术合同”税目，至于一般的法律、法规、会计、审计等方面的咨询不属于技术咨询，其所立合同不贴印花。

技术服务合同的征税范围包括：技术服务合同、技术培训合同和技术中介合同。技术培训合同是当事人一方委托另一方对指定的专业技术人员进行特定项目的技术指导和专业训练所订立的技术合同。

对各种职业培训、文化学习、职工业余教育等订立的合同，不属于技术培训合同，不贴印花。

依据：

《国家税务局关于对技术合同征收印花税问题的通知》（国税地字〔1989〕34号）。

九、企业购进固定资产，如何缴纳印花税？

如购置动产，签订“买卖合同”应按万分之三缴纳印花税；如购置的不动产，应按“产权转移书据”即合同金额的万分之五缴纳印花税。

依据：

《中华人民共和国印花税法》（主席令13届第89号）。

十、企业签订股权转让合同如何贴花？

企业在收购和转让股权时，应按“产权转移书据”缴纳印花税（不包括应缴纳证券交易印花税的情形）。

股权转让的印花税计税依据，按照产权转移书据所列的金额（不包括列明的认缴后尚未实际出资权益部分）确定。

依据：

《中华人民共和国印花税法》（主席令13届第89号）。

《财政部　国家税务总局关于印花税若干事项政策执行口径的公告》（财政部　国家税务总局公告〔2022年〕第22号）。

十一、企业以电子形式签订的购销合同是否贴花?

新印花税法规定，个人与电子商务经营者订立的电子订单，免征印花税，不包含企业；依据财税〔2006〕162号文件，对纳税人以电子形式签订的各类应税凭证按规定征收印花税。

因此，企业以电子形式签订的购销合同应当缴纳印花税。

依据：

《财政部　国家税务总局关于印花税若干政策的通知》（财税〔2006〕162号）。

十二、企业签订的拆迁补偿合同是否缴纳印花税?

企业与被拆迁企业签订的拆迁补偿合同，不属于法规列举的应纳税凭证，不缴纳印花税。

十三、股权投资协议是否贴花?

股权投资协议是投资各方在投资前签订的协议，不属于“股权转让书据”，不涉及产权转移，无须贴花。

十四、货运代理合同是否贴花?

在货运业务中，凡直接办理承、托运运费结算凭证的双方，均为货运凭证印花税的纳税人，以运费结算凭证作为各类货运的应税凭证。代办承、托运业务的单位负有代理纳税的义务；代办方与委托方之间办理的运费清算单据，不缴纳印花税。

根据上述规定，货运代理合同不属于印花税应税凭证，无须贴花。

依据：

《国家税务局关于货运凭证征收印花税几个具体问题的通知》（国税发〔1990〕173号）。

十五、电网与用户之间签订的供电合同如何贴花?

根据财税〔2006〕162 号规定，电网与用户之间签订的供用电合同不属于印花税列举征税的凭证，不征收印花税。

依据:

《财政部　国家税务总局关于印花税若干政策的通知》(财税〔2006〕162 号)。

十六、非合同当事人是否贴花?

书立应税凭证的纳税人，为对应税凭证有直接权利义务关系的单位和个人，不包括保人、证人、鉴定人。三方合同中的担保人、鉴定人等非合同当事人不需要缴纳印花税。

依据:

《财政部　国家税务总局关于印花税若干事项政策执行口径的公告》(财政部　国家税务总局公告〔2022 年〕第 22 号)。

十七、商业汇票贴现是否贴花?

企业向银行办理商业承兑汇票等商业票据贴现，从银行取得资金，但贴现业务并非是向银行借款，在贴现过程中不涉及印花税。

十八、借款合同中涉及的特殊问题?

(一) 凡是一项信贷业务既签订借款合同，又一次或分次填开借据的，只以借款合同所载金额为计税依据计税贴花；凡是只填开借据并作为合同使用的，应以借据所载金额为计税依据计税贴花。

(二) 借贷双方签订的流动资金周转性借款合同，一般按年(期)签订，规定最高限额，借款人在规定的期限和最高限额内随借随还，为避免加重借贷双方的负担，对这类合同只以其规定的最高限额为计税依据，在签订时贴花一次，在限额内随借随还不签订新合同的，不再贴花。

(三) 对借款方以财产作抵押，从贷款方取得一定数量抵押贷款的合同，应按借款合同贴花；在借款方因无力偿还借款而将抵押财产转移给贷款方时，应再就双方书立的产权书据，按产权转移书据的有关规定计税贴花。

(四) 无息或者贴息借款合同、国际金融组织向中国提供优惠贷款书立的借

款合同，免征印花税。(减免性质代码：09081515)

依据：

《国家税务局关于对借款合同贴花问题的具体规定》(国税地字〔1988〕30号)。

《中华人民共和国印花税法》(主席令13届第89号)。

十九、集团公司委托贷款合同印花税如何确定?

采用委托贷款方式书立的借款合同纳税人，为受托人和借款人，不包括委托人。根据上述规定，问题所述三方签订的贷款协议，应当对金融单位与借款方签订的借款合同分别就贷款金额计税贴花，委托单位由于不是借款合同的当事方，可以不贴印花。

依据：

《财政部　国家税务总局关于印花税若干事项政策执行口径的公告》(财政部　国家税务总局公告〔2022年〕第22号)。

二十、其他免贴印花税的凭证还有哪些?

单位和员工签订的劳务用工合同；供应商承诺书；保密协议；物业管理服务合同；保安服务合同；日常清洁绿化服务合同；杀虫服务合同；质量认证服务合同；翻译服务合同；出版合同；非金融机构之间签订的借款合同；工程监理合同；土地租赁合同；企业与主管部门等签订的租赁承包经营合同不属于印花税应税凭证，无须贴花。

二十一、融资租赁合同中印花税如何确定?

(一) 对开展融资租赁业务签订的融资租赁合同（含融资性售后回租)，统一按照其所载明的租金总额依照“借款合同”税目，按万分之零点五的税率计税贴花。(新印花税法中新增“融资租赁合同”税目，按租金的万分之零点五计算缴纳印花税)

(二) 在融资性售后回租业务中，对承租人、出租人因出售租赁资产及购回租赁资产所签订的合同，不征收印花税。

依据：

《财政部　国家税务总局关于融资租赁合同有关印花税政策的通知》(财税〔2015〕144号)。

《中华人民共和国印花税法》(主席令13届第89号)。

二十二、优先股转让印花税如何确定？

在上海证券交易所、深圳证券交易所、全国中小企业股份转让系统买卖、继承、赠与优先股所书立的股权转让书据，均依书立时实际成交金额，由出让方按1‰（证券交易）的税率计算缴纳证券（股票）交易印花税。

依据：

《财政部　国家税务总局关于转让优先股有关证券（股票）交易印花税政策的通知》（财税〔2014〕46号）。

二十三、盈余公积转增注册资本是否需缴印花税？

已缴纳印花税的营业账簿，以后年度记载的实收资本（股本）、资本公积合计金额比已缴纳印花税的实收资本（股本）、资本公积合计金额增加的，按照增加部分计算应纳税额。

盈余公积转增为注册资本时，应及时就其新增注册资本部分缴纳印花税。

依据：

《中华人民共和国印花税法》（主席令13届第89号）。

二十四、实际结算金额超过合同金额是否需补缴印花税？

应税合同、应税产权转移书据所列的金额与实际结算金额不一致，不变更应税凭证所列金额的，以所列金额为计税依据；变更应税凭证所列金额的，以变更后的所列金额为计税依据。

已缴纳印花税的应税凭证，变更后所列金额增加的，纳税人应当就增加部分的金额补缴印花税；变更后所列金额减少的，纳税人可以就减少部分的金额向税务机关申请退还或者抵缴印花税。

印花税的征税对象是合同，征税依据是合同所载金额，而不是根据实际业务的交易金额。因此，对已履行并贴花的合同，发现实际结算金额与合同所载金额不一致的，一般不再补贴印花。

依据：

《国家税务局关于印花税若干具体问题的规定》（国税地字〔1988〕25号）。

《财政部　国家税务总局关于印花税若干事项政策执行口径的公告》（财政部　国家税务总局公告〔2022年〕第22号）。

二十五、印花税的税收优惠有哪些？

印花税法实施后，纳税人享受印花税优惠政策，继续实行“自行判别、申报享受、有关资料留存备查”的办理方式。纳税人对留存备查资料的真实性、完整性和合法性承担法律责任。

依据：

《国家税务总局关于实施〈中华人民共和国印花税法〉等有关事项的公告》（国家税务总局公告〔2022 年〕第 14 号）。

（一）对改造安置住房经营管理单位、开发商与改造安置住房相关以及购买安置住房的个人涉及的印花税优惠

【事项描述】

改造安置住房经营管理单位、开发商与改造安置住房相关的印花税以及购买安置住房的个人涉及的印花税予以免征。在商品住房等开发项目中配套建造安置住房的，依据政府部门出具的相关材料、房屋征收（拆迁）补偿协议或棚户区改造合同（协议），按改造安置住房建筑面积占总建筑面积的比例免征印花税。

纳税人符合上述免征印花税优惠条件的，按规定准备相关资料留存备查。

【留存备查资料】

表 10－4　需留存备查的资料

序号	资料名称	原件/复印件	份数	备注
1	“财产和行为税税源明细表”“财产和行为税减免税明细申报附表”	原件	2	
2	改造安置住房相关证明材料	原件及复印件	1	
3	房屋征收（拆迁）补偿协议或棚户区改造合同（协议）	原件及复印件	1	
4	购买安置住房的个人身份证明	原件及复印件	1	

依据：

《财政部　国家税务总局关于棚户区改造有关税收政策的通知》（财税〔2013〕101 号）。

（二）企业改制重组过程中印花税优惠

【事项描述】

企业改制重组过程中，因改制签订的产权转移书据免予贴花，纳税人按规定准备相关资料留存备查。

企业改制、重组过程中印花税予以免征（减免税性质代码：09059902）

【留存备查资料】

表 10－5　　需留存备查的资料

序号	资料名称	原件/复印件	份数	备注
1	“财产和行为税税源明细表”“财产和行为税减免税明细申报附表”	原件	2	
2	县级以上人民政府及企业主管部门改制重组批复文件	原件及复印件	1	

依据：

《财政部　国家税务总局关于企业改制过程中有关印花税政策的通知》（财税〔2003〕183 号）。

（三）财产赠给学校所书立的书据减免印花税

财产所有权人将财产赠与政府、学校、社会福利机构、慈善组织书立的产权转移书据（减免性质代码：09120601）。

依据：

《中华人民共和国印花税法》（主席令 13 届第 89 号）。

第十一章　资　源　税

《中华人民共和国资源税法》、《国家税务总局关于资源税征收管理若干问题的公告》（国家税务总局公告〔2020 年〕第 14 号）、《财政部　国家税务总局关于资源税有关问题执行口径的公告》（财政部　国家税务总局公告〔2020 年〕第 34 号）自 2020 年 9 月 1 日起施行。

一、资源税的纳税义务人是如何规定的?

在中华人民共和国领域和中华人民共和国管辖的其他海域开发应税资源的单位和个人，为资源税的纳税人，应当依照本法规定缴纳资源税。

纳税人开采或者生产应税产品自用的，应当依照本法规定缴纳资源税；但是，自用于连续生产应税产品的，不缴纳资源税。

纳税人自用应税产品应当缴纳资源税的情形，包括纳税人以应税产品用于非货币性资产交换、捐赠、偿债、赞助、集资、投资、广告、样品、职工福利、利润分配或者连续生产非应税产品等。

依据：

《中华人民共和国资源税法》。

二、资源税计税依据如何确定?

资源税按照“税目税率表”实行从价计征或者从量计征。实行从价计征的，应纳税额按照应税资源产品（以下称“应税产品”）的销售额乘以具体适用税率计算。实行从量计征的，应纳税额按照应税产品的销售数量乘以具体适用税率计算。

（一）资源税应税产品的销售额，按照纳税人销售应税产品向购买方收取的全部价款确定，不包括增值税税款。

计入销售额中的相关运杂费用，凡取得增值税发票或者其他合法有效凭据的，准予从销售额中扣除。相关运杂费用是指应税产品从坑口或者洗选（加工）地到车站、码头或者购买方指定地点的运输费用、建设基金以及随运销产生的装卸、仓储、港杂费用。

（二）应税产品的销售数量，包括纳税人开采或者生产应税产品的实际销售数量和自用于应当缴纳资源税情形的应税产品数量。

依据：

《中华人民共和国资源税法》。

《财政部 国家税务总局关于资源税有关问题执行口径的公告》（财政部 国家税务总局公告〔2020年〕第34号）。

三、资源税的征收管理是如何规定的？

表11－1　资源税征收管理的具体规定

项目	具体规定
纳税义务发生时间	（1）纳税人销售应税产品，纳税义务发生时间为收讫销售款或者取得索取销售款凭据的当日； （2）纳税人自产自用应税产品的，纳税义务发生时间为移送应税产品的当天。
纳税期限	（1）资源税按月或者按季申报缴纳； （2）不能按固定期限计算缴纳的，可以按次申报缴纳。
缴款期限	（1）按月或者按季申报缴纳的，应当自月度或季度终了之日起15日内申报纳税； （2）按次申报缴纳的，应当自纳税义务发生之日起15日内申报纳税。
纳税地点	（1）应税产品的开采地或者海盐的生产地； （2）海上开采的原油和天然气资源税由海洋石油税务管理机构征管。

依据：

《中华人民共和国资源税法》。

四、河北省资源税税率是如何规定的？

河北省地热、其他黏土、砂石、矿泉水、天热卤水、石灰岩实行从量计征；其他税目实行从价计征。部分能源矿产相关税率具体如下：

表 11－2　　河北省资源税税率

税目		征税对象	税率
能源矿产	煤	原矿	2020 年 9 月 1 日至 2021 年 8 月 31 日，税率 4.5%
			2021 年 9 月 1 日起，税率 6%
		选矿	2020 年 9 月 1 日至 2021 年 8 月 31 日，税率 3%
			2021 年 9 月 1 日起，税率 4%
	煤成（层）气	原矿	1%
	油页岩	原矿	4%
		选矿	3%
	地热	原矿	一般行业，2 元/立方米
			特种行业，30 元/立方米

依据：

《河北省财政厅　河北省税务局关于资源税有关政策的通知》（冀财税〔2020〕39 号）。

五、纳税人申报的应税产品销售额明显偏低且无正当理由的，税务机关将如何确定销售额？

纳税人申报的应税产品销售额明显偏低且无正当理由的，或者有自用应税产品行为而无销售额的，主管税务机关可以按下列方法和顺序确定其应税产品销售额：

（一）按纳税人最近时期同类产品的平均销售价格确定。

（二）按其他纳税人最近时期同类产品的平均销售价格确定。

（三）按后续加工非应税产品销售价格，减去后续加工环节的成本利润后确定。

（四）按应税产品组成计税价格确定。

$$组成计税价格 = 成本 \times (1 + 成本利润率) \div (1 - 资源税税率)$$

（河北省确定资源税组成计税价格成本利润率为 10%）

（五）按其他合理方法确定。

依据：

《财政部　国家税务总局关于资源税有关问题执行口径的公告》（财政部　国家税务总局公告〔2020 年〕第 34 号）。

《国家税务总局河北省税务局关于确定资源税组成计税价格成本利润率的公告》(国家税务总局河北省税务局公告〔2020 年〕第 8 号)。

六、纳税人自采原矿用于销售、自用、洗选加工为选矿产品等情形，应当分别按何种类别缴纳资源税?

(一) 纳税人以自采原矿（经过采矿过程采出后未进行选矿或者加工的矿石）直接销售，或者自用于应当缴纳资源税情形的，按照原矿计征资源税。

(二) 纳税人以自采原矿洗选加工为选矿产品（通过破碎、切割、洗选、筛分、磨矿、分级、提纯、脱水、干燥等过程形成的产品，包括富集的精矿和研磨成粉、粒级成型、切割成型的原矿加工品）销售，或者将选矿产品自用于应当缴纳资源税情形的，按照选矿产品计征资源税，在原矿移送环节不缴纳资源税。

依据：

《财政部 国家税务总局关于资源税有关问题执行口径的公告》(财政部 国家税务总局公告〔2020 年〕第 34 号)。

七、外购应税产品与自采应税产品混合销售或者混合加工为应税产品销售的，在计算应税产品销售额或者销售数量时，是否准予扣减?

纳税人外购应税产品与自采应税产品混合销售或者混合加工为应税产品销售的，在计算应税产品销售额或者销售数量时，准予扣减外购应税产品的购进金额或者购进数量；当期不足扣减的，可结转下期扣减。纳税人应当准确核算外购应税产品的购进金额或者购进数量，未准确核算的，一并计算缴纳资源税。

纳税人核算并扣减当期外购应税产品购进金额、购进数量，应当依据外购应税产品的增值税发票、海关进口增值税专用缴款书或者其他合法有效凭据。

具体如下：

1. 纳税人以外购原矿与自采原矿混合为原矿销售，或者以外购选矿产品与自产选矿产品混合为选矿产品销售的，在计算应税产品销售额或者销售数量时，直接扣减外购原矿或者外购选矿产品的购进金额或者购进数量。

2. 纳税人以外购原矿与自采原矿混合洗选加工为选矿产品销售的，在计算应税产品销售额或者销售数量时，按照下列方法进行扣减：

$$\begin{matrix}\text{准予扣减的外购应税}\\\text{产品购进金额(数量)}\end{matrix}=\begin{matrix}\text{外购原矿购进}\\\text{金额(数量)}\end{matrix}\times\frac{\text{本地区原矿适用税率}}{\text{本地区选矿产品适用税率}}$$

【例】 某煤炭企业将外购 100 万元原煤与自采 200 万元原煤混合洗选加工为

选煤销售，选煤销售额为 450 万元。当地原煤税率为 6%，选煤税率为 4%。要求：计算该煤炭企业应缴纳的资源税。

计算应税资源产品销售额时，准予扣减的外购应税产品购进金额 = 外购原煤购进金额 ×（本地区原煤适用税率 ÷ 本地区选煤适用税率）= 100 ×（6% ÷ 4%）= 150（万元）。

该企业应缴纳资源税 =（450 − 150）× 4% = 12（万元）

不能按照上述方法计算扣减的，按照主管税务机关确定的其他合理方法进行扣减。

依据：

《财政部　国家税务总局关于资源税有关问题执行口径的公告》（财政部　国家税务总局公告〔2020 年〕第 34 号）。

《国家税务总局关于资源税征收管理若干问题的公告》（国家税务总局公告〔2020 年〕第 14 号）。

八、同一企业开采不同税目的产品如何纳税？

纳税人开采或者生产不同税目应税产品的，应当分别核算不同税目应税产品的销售额或者销售数量；未分别核算或者不能准确提供不同税目应税产品的销售额或者销售数量的，从高适用税率。

依据：

《中华人民共和国资源税法》。

九、对共生矿、伴生矿资源税如何征收？

（一）纳税人开采销售共生矿，共生矿与主矿产品销售额分开核算的，对共生矿减征 10% 资源税；未分开核算的，按共生矿和主矿适用税目从高适用税率计征资源税。

（二）纳税人开采销售伴生矿，伴生矿与主矿产品销售额分开核算的，对伴生矿减征 30% 资源税；未分开核算的，伴生矿按主矿税目和适用税率计征资源税。

依据：

《河北省财政厅　河北省税务局关于资源税有关政策的通知》（冀财税〔2020〕39 号）。

《中华人民共和国资源税法》。

十、煤炭企业地面抽采的煤层气是否缴纳资源税?

煤炭开采企业因安全生产需要抽采的煤成（层）气，免征资源税（减免性质代码：06064012）。

依据：

《中华人民共和国资源税法》。

十一、资源税有哪些税收优惠及如何享受?

（一）减免税核算要求

1. 纳税人的免税、减税项目，应当单独核算销售额或者销售数量；未单独核算或者不能准确提供销售额或者销售数量的，不予免税或者减税。

2. 纳税人开采或者生产同一应税产品，其中既有享受减免税政策的，又有不享受减免税政策的，按照免税、减税项目的产量占比等方法分别核算确定免税、减税项目的销售额或者销售数量。

3. 纳税人开采或者生产同一应税产品同时符合两项或者两项以上减征资源税优惠政策的，除另有规定外，只能选择其中一项执行。

4. 纳税人享受资源税优惠政策，实行“自行判别、申报享受、有关资料留存备查”的办理方式，另有规定的除外。纳税人对资源税优惠事项留存材料的真实性和合法性承担法律责任。

依据：

《中华人民共和国资源税法》。

《国家税务总局关于资源税征收管理若干问题的公告》（国家税务总局公告〔2020 年〕第 14 号）。

《财政部 国家税务总局关于资源税有关问题执行口径的公告》（财政部 国家税务总局公告〔2020 年〕第 34 号）。

（二）从衰竭期矿山开采的矿产品，减征百分之三十资源税

减免性质代码：06064017。

衰竭期矿山，是指设计开采年限超过十五年，且剩余可开采储量下降到原设计可开采储量的百分之二十以下或者剩余开采年限不超过五年的矿山。衰竭期矿山以开采企业下属的单个矿山为单位确定。

【留存备查资料】

表 11－3　　需留存备查的资料

序号	资料名称	原件/复印件	份数	备注
1	“财产和行为税税源明细表”“财产和行为税减免税明细申报附表”	原件	2	
2	煤炭行业管理部门出具的符合减税条件的煤矿名单及有关资料	原件	1	
3	矿区概况、开采年限、剩余可采储量、剩余可采储量占原设计可采储量的比例、剩余服务年限以及进入衰竭期的起始时间等资料	原件	1	
4	采矿许可证复印件	复印件	1	
5	经国土资源主管部门备案的《矿产资源储量核实报告》评审意见书及相关备案证明	原件	1	
6	主管税务机关要求的其他资料			

依据：

《中华人民共和国资源税法》。

《国家税务总局　国土资源部关于落实资源税改革优惠政策若干事项的公告》（国家税务总局公告〔2017 年〕第 2 号）（因报送资料改为留存备查，本文件废止，可按本文件准备留存备查资料）。

（三）对充填开采置换出来的煤炭，资源税减征 50%

减免性质代码：06064016。

【事项描述】

充填开采是指随着回采工作面的推进，向采空区或离层带等空间充填废石、尾矿、废渣、建筑废料以及专用充填合格材料等采出矿产品的开采方法。

【留存备查资料】

表 11－4　　需留存备查的资料

序号	资料名称	原件/复印件	份数	备注
1	“财产和行为税税源明细表”“财产和行为税减免税明细申报附表”	原件	2	
2	煤炭行业管理部门出具的符合减税条件的煤矿名单及有关资料	原件	1	

续表

序号	资料名称	原件/复印件	份数	备注
3	矿区概况、开采方式、开采矿产的批件、压覆的矿产储量及其占全部储量的比例等资料	原件	1	
4	采矿许可证复印件	复印件	1	
5	矿产资源开发利用方案相关内容复印件	复印件	1	
6	井上井下工程对照图	原件	1	
7	主管税务机关要求的其他资料			

依据：

《财政部 国家税务总局关于继续执行的资源税优惠政策的公告》（财政部 国家税务总局公告〔2020 年〕第 32 号）。

《国家税务总局 国土资源部关于落实资源税改革优惠政策若干事项的公告》（国家税务总局公告〔2017 年〕第 2 号）（因报送资料改为留存备查，本文件废止，可按本文件准备留存备查资料）。

（四）纳税人因意外事故或者自然灾害等原因遭受重大损失的

【事项描述】

纳税人开采或者生产应税产品过程中，因意外事故或者自然灾害等原因遭受重大损失，可以按照实际损失额的 20% 减征资源税，但减免额最高不超过其遭受重大损失当年资源税应纳税额。单户企业损失额在 100 万元（含）以下的，由省政府授权省税务局核准后执行减免政策；损失额在 100 万元至 300 万元（含）之间的，由省政府授权省税务局会同省财政厅联合核准后执行减免政策；损失额在 300 万元以上的，由省税务局会同省财政厅联合报省政府批准后执行。

纳税人因意外事故或者自然灾害等原因遭受重大损失享受资源税减免政策，属于核准类优惠事项。应向税务机关报送：

（1）纳税人减免税申请核准表；

（2）减免税申请报告；

（3）开采或生产应税产品过程中，因意外事故或自然灾害等原因遭受重大损失的相关材料。

依据：

《河北省财政厅 河北省税务局关于资源税有关政策的通知》（冀财税〔2020〕39 号）。

《全国税务机关纳税服务规范》（3.0 版）。

十二、水资源税的纳税义务人是如何规定的?

利用取水工程或者设施直接从江河、湖泊（含水库）和地下取用地表水、地下水的单位和个人，为水资源税纳税人。水资源税的征税对象为地表水和地下水。

地表水是陆地表面上动态水和静态水的总称，包括江、河、湖泊（含水库）、雪山融水等水资源。

地下水是埋藏在地表以下各种形式的水资源。

依据：

《财政部　国家税务总局　水利部关于印发〈水资源税改革试点暂行办法〉的通知》（财税〔2016〕55号）。

十三、水资源税如何计算确定应纳税额?

水资源税实行从量计征。应纳税额计算公式：

应纳税额 = 取水口所在地税额标准 × 实际取用水量

城镇公共供水企业实际取用水量 = 实际取水量 ×（1 − 合理损耗率）

各市（含定州、辛集市）合理损耗率为17%，县级城市及以下合理损耗率为15%。

水力发电（含抽水蓄能发电）取用水和火力发电贯流式冷却取用水水资源税应按照实际发电量计征。

应纳税额计算公式：

应纳税额 = 适用税额标准 × 实际发电量

依据：

《河北省人民政府关于印发河北省水资源税改革试点实施办法的通知》（冀政发〔2016〕34号）。

十四、水资源税征收管理是如何规定的?

表11－5　水资源税征收管理规定

项目	具体规定
纳税义务发生时间	取用水资源的当日
纳税期限和缴款期限	除农业生产取用水外，按季或者按月征收；不能按固定期限计算缴纳的，可以按次申报纳税；自纳税期满或纳税义务发生之日起15日内申报纳税

续表

项目	具体规定
纳税地点	水资源税由生产经营所在地的主管税务机关征收管理，跨省（区、市）调度的水资源，由调入区域所在地的税务机关征收水资源税

依据：

《财政部　国家税务总局　水利部关于印发〈水资源税改革试点暂行办法〉的通知》（财税〔2016〕55号）。

《河北省人民政府关于印发河北省水资源税改革试点实施办法的通知》（冀政发〔2016〕34号）。

十五、厂区的生活用水、办公用水是否需要缴纳资源税？

水资源税的征税对象为地表水和地下水。利用取水工程或者设施直接从江河、湖泊（含水库）和地下取用地表水、地下水的单位和个人，为水资源税纳税人。

所称取水工程或设施，是指闸、坝、渠道、人工河道、虹吸管、水泵、水井以及水电站等。

厂区的生活用水、办公用水，如属于利用取水工程或者设施直接取用地表水、地下水，属于水资源税的征税范围，应缴纳水资源税。如属于城镇公共供水企业统一供水，不缴纳水资源税，应当缴纳水费。

依据：

《河北省人民政府关于印发河北省水资源税改革试点实施办法的通知》（冀政发〔2016〕34号）。

《财政部　国家税务总局　水利部关于印发〈水资源税改革试点暂行办法〉的通知》（财税〔2016〕55号）。

十六、临时应急取水需要交纳水资源税吗？

为保障矿井等地下工程施工安全和生产安全必须进行临时应急取（排）用水的不征收水资源税。

注：应急指的是漏水等危急情况下进行的排水。

依据：

《河北省人民政府关于印发河北省水资源税改革试点实施办法的通知》（冀政发〔2016〕34号）。

十七、疏干排水如何缴纳资源税？

疏干排水是指在采矿和工程建设过程中，为保障地下工程施工和生产安全，将地下涌水排出的行为。

对疏干排水按排水量计算缴纳水资源税。

依据：

《财政部　国家税务总局　水利部关于河北省水资源税改革试点有关政策的意见》（财税〔2016〕130号）。

第十二章　车　船　税

《中华人民共和国车船税法》、《中华人民共和国车船税法实施条例》（中华人民共和国国务院令第611号）自2012年1月1日起施行（根据2019年3月2日《国务院关于修改部分行政法规的决定》修订）。

一、车船税纳税义务人是如何规定的?

在中华人民共和国境内属于《车船税税目税额表》规定的车辆、船舶的所有人或者管理人，为车船税的纳税人，应当依法缴纳车船税。

上述所称车辆、船舶，是指：依法应当在车船登记管理部门登记的机动车辆和船舶；依法不需要在车船登记管理部门登记的在单位内部场所行驶或者作业的机动车辆和船舶。

依据：

《中华人民共和国车船税法》（2019年修正）。

《中华人民共和国车船税法实施条例》（2019年修订）。

二、车船税的征收管理是如何规定的?

表12－1　车船税的征收管理规定

项目	具体规定
纳税义务发生时间	取得车船所有权或者管理权的当月（以购买车船的发票或者其他证明文件所载日期的当月为准）。
纳税地点	（1）纳税人自行申报缴纳车船税的，纳税地点为车船登记地的主管税务机关所在地； （2）扣缴义务人代收代缴车船税的，纳税地点为扣缴义务人所在地； （3）依法不需要办理登记的车船，纳税地点为车船所有人或者管理人主管税务机关所在地。
纳税申报	按年申报，每年一次性缴纳（纳税年度为公历年度）。

续表

项目	具体规定
代收代缴规定	(1) 从事机动车第三者责任强制保险业务的保险机构为机动车车船税的扣缴义务人，应当在收取保险费时依法代收车船税，并在机动车交通事故责任强制保险的保险单以及保费发票上注明已收税款的信息，作为代收税款凭证。 (2) 已完税或者依法减免税的车辆，纳税人应当向扣缴义务人提供完税凭证或者减免税证明。纳税人没有按照规定期限缴纳车船税的，扣缴义务人在代收代缴税款时，可以一并代收代缴欠缴税的滞纳金。

三、专用作业车是否缴纳车船税？具体是怎样规定的？

车船税法所附《车船税税目税额表》中包含专用作业车，应当缴纳车船税。专用作业车，是指在其设计和技术特性上用于特殊工作的车辆。具体如下：

对于在设计和技术特性上用于特殊工作，并装置有专用设备或器具的汽车，应认定为专用作业车，如汽车起重机、消防车、混凝土泵车、清障车、高空作业车、洒水车、扫路车等。以载运人员或货物为主要目的的专用汽车，如救护车，不属于专用作业车。

依据：

《中华人民共和国车船税法实施条例》(2019 年修订)。

《国家税务总局关于车船税征管若干问题的公告》（国家税务总局公告〔2013 年〕第 42 号）。

四、厂区内部用车是否需要缴纳车船税？

《车船税法实施条例》规定：依法不需要在车船登记管理部门登记的在单位内部场所行驶或者作业的机动车辆和船舶也需要缴纳车船税。

由此可以看出，《车船税法》不再按车船是否登记来确定纳税人是否具有纳税义务。单位内部场所行驶或者作业的机动车辆，无论是否按规定在相关管理部门进行登记，只要被列入《车船税法》所附《车船税税目税额表》中，都应按规定缴纳车船税。

依据：

《中华人民共和国车船税法》(2019 年修正)。

《中华人民共和国车船税法实施条例》(2019 年修订)。

五、车船税的税收优惠有哪些?

税务总局决定，对城镇土地使用税、房产税、耕地占用税、车船税、印花税、城市维护建设税、教育费附加（以下简称“六税一费”）享受优惠有关资料实行留存备查管理方式。纳税人享受“六税一费”优惠实行“自行判别、申报享受、有关资料留存备查”办理方式，申报时无须再向税务机关提供有关资料。纳税人根据具体政策规定自行判断是否符合优惠条件，符合条件的，纳税人申报享受税收优惠，并将有关资料留存备查。

对节约能源、使用新能源的车船可以减征或者免征车船税，纳税人按规定准备相关资料留存备查。

【留存备查资料】

表 12－2　　需留存备查的资料

序号	资料名称	原件/复印件	份数	备注
1	“财产和行为税税源明细表”“财产和行为税减免税明细申报附表”	原件	2	
2	购车单位或人员身份证明	原件及复印件	1	
3	车船产权证（行驶证）	原件及复印件	1	

依据：

《中华人民共和国车船税法》。

《中华人民共和国车船税法实施条例》。

《财政部　国家税务总局　工业和信息化部关于节约能源　使用新能源车辆减免车船税的车型目录（第一批）的公告》（财政部　国家税务总局　工业和信息化部公告〔2012 年〕第 7 号）。

《财政部　国家税务总局　工业和信息化部关于节约能源　使用新能源车辆减免车船税的车型目录（第二批）的公告》（财政部　国家税务总局　工业和信息化部公告〔2012 年〕第 25 号）。

《财政部　国家税务总局　工业和信息化部关于节约能源使用新能源车船车船税政策的通知》（财税〔2012〕19 号）。

《财政部　国家税务总局　工业和信息化部关于享受车船税减免优惠的节约能源使用新能源汽车车型目录（第三批）的公告》（财政部　国家税务总局　工业和信息化部公告〔2015 年〕第 66 号）。

中华人民共和国工业和信息化部　国家税务总局关于发布《享受车船税减免优惠的节约能源　使用新能源汽车车型目录（第四批）、（第五批）、（第八批）、（第九批）、（第十批）、（第十四批）、（第十五批）、（第十六批）》的公告　工业和信息化部公告〔2018 年〕第 46 号、〔2018 年〕第 62 号、〔2019 年〕第 18 号、〔2019 年〕第 25 号、〔2019 年〕第 31 号、〔2020 年〕第 10 号、〔2020 年〕第 18 号、〔2020 年〕第 24 号。

注：纳税人享受减免税的情形发生变化时，应当更正税源明细表。

第十三章　环境保护税

《中华人民共和国环境保护税法》（中华人民共和国主席令第 61 号）、《中华人民共和国环境保护税法实施条例》（国务院令第 693 号）自 2018 年 1 月 1 日起施行。

一、纳税义务人是如何规定的?

《环境保护税法》第二条：在中华人民共和国领域和中华人民共和国管辖的其他海域，直接向环境排放应税污染物的企业事业单位和其他生产经营者为环境保护税的纳税人，应当依照本法规定缴纳环境保护税。

关键词 1：领域、海域。

中华人民共和国领域是指我国行使国家主权的空间，包括领陆、领水、领空。中华人民共和国管辖的其他海域是指我国法律规定的领海毗连区和领海以外 200 海里的专属海洋经济区。

关键词 2：直接排放。

《环境保护税法》以直接向环境排放应税污染物作为应税行为。《环境保护税法》第四条列举了不属于直接排放的两种情形：一是企业事业单位和其他生产经营者向依法设立的污水集中处理、生活垃圾集中处理场所排放应税污染物的；二是企业事业单位和其他生产经营者在符合国家和地方环境保护标准的设施、场所贮存或者处置固体废物的。这两种情况不缴纳相应污染物的环境保护税。除此之外，其他排放应税污染物的行为应纳入征税范围，依法征收环境保护税。

关键词 3：应税污染物。

《环境保护税法》第三条：本法所称“应税污染物”，是指本法所附《环境保护税税目税额表》《应税污染物和当量值表》规定的大气污染物、水污染物、固体废物和噪声。

特殊情形纳税人：

1. “城乡污水集中处理、生活垃圾集中处理场所”

《环境保护税法》第五条第一款：依法设立的城乡污水集中处理、生活垃圾集中处理场所超过国家和地方规定的排放标准向环境排放应税污染物的，应当缴纳环境保护税。

2. 固体废物环保税纳税人

固体废物环境保护税纳税人包括应税固体废物产生单位和固体废物贮存、处置、综合利用单位。

固体废物贮存、处置应当符合国家固体废物污染环境防治要求。

按照《固体废物污染环境防治法》的规定，固体废物贮存是指将固体废物临时置于特定设施或者场所中的活动；固体废物处置是指将固体废物焚烧和用其他改变固体废物的物理、化学、特性的方法，达到减少已产生的固体废物数量、缩小固体废物体积、减少或者消除其危险成分的活动，或者将固体废物最终置于符合环境保护规定要求的填埋场的活动。

二、征税对象是如何具体规定的?

《环境保护税法》第三条：本法所称应税污染物，是指本法所附《环境保护税税目税额表》《应税污染物和当量值表》规定的大气污染物、水污染物、固体废物和噪声。

《环境保护税法》第六条：环境保护税的税目、税额，依照本法所附《环境保护税税目税额表》执行。

应税大气污染物和水污染物的具体适用税额的确定和调整，由省、自治区、直辖市人民政府统筹考虑本地区环境承载能力、污染物排放现状和经济社会生态发展目标要求，在本法所附《环境保护税税目税额表》规定的税额幅度内提出，报同级人民代表大会常务委员会决定，并报全国人民代表大会常务委员会和国务院备案。

（一）大气污染物

《环境保护税法》第三条所称大气污染物，是指向环境排放影响大气环境质量的物质，具体范围依照环境保护税法所附《应税污染物和当量值表》确定，包括二氧化硫、氮氧化物、粉尘等 44 种。

（二）水污染物

《环境保护税法》第三条所称水污染物，是指向环境排放影响水环境质量的物质，具体范围依照环境保护税法所附《应税污染物和当量值表》确定。水污染物分为第一类水污染物和其他类水污染物，第一类水污染物包括总汞、总镉等10种，其他类水污染物包括化学需氧量、氨氮、色度等55种。

（三）固体废物

《环境保护税法》第三条所称固体废物，是指税法所附《环境保护税税目税额表》中列举的煤矸石、尾矿、危险废物、冶炼渣、粉煤灰、炉渣以及其他固体废物。

（四）工业噪声

《环境保护税法》第三条所称噪声，是指在工业生产活动中产生的干扰周围生活环境的声音，具体范围依照税法所附《环境保护税税目税额表》确定。《环境保护税税目税额表》仅对工业噪声征税，取消了原排污费中对建筑施工噪声的征收项目。

特殊情形：

1. 企业事业单位和其他生产经营者向依法设立的污水集中处理、生活垃圾集中处理场所排放应税污染物的，不征税。

2. 企业事业单位和其他生产经营者在符合国家和地方环境保护标准的设施、场所贮存或者处置固体废物的，不征税。

3. 城乡污水集中处理、生活垃圾集中处理场所排放应税污染物超过国家和地方环境保护标准的，征税。

4. 企业事业单位和其他生产经营者贮存或者处置固体废物不符合国家和地方环境保护标准的，征税。

三、环境保护税的计税依据如何确定？

《环境保护税法》第七条：应税污染物的计税依据，依照下列方法确定：

（一）应税大气污染物按照污染物排放量折合的污染当量数确定；

（二）应税水污染物按照污染物排放量折合的污染当量数确定；

应税大气污染物、水污染物的污染当量数，以该污染物的排放量除以该污染物的污染当量值计算。

每一排放口或者没有排放口的应税大气污染物，按照污染当量数从大到小排序，对前三项污染物征收环境保护税。

每一排放口的应税水污染物，按照本法所附《应税污染物和当量值表》，区分第一类水污染物和其他类水污染物，按照污染当量数从大到小排序，对第一类水污染物按照前五项征收环境保护税，对其他类水污染物按照前三项征收环境保护税。

（三）应税固体废物按照固体废物的排放量确定；

（四）应税噪声按照超过国家规定标准的分贝数确定。

四、污染当量值的概念是什么?

污染当量，是根据污染物或者污染排放活动对环境的有害程度以及处理的技术经济性，衡量不同污染物对环境污染的综合性指标或者计量单位。同一介质相同污染当量的不同污染物，其污染程度基本相当。

污染当量值是相当于1个污染当量的污染物排放数量，用于衡量大气污染物和水污染物对环境造成的危害和处理费用。以水污染物为例，将排放1千克的化学需氧量所造成的环境危害作为基准，设定为1个污染当量，将排放其他水污染物造成的环境危害与其进行比较，设定相当的量值。比如，氨氮的污染当量值为0.8千克，表示排放0.8千克的氨氮与排放1千克的化学需氧量的环境危害基本相等。再比如，总汞的污染当量值为0.0005千克，总铅的污染当量值为0.025千克，悬浮物的污染当量值为4千克等。每种应税大气污染物和水污染物的具体污染当量值，依照环境保护税法所附的《应税污染物和当量值表》执行。

五、环境保护税的应纳税额应如何计算?

环境保护税应纳税额按照下列方法计算：

应纳税额 = 污染当量数（大气、水污染物）× 具体适用税额
= 排放量（固体废物）× 具体适用税额
= 分贝数（噪声）× 具体适用税额

六、环境保护税的征收管理是怎样的?

（一）纳税义务发生时间

纳税义务发生时间为纳税人排放应税污染物的当日。

（二）纳税申报时限

环境保护税按月计算，按季申报缴纳。不能按固定期限计算缴纳的，可以按次申报缴纳。

纳税人应当自季度或者纳税义务发生之日起十五日内向税务机关办理纳税申报并缴纳税款。

（三）纳税申报地点

纳税人应当向应税污染物排放地的税务机关申报缴纳环境保护税。应税污染物排放地规定：

1. 应税大气污染物、水污染物排放口所在地；

2. 应税固体废物产生地；

3. 应税噪声产生地。

纳税人跨区域排放应税污染物，税务机关对税收征收管辖有争议的，由争议各方按照有利于征收管理的原则协商解决；不能协商一致的，报请共同的上级税务机关决定。

依据：

《中华人民共和国环境保护税法》。

《中华人民共和国环境保护税法实施条例》。

七、应税大气污染物和水污染物排放量的监测是如何计算的?

纳税人委托监测机构对应税大气污染物和水污染物排放量进行监测时，其当月同一个排放口排放的同一种污染物有多个监测数据的，应税大气污染物按照监测数据的平均值计算应税污染物的排放量；应税水污染物按照监测数据以流量为权的加权平均值计算应税污染物的排放量。在环境保护主管部门规定的监测时限内当月无监测数据的，可以跨月沿用最近一次的监测数据计算应税污染物排放量。

因排放污染物种类多等原因不具备监测条件的，属于排污许可管理的排污单位，适用生态环境部发布的排污许可证申请与核发技术规范中规定的排（产）污系数、物料衡算方法计算应税污染物排放量；排污许可证申请与核发技术规范未规定相关排（产）污系数的，适用生态环境部发布的排放源统计调查制度规定的排（产）污系数方法计算应税污染物排放量；不属于排污许可管理的排污单位，适用生态环境部发布的排放源统计调查制度规定的排（产）污系数方法计算应税污染物排放量。上述情形中仍无相关计算方法的，由各省、自治区、直辖市生态环境主管部门结合本地实际情况，科学合理制定抽样测算方法。

依据：

《财政部　国家税务总局　生态环境部关于环境保护税有关问题的通知》（财税〔2018〕23号）。

《生态环境部　财政部　国家税务总局关于发布计算环境保护税应税污染物

排放量的排污系数和物料衡算方法的公告》(生态环境部　财政部　国家税务总局公告〔2021年〕第16号)。

八、应税水污染物污染当量数是如何计算的?

应税水污染物的污染当量数，以该污染物的排放量除以该污染物的污染当量值计算。其中，色度的污染当量数，以污水排放量乘以色度超标倍数再除以适用的污染当量值计算。畜禽养殖业水污染物的污染当量数，以该畜禽养殖场的月均存栏量除以适用的污染当量值计算。畜禽养殖场的月均存栏量按照月初存栏量和月末存栏量的平均数计算。

依据：

《财政部　国家税务总局　生态环境部关于环境保护税有关问题的通知》(财税〔2018〕23号)。

九、应税固体废物排放量应如何计算及纳税申报?

应税固体废物的排放量为当期应税固体废物的产生量减去当期应税固体废物贮存量、处置量、综合利用量的余额。纳税人应当准确计量应税固体废物的贮存量、处置量和综合利用量，未准确计量的，不得从其应税固体废物的产生量中减去。纳税人依法将应税固体废物转移至其他单位和个人进行贮存、处置或者综合利用的，固体废物的转移量相应计入其当期应税固体废物的贮存量、处置量或者综合利用量；纳税人接收的应税固体废物转移量，不计入其当期应税固体废物的产生量。纳税人对应税固体废物进行综合利用的，应当符合工业和信息化部制定的工业固体废物综合利用评价管理规范。

纳税人申报纳税时，应当向税务机关报送应税固体废物的产生量、贮存量、处置量和综合利用量，同时报送能够证明固体废物流向和数量的纳税资料，包括固体废物处置利用委托合同、受委托方资质证明、固体废物转移联单、危险废物管理台账复印件等。有关纳税资料已在环境保护税基础信息采集表中采集且未发生变化的，纳税人不再报送。纳税人应当参照危险废物台账管理要求，建立其他应税固体废物管理台账，如实记录产生固体废物的种类、数量、流向以及贮存、处置、综合利用、接收转入等信息，并将应税固体废物管理台账和相关资料留存备查。

依据：

《财政部　国家税务总局　生态环境部关于环境保护税有关问题的通知》(财税〔2018〕23号)。

十、纳税人对产生的固体废物自行贮存，是否可以作为应税固体废物的扣减项？

根据《环境保护税法实施条例》第五条规定，纳税人应税固体废物的产生量可以减去当期应税固体废物的贮存量、处置量、综合利用量的余额为计税依据的，指纳税人在符合国家和地方环境保护标准的设施、场所贮存或者处置的固体废物数量；固体废物的综合利用量，是指按照国务院发展改革、工业和信息化主管部门关于资源综合利用要求以及国家和地方环境保护标准进行综合利用的固体废物数量。

如果纳税人贮存、处置和综合利用的固体废物不符合国家和地方环境保护标准的，则应按规定缴纳环保税。

十一、应税噪声应纳税额如何计算？

应税噪声的应纳税额为超过国家规定标准分贝数对应的具体适用税额。噪声超标分贝数不是整数值的，按四舍五入取整。一个单位的同一监测点当月有多个监测数据超标的，以最高一次超标声级计算应纳税额。声源一个月内累计昼间超标不足15昼或者累计夜间超标不足15夜的，分别减半计算应纳税额。

十二、排放量计算顺序是怎样的？

应税大气污染物、水污染物、固体废物的排放量和噪声的分贝数，按照下列方法和顺序计算：

（一）纳税人安装使用符合国家规定和监测规范的污染物自动监测设备的，按照污染物自动监测数据计算；

（二）纳税人未安装使用污染物自动监测设备的，按照监测机构出具的符合国家有关规定和监测规范的监测数据计算；

（三）因排放污染物种类多等原因不具备监测条件的，按照国务院环境保护主管部门规定的排污系数、物料衡算方法计算；

（四）不能按照本条第一项至第三项规定的方法计算的，按照省、自治区、直辖市人民政府环境保护主管部门规定的抽样测算的方法核定计算。

依据：

《中华人民共和国环境保护税法》。

十三、环保税实行按季申报缴纳，纳税人是否需要按月计算应纳税款？

根据《环境保护税法》第十八条规定，环保税按月计算，按季申报缴纳，企业只用每季度汇总申报缴纳应纳税款就可以了。

根据《环境保护税法》第十九条规定，纳税人按季申报缴纳的，应当自季度终了之日起十五日内，向税务机关办理纳税申报并缴纳税款，纳税人按次申报缴纳的，应当自纳税义务发生之日起十五日内，向税务机关办理纳税申报并缴纳税款，纳税人应当依法如实办理纳税申报，对申报的真实性和完整性承担责任。

根据上述规定，按固定期限计算缴纳税款的纳税人，环保税实行按季申报缴纳税款的方式，但纳税人仍需按月分别计算应纳税款，按季汇总申报缴纳应纳税款。因此，纳税人应当依法如实办理纳税申报，并对申报的真实性和完整性承担责任。

十四、税收减免有哪些？

国家税务总局财产和行为税司司长蔡自力做客税务总局网站，以节能减排，绿色发展谈环境保护税立法为主题，就网民关心的问题与网友在线交流中提到：环境保护税减免税项目属于备案类减免。对符合减免税情形的纳税人，通过填报纳税申报表履行备案手续，无须专门办理减免税备案手续。减免税相关资料由纳税人留存备查。

全国纳税服务规范（3.0版）中规定：申报享受，相关资料留存备查，但对相关资料未作出具体规定。

（一）免征

下列情形，暂予免征环境保护税：

1. 农业生产（不包括规模化养殖）排放应税污染物的；

2. 机动车、铁路机车、非道路移动机械、船舶和航空器等流动污染源排放应税污染物的；

3. 依法设立的城乡污水集中处理、生活垃圾集中处理场所排放相应应税污染物，不超过国家和地方规定的排放标准的；

4. 纳税人综合利用的固体废物，符合国家和地方环境保护标准的；

5. 国务院批准免税的其他情形。

（二）减征

纳税人排放应税大气污染物或者水污染物的浓度值低于国家和地方规定的污

染物排放标准百分之三十的，减按百分之七十五征收环境保护税。纳税人排放应税大气污染物或者水污染物的浓度值低于国家和地方规定的污染物排放标准百分之五十的，减按百分之五十征收环境保护税。

十五、举例

（一）水污染物环境保护税计算案例

【例】甲化工厂是环境保护税纳税人，该厂仅有1个污水排放口且直接向黄河排放污水，已安装使用符合国家规定和监测规范的污染物自动监测设备。检测数据显示，2022年1月份，该排放口共排放污水50万吨（折合50万立方米），其中：含一类应税污染物浓度分别为：六价铬0.5mg/L；总砷0.6mg/L；总铅1.0mg/L；总镍1.1mg/L；总铍0.005mg/L；总铬1.5mg/L；二类应税污染物浓度分别为：总氰化物0.5mg/L；硫化物0.025mg/L；氨氮25mg/L；氟化物10mg/L。请计算该化工厂1月份应当缴纳的环境保护税？（该厂所在省的水污染物税率为3元/污染当量）

（1）对应税污染物污染当量进行列表计算如下表：

甲化工厂1月份污染当量计算表

	一类污染物					二类污染物				
1月份排放总量（L）	名称	浓度值 mg/L	当量值 kg	污染当量	排序	名称	浓度值 mg/L	当量值 kg	污染当量	排序
500 000 000	六价铬	0.5	0.02	12 500	5	总氰化物	0.5	0.05	5 000	3
	总砷	0.6	0.02	15 000	4	硫化物	0.025	0.125	100	4
	总铅	1	0.025	20 000	2	氨氮	25	0.8	15 625	1
	总镍	1.1	0.025	22 000	1	氟化物	10	0.5	10 000	2
	总铍	0.005	0.01	250	6					
	总铬	1.5	0.04	18 750	3					
	前五项合计			88 250		前三项合计			30 625	

（2）计算污染当量：

$$\begin{aligned}\text{六价铬污染当量} &= \text{1月份排放总量} \times \text{浓度值} \div \text{当量值} \\ &= 500\,000\,000 \times 0.5 \div 1\,000\,000 \div 0.02 \\ &= 12\,500\end{aligned}$$

一类污染物当量 = Σ由大到小前五项应税污染物污染当量数
= 总镍当量 + 总铅当量 + 总铬当量 + 总砷当量 + 六价铬当量
= 22 000 + 20 000 + 18 750 + 15 000 + 12 500
= 88 250

二类污染物当量 = Σ由大到小前三项应税污染物污染当量数
= 氨氮当量 + 氟化物当量 + 总氰化物当量
= 15 625 + 10 000 + 5 000
= 30 625

排污总当量 = ① + ② = 118 875

该化工厂 1 月份应当缴纳的环境保护税 = 118 875 × 3 元/污染当量 = 356 625（元）。

（二）大气污染物环境保护税计算案例

【例】 乙火力发电厂是环境保护税纳税人，该厂仅有 1 个废气排放口，已安装使用符合国家规定和监测规范的污染物自动监测设备。检测数据显示，2022 年 2 月份，该排放口共排放大气污染物 1 000 万立方米，其中含应税污染物浓度分别为：二氧化硫 350mg/m^3；汞及其化合物 0.1mg/m^3；一般性粉尘 20mg/m^3；氮氧化物 140 mg/m^3。请计算该火力发电厂 2 月份应当缴纳的环境保护税？（该厂所在省的大气污染物税率为 4 元/污染当量）

（1）对应税污染物排放量进行列表计算如下表：

乙火力发电厂 2 月份污染当量计算表

2 月份排放总量（m^3）	名称	浓度值 mg/m^3	当量值 kg	污染当量	排序
10 000 000	二氧化硫	350	0.95	3 684.21	2
	汞及其化合物	0.1	0.0001	10 000	1
	一般性粉尘	20	4	50	4
	氮氧化物	140	0.95	1 473.68	3
	前三项合计			15 157.89	

（2）计算污染物当量：

二氧化硫污染当量 = 2 月份排放总量 × 浓度值 ÷ 当量值
= 10 000 000 × 350 ÷ 1 000 000 ÷ 0.95
= 3 684.21

排污总当量 = ∑由大到小前三项应税污染物污染当量数
= 汞及其化合物当量 + 二氧化硫当量 + 氮氧化物当量
= 10 000 + 3 684.21 + 1 473.68
= 15 157.89

该火力发电厂 2 月份应当缴纳的环境保护税 = 15 157.89 × 4 元/污染当量 = 60 631.576（元）。

（三）噪声污染环境保护税计算案例

【例】 丙钢铁厂是环境保护税纳税人，已安装使用符合国家规定和监测规范的噪声自动监测设备。检测数据显示，2022 年 3 月份，该厂月均工业噪声为 76 分贝，该厂所在区域噪声临界标准为不超过 70 分贝，请计算该钢铁厂 3 月份应当缴纳的环境保护税？

丙钢铁厂噪声超标数值 = 实际噪声监测值 − 国家排放标准限值
= 76 分贝 − 70 分贝
= 6 分贝

丙钢铁厂噪声应缴纳环保税 = 700 元（超标 4 ~ 6 分贝每月 700 元）

第十四章　土地增值税

《中华人民共和国土地增值税暂行条例》1993 年 12 月 13 日中华人民共和国国务院令第 138 号发布，2011 年 1 月 8 日中华人民共和国国务院令第 588 号修改；《中华人民共和国土地增值税暂行条例实施细则》（财法〔1995〕6 号）1994 年 1 月 1 日发布。

《中华人民共和国土地增值税法（征求意见稿）》于 2019 年 7 月 16 日发布并征求意见。

一、土地增值税的概念、征税范围是如何规定的?

转让国有土地使用权、地上的建筑物及其附着物并取得收入的单位和个人，为土地增值税的纳税义务人，应当依照本条例缴纳土地增值税。

转让国有土地使用权、地上的建筑物及其附着物并取得收入，是指以出售或者其他方式有偿转让房地产的行为。不包括以继承、赠与方式无偿转让房地产的行为。

国有土地，是指按国家法律规定属于国家所有的土地。

地上的建筑物，是指建于土地上的一切建筑物，包括地上地下的各种附属设施。

附着物，是指附着于土地上的不能移动，一经移动即遭损坏的物品。

单位，是指各类企业单位、事业单位、国家机关和社会团体及其他组织。

依据：

《中华人民共和国土地增值税暂行条例》第二条。

《中华人民共和国土地增值税暂行条例实施细则》（财法字〔1995〕6 号）。

二、关于实施细则中“赠与”所包括的范围是如何规定的?

《中华人民共和国土地增值税暂行条例实施细则》规定：转让国有土地使用权、地上的建筑物及其附着物并取得收入，是指以出售或者其他方式有偿转让房地产的行为。不包括以继承、赠与方式无偿转让房地产的行为。

细则所称的“赠与”是指如下情况：

（一）房产所有人、土地使用权所有人将房屋产权、土地使用权赠与直系亲属或承担直接赡养义务人的。

（二）房产所有人、土地使用权所有人通过中国境内非营利的社会团体、国家机关将房屋产权、土地使用权赠与教育、民政和其他社会福利、公益事业的。

上述社会团体是指中国青少年发展基金会、希望工程基金会、宋庆龄基金会、减灾委员会、中国红十字会、中国残疾人联合会、全国老年基金会、老区促进会以及经民政部门批准成立的其他非营利的公益性组织。

依据：

《财政部　国家税务总局关于土地增值税一些具体问题规定的通知》（财税字〔1995〕48 号）。

三、土地增值税的纳税义务发生时间、纳税申报是怎么规定的?

（一）《土地增值税暂行条例》第十条规定：纳税人应当自转让房地产合同签订之日起 7 日内向房地产所在地主管税务机关办理纳税申报，并在税务机关核定的期限内缴纳土地增值税。

（二）根据冀地税发〔2006〕37 号文件规定：从事房地产开发的纳税人，应于每个月份终了后 10 日内进行土地增值税纳税申报。

对房地产转让次数少且金额较小的纳税人，也可按季申报，在每个季度终了后 10 日内进行土地增值税纳税申报。

非从事房地产开发的纳税人，应自转让房地产合同签订之日起 7 日内进行纳税申报。

（三）根据《土地增值税暂行条例实施细则》规定：房地产所在地，是指房地产的坐落地。纳税人转让房地产坐落在两个或两个以上地区的，应按房地产所在地分别申报纳税。

依据：

《中华人民共和国土地增值税暂行条例》。

《中华人民共和国土地增值税暂行条例实施细则》（财法字〔1995〕6 号）。

《河北省地方税务局关于印发〈河北省土地增值税管理办法〉的通知》（冀地税发〔2006〕37 号）。

《国家税务总局河北省税务局关于修改部分税务规范性文件的公告》（国家税务总局河北省税务局公告〔2021 年〕第 4 号）

四、土地增值税如何计算?

土地增值税按照纳税人转让房地产所取得的增值额和适用税率计算征收。

（一）纳税人转让房地产所取得的收入减除按规定扣除项目金额后的余额，为增值额。

收入，包括转让房地产的全部价款及有关的经济收益。

（二）纳税人转让房地产所取得的收入，包括货币收入、实物收入和其他收入。

（三）计算增值额的扣除项目

1. 取得土地使用权所支付的金额：是指纳税人为取得土地使用权所支付的地价款和按国家统一规定交纳的有关费用。

2. 开发土地的成本、费用。

3. 新建房及配套设施的成本、费用，或者旧房及建筑物的评估价格：旧房及建筑物的评估价格，是指在转让已使用的房屋及建筑物时，由政府批准设立的房地产评估机构评定的重置成本价乘以成新度折扣率后的价格。评估价格须经当地税务机关确认。

4. 与转让房地产有关的税金：与转让房地产有关的税金，是指在转让房地产时缴纳的营业税、城市维护建设税、印花税。因转让房地产交纳的教育费附加，也可视同税金予以扣除。

5. 财政部规定的其他扣除项目。

（四）土地增值税实行四级超率累进税率，每级“增值额未超过扣除项目金额”的比例，均包括本比例数。计算土地增值税税额，可按增值额乘以适用的税率减去扣除项目金额乘以速算扣除系数的简便方法计算，具体公式如下：

增值额未超过扣除项目金额 50% 的部分，税率为 30%：土地增值税税额 = 增值额 ×30%

增值额超过扣除项目金额 50%、未超过扣除项目金额 100% 的部分，税率为 40%：土地增值税税额 = 增值额 ×40% － 扣除项目金额 ×5%

增值额超过扣除项目金额 100%、未超过扣除项目金额 200% 的部分，税率为 50%：土地增值税税额 = 增值额 ×50% － 扣除项目金额 ×15%

增值额超过扣除项目金额 200% 的部分，税率为 60%：土地增值税税额 = 增值额 ×60% － 扣除项目金额 ×35%

公式中的 5%，15%，35% 为速算扣除系数。

依据：

《中华人民共和国土地增值税暂行条例实施细则》（财法字〔1995〕6号）。

《中华人民共和国土地增值税暂行条例》。

五、土地增值税免征税收优惠？

（一）有下列情形之一的，免征土地增值税：

1. 纳税人建造普通标准住宅出售，增值额未超过扣除项目金额20%的；

2. 因国家建设需要依法征收、收回的房地产。

第1项所称的“普通标准住宅”，是指按所在地一般民用住宅标准建造的居住用住宅。高级公寓、别墅、度假村等不属于普通标准住宅。普通标准住宅与其他住宅的具体划分界限由各省、自治区、直辖市人民政府规定。

纳税人建造普通标准住宅出售，增值额未超过扣除项目金额之和20%的，免征土地增值税；增值额超过扣除项目金额之和20%的，应就其全部增值额按规定计税。

第2项所称的“因国家建设需要依法征用、收回的房地产”，是指因城市实施规划、国家建设的需要而被政府批准征用的房产或收回的土地使用权。

因城市实施规划、国家建设的需要而搬迁，由纳税人自行转让原房地产的，比照本规定免征土地增值税。

因“城市实施规划”而搬迁，是指因旧城改造或因企业污染、扰民（指产生过量废气、废水、废渣和噪声，使城市居民生活受到一定危害），而由政府或政府有关主管部门根据已审批通过的城市规划确定进行搬迁的情况；因“国家建设的需要”而搬迁，是指因实施国务院、省级人民政府、国务院有关部委批准的建设项目而进行搬迁的情况。

符合上述免税规定的单位和个人，须向房地产所在地税务机关提出免税申请，经税务机关审核后，免予征收土地增值税。

（二）个人因工作调动或改善居住条件而转让原自用住房，经向税务机关申报核准，凡居住满五年或五年以上的，免予征收土地增值税；居住满三年未满五年的，减半征收土地增值税。居住未满三年的，按规定计征土地增值税。

根据《冀地税发〔2006〕37号》《冀地税函〔2016〕29号》，纳税人建造出售的住房同时符合下列标准的为普通标准住房：

1. 住宅小区建筑容积率在1.0以上；

2. 以单栋楼为单位，平均单套建筑面积在144平方米（含144平方米）以下；

3. 实际成交价格在同级别土地上住房平均价格的 1.2 倍以下。

其中，住房平均价格以当地市、县政府分布的同期数据为准。

依据：

《中华人民共和国土地增值税暂行条例实施细则》（财法字〔1995〕6 号）。

《中华人民共和国土地增值税暂行条例》第八条。

《财政部　国家税务总局关于土地增值税若干问题的通知》（财税〔2006〕21 号）。

《河北省地方税务局关于调整普通住房单套建筑面积标准的通知》（冀地税函〔2016〕29 号）。

六、企业改制，改制前的企业将房地产转移、变更到改制后的企业，是否征收土地增值税？

自 2021 年 1 月 1 日至 2023 年 12 月 31 日，企业按照《中华人民共和国公司法》有关规定整体改制，包括非公司制企业改制为有限责任公司或股份有限公司，有限责任公司变更为股份有限公司，股份有限公司变更为有限责任公司，对改制前的企业将国有土地使用权、地上的建筑物及其附着物（以下称房地产）转移、变更到改制后的企业，暂不征土地增值税。

整体改制是指不改变原企业的投资主体，并承继原企业权利、义务的行为。

上述改制重组有关土地增值税政策不适用于房地产转移任意一方为房地产开发企业的情形。

不改变原企业投资主体、投资主体相同，是指企业改制重组前后出资人不发生变动，出资人的出资比例可以发生变动；投资主体存续，是指原企业出资人必须存在于改制重组后的企业，出资人的出资比例可以发生变动。

依据：

《财政部　国家税务总局关于继续实施企业改制重组有关土地增值税政策的公告》（财政部　国家税务总局公告〔2021 年〕第 21 号）。

七、企业合并，原企业将房地产转移、变更到合并后的企业，是否征收土地增值税？

自 2021 年 1 月 1 日至 2023 年 12 月 31 日，按照法律规定或者合同约定，两个或两个以上企业合并为一个企业，且原企业投资主体存续的，对原企业将房地产转移、变更到合并后的企业，暂不征土地增值税。

上述改制重组有关土地增值税政策不适用于房地产转移任意一方为房地产开发企业的情形。

不改变原企业投资主体、投资主体相同，是指企业改制重组前后出资人不发生变动，出资人的出资比例可以发生变动；投资主体存续，是指原企业出资人必须存在于改制重组后的企业，出资人的出资比例可以发生变动。

依据：

《财政部　国家税务总局关于继续实施企业改制重组有关土地增值税政策的公告》（财政部　国家税务总局公告〔2021 年〕第 21 号）。

八、营改增后，视同销售房地产的土地增值税应税收入应如何确认？

（一）纳税人将开发产品用于职工福利、奖励、对外投资、分配给股东或投资人、抵偿债务、换取其他单位和个人的非货币性资产等，发生所有权转移时应视同销售房地产，其收入应按照下列方法和顺序确认：

1. 按本企业在同一地区、同一年度销售的同类房地产的平均价格确定；

2. 由主管税务机关参照当地当年、同类房地产的市场价格或评估价值确定。

（二）纳税人安置回迁户，其拆迁安置用房应税收入和扣除项目的确认，应按照以下执行：

1. 房地产企业用建造的本项目房地产安置回迁户的，安置用房视同销售处理，按上述第（一）款规定确认收入，同时将此确认为房地产开发项目的拆迁补偿费。房地产开发企业支付给回迁户的补差价款，计入拆迁补偿费；回迁户支付给房地产开发企业的补差价款，应抵减本项目拆迁补偿费。

2. 开发企业采取异地安置，异地安置的房屋属于自行开发建造的，房屋价值按上述第（一）款的规定计算，计入本项目的拆迁补偿费；异地安置的房屋属于购入的，以实际支付的购房支出计入拆迁补偿费。

3. 货币安置拆迁的，房地产开发企业凭合法有效凭据计入拆迁补偿费。

依据：

《国家税务总局关于营改增后土地增值税若干征管规定的公告》（国家税务总局公告〔2016 年〕第 70 号）。

《国家税务总局关于房地产开发企业土地增值税清算管理有关问题的通知》（国税发〔2006〕187 号）。

《国家税务总局关于土地增值税清算有关问题的通知》（国税函〔2010〕220 号）。

九、旧房及建筑物转让的土地增值税如何处理?

根据政策规定，建成后未使用的房产为新房。凡已经使用的房产，不论其使用时间和磨损程度如何，一律为旧房。

（一）能确定评估价格

纳税人转让旧房及建筑物，能够取得评估价格的，经主管地方税务机关确认，按下列方法征收土地增值税：

增值额 = 转让收入 − 评估价格 − 销售税金

应纳土地增值税 = 增值额 × 适用税率

其中，转让收入可按契税的征收依据确定。评估价格是指转让旧房及建筑物时，经省以上房地产管理部门确认的房地产评估机构评定重置成本价乘以成新度折扣率后的价格。评估价格须经主管地方税务机关确认。

（二）不能取得评估价格，但能提供购房发票

纳税人转让旧房及建筑物，凡不能取得评估价格，但能提供购房发票的，经主管地方税务机关确认，按下列方法征收土地增值税：

增值额 = 转让收入 − 购房发票金额 − 综合费用 − 销售税金

应纳土地增值税 = 增值额 × 适用税率

其中，转让收入可按契税的征收依据确定，购房发票金额按购入房地产时发票所载的金额确定，综合费用按发票所载金额并从购买年度起至转让年度止每年加计 5% 计算确定。

计算扣除项目时“每年”按购房发票所载日期起至售房发票开具之日止，每满 12 个月计一年；超过一年，未满 12 个月但超过 6 个月的，可以视同为一年。

对纳税人购房时缴纳的契税，凡能提供契税完税凭证的，准予作为“与转让房地产有关的税金”予以扣除，但不作为加计 5% 的基数。

（三）不能取得评估价格也不能取得发票

对于转让旧房及建筑物，既没有评估价格，又不能提供购房发票的，地方税务机关可以根据《中华人民共和国税收征收管理法》（以下简称《税收征管法》）第 35 条的规定，实行核定征收。

【例】 丙公司转让一幢 20 世纪 90 年代建造的厂房，当时造价 100 万元，无偿取得土地使用权。如果材料、人工费按现行市场价计算，建造同样的房子需要

600 万元，该房子为七成新，按 500 万元出售，支付有关税费共计 27.5 万元。计算丙公司转让旧房应缴纳的土地增值税税额。

（一）评估价格：600 ×70% =420（万元）

（二）允许扣除的税金：27.5（万元）

（三）扣除项目金额：420 +27.5 =447.5（万元）

（四）增值额：500 −447.5 =52.5（万元）

（五）增值率：52.5 ÷447.5 =11.73%

（六）土地增值税税额：52.5 ×30% =15.75（万元）

依据：

《财政部　国家税务总局关于土地增值税一些具体问题规定的通知》（财税〔1995〕48 号）。

《河北省地方税务局　河北省财政厅　河北省国家税务局转发〈财政部　国家税务总局关于土地增值税一些具体问题规定的通知〉的通知》（冀地税发〔1995〕71 号）。

《财政部　国家税务总局关于土地增值税若干问题的通知》（财税〔2006〕21 号）。

《国家税务总局关于土地增值税清算有关问题的通知》（国税函〔2010〕220 号）。

《河北省地方税务局关于印发〈河北省土地增值税管理办法〉的通知》（冀地税发〔2006〕37 号）。

《财政部　国家税务总局关于营改增后契税房产税土地增值税个人所得税计税依据问题的通知》（财税〔2016〕43 号）。

十、评估费用可否在计算增值额时扣除？

纳税人转让旧房及建筑物时因计算纳税的需要而对房地产进行评估，其支付的评估费用允许在计算增值额时予以扣除。纳税人隐瞒、虚报房地产成交价格等情形而按房地产评估价格计算征收土地增值税所发生的评估费用，不允许在计算土地增值税时予以扣除。

依据：

《财政部　国家税务总局关于土地增值税一些具体问题规定的通知》（财税字〔1995〕48 号）。

十一、以转让股权名义转让房地产行为是否缴纳土地增值税?

转让的股权主要对应的是相当于其价值的房地产，该股权转让的行为属于实质转让房地产交易行为，应按规定缴纳土地增值税。

依据:

《国家税务总局关于天津泰达恒生转让土地使用权土地增值税征缴问题的批复》(国税函〔2011〕415号)。

《国家税务总局关于以转让股权名义转让房地产行为征收土地增值税问题的批复》(国税函〔2000〕687号)。

《国家税务总局关于土地增值税相关政策问题的批复》(国税函〔2009〕387号)。

第十五章　企业重组专题

一、企业重组业务如何进行企业所得税处理?

企业重组，是指企业在日常经营活动以外发生的法律结构或经济结构重大改变的交易，包括企业法律形式改变、债务重组、股权收购、资产收购、合并、分立等。

债务重组，是指在债务人发生财务困难的情况下，债权人按照其与债务人达成的书面协议或者法院裁定书，就其债务人的债务作出让步的事项。

股权收购，是指一家企业（以下简称“收购企业”）购买另一家企业（以下简称“被收购企业”）的股权，以实现对被收购企业控制的交易。收购企业支付对价的形式包括股权支付、非股权支付或两者的组合。

资产收购，是指一家企业（以下简称“受让企业”）购买另一家企业（以下简称“转让企业”）实质经营性资产的交易。受让企业支付对价的形式包括股权支付、非股权支付或两者的组合

合并，是指一家或多家企业（以下简称“被合并企业”）将其全部资产和负债转让给另一家现存或新设企业（以下简称“合并企业”），被合并企业股东换取合并企业的股权或非股权支付，实现两个或两个以上企业的依法合并。

分立，是指一家企业（以下简称“被分立企业”）将部分或全部资产分离转让给现存或新设的企业（以下简称“分立企业”），被分立企业股东换取分立企业的股权或非股权支付，实现企业的依法分立。

企业重组的税务处理区分不同条件分别适用一般性税务处理规定和特殊性税务处理规定。

（一）一般性税务处理

1. 企业债务重组，相关交易应按以下规定处理：

（1）以非货币资产清偿债务，应当分解为转让相关非货币性资产、按非货币性资产公允价值清偿债务两项业务，确认相关资产的所得或损失。

（2）发生债权转股权的，应当分解为债务清偿和股权投资两项业务，确认有关债务清偿所得或损失。

（3）债务人应当按照支付的债务清偿额低于债务计税基础的差额，确认债务重组所得；债权人应当按照收到的债务清偿额低于债权计税基础的差额，确认债务重组损失。

（4）债务人的相关所得税纳税事项原则上保持不变。

2. 企业股权收购、资产收购重组交易，相关交易应按以下规定处理：

（1）被收购方应确认股权、资产转让所得或损失。

（2）收购方取得股权或资产的计税基础应以公允价值为基础确定。

（3）被收购企业的相关所得税事项原则上保持不变。

3. 企业合并，当事各方应按下列规定处理：

（1）合并企业应按公允价值确定接受被合并企业各项资产和负债的计税基础。

（2）被合并企业及其股东都应按清算进行所得税处理。

（3）被合并企业的亏损不得在合并企业结转弥补。

4. 企业分立，当事各方应按下列规定处理：

（1）被分立企业对分立出去资产应按公允价值确认资产转让所得或损失。

（2）分立企业应按公允价值确认接受资产的计税基础。

（3）被分立企业继续存在时，其股东取得的对价应视同被分立企业分配进行处理。

（4）被分立企业不再继续存在时，被分立企业及其股东都应按清算进行所得税处理。

（5）企业分立相关企业的亏损不得相互结转弥补。

（二）特殊性税务处理

企业重组同时符合下列条件的，适用特殊性税务处理规定：

1. 具有合理的商业目的，且不以减少、免除或者推迟缴纳税款为主要目的。

2. 被收购、合并或分立部分的资产或股权比例符合本通知规定的比例。

3. 企业重组后的连续 12 个月内不改变重组资产原来的实质性经营活动。

4. 重组交易对价中涉及股权支付金额符合本通知规定比例。

5. 企业重组中取得股权支付的原主要股东，在重组后连续 12 个月内，不得转让所取得的股权。

企业债务重组确认的应纳税所得额占该企业当年应纳税所得额 50% 以上，可以在 5 个纳税年度的期间内，均匀计入各年度的应纳税所得额。

企业发生债权转股权业务，对债务清偿和股权投资两项业务暂不确认有关债务清偿所得或损失，股权投资的计税基础以原债权的计税基础确定。企业的其他相关所得税事项保持不变。

股权收购，收购企业购买的股权不低于被收购企业全部股权的50%，且收购企业在该股权收购发生时的股权支付金额不低于其交易支付总额的85%，可以选择按以下规定处理：

（1）被收购企业的股东取得收购企业股权的计税基础，以被收购股权的原有计税基础确定。

（2）收购企业取得被收购企业股权的计税基础，以被收购股权的原有计税基础确定。

（3）收购企业、被收购企业的原有各项资产和负债的计税基础和其他相关所得税事项保持不变。

资产收购，受让企业收购的资产不低于转让企业全部资产的50%，且受让企业在该资产收购发生时的股权支付金额不低于其交易支付总额的85%，可以选择按以下规定处理：

（1）转让企业取得受让企业股权的计税基础，以被转让资产的原有计税基础确定。

（2）受让企业取得转让企业资产的计税基础，以被转让资产的原有计税基础确定。

企业合并，企业股东在该企业合并发生时取得的股权支付金额不低于其交易支付总额的85%，以及同一控制下且不需要支付对价的企业合并，可以选择按以下规定处理：

（1）合并企业接受被合并企业资产和负债的计税基础，以被合并企业的原有计税基础确定。

（2）被合并企业合并前的相关所得税事项由合并企业承继。

（3）可由合并企业弥补的被合并企业亏损的限额 = 被合并企业净资产公允价值 × 截至合并业务发生当年年末国家发行的最长期限的国债利率。

（4）被合并企业股东取得合并企业股权的计税基础，以其原持有的被合并企业股权的计税基础确定。

企业分立，被分立企业所有股东按原持股比例取得分立企业的股权，分立企业和被分立企业均不改变原来的实质经营活动，且被分立企业股东在该企业分立发生时取得的股权支付金额不低于其交易支付总额的85%，可以选择按以下规定处理：

（1）分立企业接受被分立企业资产和负债的计税基础，以被分立企业的原有计税基础确定。

（2）被分立企业已分立出去资产相应的所得税事项由分立企业承继。

（3）被分立企业未超过法定弥补期限的亏损额可按分立资产占全部资产的比例进行分配，由分立企业继续弥补。

（4）被分立企业的股东取得分立企业的股权（以下简称“新股”），如需部分或全部放弃原持有的被分立企业的股权（以下简称“旧股”），“新股”的计税基础应以放弃“旧股”的计税基础确定。如不需放弃“旧股”，则其取得“新股”的计税基础可从以下两种方法中选择确定：直接将“新股”的计税基础确定为零；或者以被分立企业分立出去的净资产占被分立企业全部净资产的比例先调减原持有的“旧股”的计税基础，再将调减的计税基础平均分配到“新股”上。

重组交易各方按本条（一）至（五）项规定对交易中股权支付暂不确认有关资产的转让所得或损失的，其非股权支付仍应在交易当期确认相应的资产转让所得或损失，并调整相应资产的计税基础。

非股权支付对应的资产转让所得或损失 =（被转让资产的公允价值 − 被转让资产的计税基础）×（非股权支付金额 ÷ 被转让资产的公允价值）

依据：

《财政部　国家税务总局关于企业重组业务企业所得税处理若干问题的通知》（财税〔2009〕59号）。

《国家税务总局关于发布〈企业重组业务企业所得税管理办法〉的公告》（国家税务总局公告〔2010年〕第4号）。

《财政部　国家税务总局关于促进企业重组有关企业所得税处理问题的通知》（财税〔2014〕109号）。

二、企业改制上市资产评估增值如何进行企业所得税相关处理？

根据《财政部　国家税务总局关于企业改制上市资产评估增值企业所得税处理政策的通知》（财税〔2015〕65号），符合条件的国有企业，其改制上市过程中发生资产评估增值可按以下规定处理：

（一）国有企业改制上市过程中发生的资产评估增值，应缴纳的企业所得税可以不征收入库，作为国家投资直接转增该企业国有资本金（含资本公积，下同)，但获得现金及其他非股权对价部分，应按规定缴纳企业所得税。

资产评估增值是指按同一口径计算的评估减值冲抵评估增值后的余额。

（二）国有企业100%控股（控制）的非公司制企业、单位，在改制为公司制企业环节发生的资产评估增值，应缴纳的企业所得税可以不征税入库，作为国家投资直接转增改制后公司制企业的国有资本金。

（三）经确认的评估增值资产，可按评估价值入账并按有关规定计提折旧或摊销，在计算应纳税所得额时允许扣除。

三、假股权真债权是如何规定的?

根据《关于企业混合性投资业务企业所得税处理问题的公告》（国家税务总局公告〔2013年〕第41号）：

一、企业混合性投资业务，是指兼具权益和债权双重特性的投资业务。（假股权、真债权）同时符合下列条件的混合性投资业务，按本公告进行企业所得税处理：

（一）被投资企业接受投资后，需要按投资合同或协议约定的利率定期支付利息（或定期支付保底利息、固定利润、固定股息，下同）；

（二）有明确的投资期限或特定的投资条件，并在投资期满或者满足特定投资条件后，被投资企业需要赎回投资或偿还本金；

（三）投资企业对被投资企业净资产不拥有所有权；

（四）投资企业不具有选举权和被选举权；

（五）投资企业不参与被投资企业日常生产经营活动。

二、符合本公告第一条规定的混合性投资业务，按下列规定进行企业所得税处理：

（一）对于被投资企业支付的利息，投资企业应于被投资企业应付利息的日期，确认收入的实现并计入当期应纳税所得额；被投资企业应于应付利息的日期，确认利息支出，并按税法和《国家税务总局关于企业所得税若干问题的公告》（〔2011年〕第34号）第一条的规定，（限定的税率：非金融企业向非金融企业借款的利息支出，不超过按照金融企业同期同类贷款利率计算的数额的部分，准予税前扣除。）进行税前扣除。

（二）对于被投资企业赎回的投资（本金），投资双方应于赎回时将赎价与投资成本之间的差额确认为债务重组损益，分别计入当期应纳税所得额。

四、债转股政策如何解读?

甲公司欠乙公司货款230万元，因甲公司财务上出现困难，近日与乙公司协商，以甲公司所欠货款转为甲公司股本的方式进行债务重组。甲公司以80万股抵偿该项债务，每股公允价值2.4元，股权变更登记手续已办理完毕。甲公司对该笔业务如何进行税务处理?

企业重组的税务处理区分不同条件分别适用一般性税务处理规定和特殊性税务处理规定。

适用一般性税务处理时，发生债权转股权的，应当分解为债务清偿和股权投资两项业务，确认有关债务清偿所得或损失。如甲公司适用一般性税务处理，应确认债务清偿所得 = 230 - 80 × 2.4 = 38（万元）。

进行特殊税务处理时，企业发生债权转股权业务，对债务清偿和股权投资两项业务暂不确认有关债务清偿所得或损失，股权投资的计税基础以原债权的计税基础确定。企业的其他相关所得税事项保持不变。根据《财税〔2009〕59号》文件规定，甲公司该业务只有同时符合下列条件，才能适用特殊性税务处理规定：具有合理的商业目的，且不以减少、免除或者推迟缴纳税款为主要目的；企业重组后的连续12个月内不改变重组资产原来的实质性经营活动；企业重组中取得股权支付的原主要股东，在重组后连续12个月内，不得转让所取得的股权。

根据《财税〔2009〕59号》文件及《国家税务总局关于发布〈企业重组业务企业所得税管理办法〉的公告》（国家税务总局公告〔2010年〕第4号）规定，甲公司债转股选择特殊性税务处理时，应注意三点：

一是要按规定备案。甲公司应在2010年企业所得税年度申报时，向主管税务机关提交书面备案资料，证明其符合特殊性税务处理的条件。

二是按规定准备总体情况说明。应包括债务重组的商业目的；双方所签订的债转股合同或协议；企业所转换的股权公允价格证明；工商部门及有关部门核准相关企业股权变更事项证明材料；税务机关要求提供的其他资料证明。

三是企业重组发生改变应及时调整税务处理。

甲公司与乙公司一方在规定时间内发生生产经营业务、公司性质、资产或股权结构等情况变化，致使重组业务不再符合特殊性税务处理条件的，发生变化的当事方应在情况发生变化的30天内书面通知其他所有当事方。主导方在接到通知后30日内将有关变化通知其主管税务机关。情况发生变化后60日内，应按照一般性税务处理规定调整重组业务的税务处理。

五、企业改制重组如何缴纳土地增值税？

根据《财政部　国家税务总局关于继续实施企业改制重组有关土地增值税政策的公告》（财政部　国家税务总局公告〔2021年〕第21号）：

（一）企业按照《中华人民共和国公司法》有关规定整体改制，包括非公司制企业改制为有限责任公司或股份有限公司，有限责任公司变更为股份有限公司，股份有限公司变更为有限责任公司，对改制前的企业将国有土地使用权、地上的建筑物及其附着物（以下简称“房地产”）转移、变更到改制后的企业，暂不征土地增值税。

本公告所称整体改制是指不改变原企业的投资主体，并承继原企业权利、义务的行为。

（二）按照法律规定或者合同约定，两个或两个以上企业合并为一个企业，且原企业投资主体存续的，对原企业将房地产转移、变更到合并后的企业，暂不征土地增值税。

（三）按照法律规定或者合同约定，企业分设为两个或两个以上与原企业投资主体相同的企业，对原企业将房地产转移、变更到分立后的企业，暂不征土地增值税。

（四）单位、个人在改制重组时以房地产作价入股进行投资，对其将房地产转移、变更到被投资的企业，暂不征土地增值税。

（五）上述改制重组有关土地增值税政策不适用于房地产转移任意一方为房地产开发企业的情形。

（六）改制重组后再转让房地产并申报缴纳土地增值税时，对“取得土地使用权所支付的金额”，按照改制重组前取得该宗国有土地使用权所支付的地价款和按国家统一规定缴纳的有关费用确定；经批准以国有土地使用权作价出资入股的，为作价入股时县级及以上自然资源部门批准的评估价格。按购房发票确定扣除项目金额的，按照改制重组前购房发票所载金额并从购买年度起至本次转让年度止每年加计5%计算扣除项目金额，购买年度是指购房发票所载日期的当年。

（七）纳税人享受上述税收政策，应按税务机关规定办理。

（八）本公告所称不改变原企业投资主体、投资主体相同，是指企业改制重组前后出资人不发生变动，出资人的出资比例可以发生变动；投资主体存续，是指原企业出资人必须存在于改制重组后的企业，出资人的出资比例可以发生变动。

六、企业改制重组如何缴纳契税?

根据《财政部　国家税务总局关于继续执行企业、事业单位改制重组有关契税政策的公告》（财政部　国家税务总局公告〔2021年〕第17号），为支持企业、事业单位改制重组，优化市场环境，继续执行有关契税政策如下：

（一）企业改制

企业按照《中华人民共和国公司法》有关规定整体改制，包括非公司制企业改制为有限责任公司或股份有限公司，有限责任公司变更为股份有限公司，股份有限公司变更为有限责任公司，原企业投资主体存续并在改制（变更）后的公司中所持股权（股份）比例超过75%，且改制（变更）后公司承继原企业权利、义务的，对改制（变更）后公司承受原企业土地、房屋权属，免征契税。

（二）事业单位改制

事业单位按照国家有关规定改制为企业，原投资主体存续并在改制后企业中出资（股权、股份）比例超过50%的，对改制后企业承受原事业单位土地、房屋权属，免征契税。

（三）公司合并

两个或两个以上的公司，依照法律规定、合同约定，合并为一个公司，且原投资主体存续的，对合并后公司承受原合并各方土地、房屋权属，免征契税。

（四）公司分立

公司依照法律规定、合同约定分立为两个或两个以上与原公司投资主体相同的公司，对分立后公司承受原公司土地、房屋权属，免征契税。

（五）企业破产

企业依照有关法律法规规定实施破产，债权人（包括破产企业职工）承受破产企业抵偿债务的土地、房屋权属，免征契税；对非债权人承受破产企业土地、房屋权属，凡按照《中华人民共和国劳动法》等国家有关法律法规政策妥善安置原企业全部职工规定，与原企业全部职工签订服务年限不少于三年的劳动用工合同的，对其承受所购企业土地、房屋权属，免征契税；与原企业超过30%的职工签订服务年限不少于三年的劳动用工合同的，减半征收契税。

（六）资产划转

对承受县级以上人民政府或国有资产管理部门按规定进行行政性调整、划转国有土地、房屋权属的单位，免征契税。

同一投资主体内部所属企业之间土地、房屋权属的划转，包括母公司与其全资子公司之间，同一公司所属全资子公司之间，同一自然人与其设立的个人独资企业、一人有限公司之间土地、房屋权属的划转，免征契税。

母公司以土地、房屋权属向其全资子公司增资，视同划转，免征契税。

（七）债权转股权

经国务院批准实施债权转股权的企业，对债权转股权后新设立的公司承受原企业的土地、房屋权属，免征契税。

（八）划拨用地出让或作价出资

以出让方式或国家作价出资（入股）方式承受原改制重组企业、事业单位划拨用地的，不属上述规定的免税范围，对承受方应按规定征收契税。

（九）公司股权（股份）转让

在股权（股份）转让中，单位、个人承受公司股权（股份），公司土地、房屋权属不发生转移，不征收契税。

七、企业资产重组过程中如何缴纳增值税?

根据《关于纳税人资产重组有关增值税问题的公告》（国家税务总局公告〔2011 年〕第 13 号）：

纳税人在资产重组过程中，通过合并、分立、出售、置换等方式，将全部或者部分实物资产以及与其相关联的债权、负债和劳动力一并转让给其他单位和个人，不属于增值税的征税范围，其中涉及的货物转让，不征收增值税。

本公告自 2011 年 3 月 1 日起执行。此前未作处理的，按照本公告的规定执行。

根据《关于纳税人资产重组有关增值税问题的公告》（国家税务总局公告〔2013 年〕第 66 号）：

纳税人在资产重组过程中，通过合并、分立、出售、置换等方式，将全部或者部分实物资产以及与其相关联的债权、负债经多次转让后，最终的受让方与劳动力接收方为同一单位和个人的，仍适用《国家税务总局关于纳税人资产重组有关增值税问题的公告》（国家税务总局公告〔2011 年〕第 13 号）的相关规定，其中货物的多次转让行为均不征收增值税。

资产的出让方需将资产重组方案等文件资料报其主管税务机关。

根据《关于全面推开营业税改征增值税试点的通知》（财税〔2016〕36 号）附件 2：

在资产重组过程中，通过合并、分立、出售、置换等方式，将全部或者部分实物资产以及与其相关联的债权、负债和劳动力一并转让给其他单位和个人，其中涉及的不动产、土地使用权转让行为，不征收增值税。

八、企业改制过程中如何缴纳印花税?

根据《财政部　国家税务总局关于企业改制过程中有关印花税政策的通知》（财税〔2003〕183号），经县级以上人民政府及企业主管部门批准改制的企业，在改制过程中涉及的印花税政策如下：

（一）关于资金账簿的印花税

1. 实行公司制改造的企业在改制过程中成立的新企业（重新办理法人登记的），其新启用的资金账簿记载的资金或因企业建立资本纽带关系而增加的资金，凡原已贴花的部分可不再贴花，未贴花的部分和以后新增加的资金按规定贴花。

公司制改造包括国有企业依《公司法》整体改造成国有独资有限责任公司；企业通过增资扩股或者转让部分产权，实现他人对企业的参股，将企业改造成有限责任公司或股份有限公司；企业以其部分财产和相应债务与他人组建新公司；企业将债务留在原企业，而以其优质财产与他人组建的新公司。

2. 以合并或分立方式成立的新企业，其新启用的资金账簿记载的资金，凡原已贴花的部分可不再贴花，未贴花的部分和以后新增加的资金按规定贴花。合并包括吸收合并和新设合并。分立包括存续分立和新设分立。

3. 企业债权转股权新增加的资金按规定贴花。

4. 企业改制中经评估增加的资金按规定贴花。

5. 企业其他会计科目记载的资金转为实收资本或资本公积的资金按规定贴花。

（二）关于各类应税合同的印花税

企业改制前签订但尚未履行完的各类应税合同，改制后需要变更执行主体的，对仅改变执行主体、其余条款未作变动且改制前已贴花的，不再贴花。

（三）关于产权转移书据的印花税

企业因改制签订的产权转移书据免予贴花。

第十六章　研发费加计扣除专题

一、研发费用加计扣除的基本规定是怎样的？哪些活动或行业不得享受加计扣除优惠政策？

（一）研发费用加计扣除基本规定

根据《企业所得税法》规定，开发新技术、新产品、新工艺发生的研究开发费用，可以在计算应纳税所得额时加计扣除。加计扣除，是指企业为开发新技术、新产品、新工艺发生的研究开发费用，未形成无形资产计入当期损益的，在按照规定据实扣除的基础上，按照研究开发费用的50%加计扣除；形成无形资产的，按照无形资产成本的150%摊销。

注：研发活动产生研发费用，能否加计扣除先判断研发活动是否符合规定，企业自己判定或税局转请科技厅判定（判定依据参考下文）。

研发活动，是指企业为获得科学与技术新知识，创造性运用科学技术新知识，或实质性改进技术、产品（服务）、工艺而持续进行的具有明确目标的系统性活动。（创造性运用指的是买来的专利等技术进行二次研发，买来即用的不可）。

（二）不得享受研发费用加计扣除优惠政策的活动或行业

下列活动不适用税前加计扣除政策：

1. 企业产品（服务）的常规性升级。

注：根据耗用的人力、物力等因素可自行判断，是否实质性创新。

2. 对某项科研成果的直接应用，如直接采用公开的新工艺、材料、装置、产品、服务或知识等。

3. 企业在商品化后为顾客提供的技术支持活动。

4. 对现存产品、服务、技术、材料或工艺流程进行的重复或简单改变。

5. 市场调查研究、效率调查或管理研究。

6. 作为工业（服务）流程环节或常规的质量控制、测试分析、维修维护。

7. 社会科学、艺术或人文学方面的研究。

注：失败的研发活动所发生的研发费用可享受税前加计扣除政策。

不适用税前加计扣除政策的行业：

1. 烟草制造业；
2. 住宿和餐饮业；
3. 批发和零售业；
4. 房地产业；
5. 租赁和商务服务业；
6. 娱乐业；
7. 财政部和国家税务总局规定的其他行业。

不适用税前加计扣除政策行业的企业，是指以上述所列行业业务为主营业务，其研发费用发生当年的主营业务收入占企业按税法第六条规定计算的收入总额减除不征税收入和投资收益的余额50%（不含）以上的企业（上述行业以《国民经济行业分类与代码（GB/4754—2011)》为准，并随之更新)。

注：清楚了研发活动定义后，研发部门首先作出判断，将符合定义要求的研发活动及其费用单列，统计好后递交给财务做专账及辅助账的核算。（专账根据会计准则不用剔除不征税收入对应的项目等项目，辅助账根据税法要求需剔除，根据管理要求及上市要求应按会计准则进行专账核算，根据税法要求进行辅助账核算，若较大差异尽量靠近税法口径进行会计核算，减少税会差异及后期工作量)

依据：

《中华人民共和国企业所得税法》。

《中华人民共和国企业所得税法实施条例》。

《关于完善研究开发费用税前加计扣除政策的通知》（财税〔2015〕119号)。

《国家税务总局关于企业研究开发费用税前加计扣除政策有关问题的公告》（国家税务总局公告〔2015年〕第97号)。

《国家税务总局关于研发费用税前加计扣除归集范围有关问题的公告》（国家税务总局公告〔2017年〕第40号)。

二、现行研发费用加计扣除的比例是多少?

根据规定，企业开展研发活动中实际发生的研发费用，未形成无形资产计入当期损益的，在按规定据实扣除的基础上，在2018年1月1日至2023年12月31日期间，再按照实际发生额的75%在税前加计扣除；形成无形资产的，在上述期间按照无形资产成本的175%在税前摊销。

制造业企业开展研发活动中实际发生的研发费用，未形成无形资产计入当期损益的，在按规定据实扣除的基础上，自2021年1月1日起，再按照实际发生额的100%在税前加计扣除；形成无形资产的，自2021年1月1日起，按照无形资产成本的200%在税前摊销。

注：制造业企业，是指以制造业业务为主营业务，享受优惠当年主营业务收入占收入总额的比例达到50%以上的企业。

科技型中小企业开展研发活动中实际发生的研发费用，未形成无形资产计入当期损益的，在按规定据实扣除的基础上，自2022年1月1日起，再按照实际发生额的100%在税前加计扣除；形成无形资产的，自2022年1月1日起，按照无形资产成本的200%在税前摊销。

依据：

《财政部 国家税务总局 科技部关于提高研究开发费用税前加计扣除比例的通知》（财税〔2018〕99号）。

《财政部 国家税务总局关于延长部分税收优惠政策执行期限的公告》（财政部 税务总局公告〔2021年〕第6号）。

《财政部 国家税务总局关于进一步完善研发费用税前加计扣除政策的公告》（财政部 国家税务总局公告〔2021年〕第13号）。

《财政部 国家税务总局 科技部关于进一步提高科技型中小企业研发费用税前加计扣除比例的公告》（财政部 国家税务总局 科技部公告〔2022年〕第16号）。

三、研发费用归集范围具体是怎样规定的？应注意哪些事项？

（一）人员人工费用

直接从事研发活动人员的工资薪金、基本养老保险费、基本医疗保险费、失业保险费、工伤保险费、生育保险费和住房公积金，以及外聘研发人员的劳务费用。

《国家税务总局公告〔2017年〕第40号》：直接从事研发活动人员包括研究人员、技术人员、辅助人员。研究人员是指主要从事研究开发项目的专业人员；技术人员是指具有工程技术、自然科学和生命科学中一个或一个以上领域的技术知识和经验，在研究人员指导下参与研发工作的人员；辅助人员是指参与研究开发活动的技工。外聘研发人员是指与本企业或劳务派遣企业签订劳务用工协议

（合同）和临时聘用的研究人员、技术人员、辅助人员。

注：直接从事研发活动人员的人工费用可以加计扣除，间接从事不可加计扣除，如科技项目档案管理人员等、后勤服务人员等。

接受劳务派遣的企业按照协议（合同）约定支付给劳务派遣企业，且由劳务派遣企业实际支付给外聘研发人员的工资薪金等费用，属于外聘研发人员的劳务费用。

《国家税务总局公告〔2017年〕第40号》解读：《国家税务总局关于企业工资薪金和职工福利费等支出税前扣除问题的公告》（国家税务总局公告〔2015年〕第34号）将劳务派遣分为两种形式，并分别适用不同的税前扣除规定：一种是按照协议（合同）约定直接支付给劳务派遣公司的费用作为劳务费支出在税前扣除，另一种是直接支付给员工个人的费用作为工资薪金和职工福利费支出在税前扣除。在97号公告规定的框架下，直接支付给员工个人的工资薪金属于人员人工费用范围，可以加计扣除。而直接支付给劳务派遣公司的费用，各地理解和执行不一。考虑到直接支付给员工个人和支付给劳务派遣公司，仅是支付方式不同，并未改变企业劳务派遣用工的实质，为体现税收公平，公告明确外聘研发人员包括与劳务派遣公司签订劳务用工协议（合同）的形式，将按照协议（合同）约定直接支付给劳务派遣公司，且由劳务派遣公司实际支付给研发人员的工资薪金等，纳入加计扣除范围。

工资薪金包括按规定可以在税前扣除的对研发人员股权激励的支出。

注：2017年40号解读——股权激励支出需要符合国家税务总局公告〔2012年〕第18号规定的条件。

直接从事研发活动的人员、外聘研发人员同时从事非研发活动的，企业应对其人员活动情况做必要记录，并将其实际发生的相关费用按实际工时占比等合理方法在研发费用和生产经营费用间分配，未分配的不得加计扣除。

注：首先研发部门确定好符合条件的研发活动后，根据立项书中确定的研发人员及实际研发人员情况，确定哪些符合研发人员定义，符合一定条件的研发人员，与其相关的费用才允许加计，确定好人员及工时等有关情况后将情况提交给人资部，人资部分好类别填好备注，进行工资单的编制，工资发放清单严格按照技术部门提供的人员登记，并与项目立项书中的研发人员进行核对，有出入者研发部门提供情况说明，工资发放清单上研发人员所属部门及岗位要与研发人员职能相符，再交由财务部门进行分摊核算；其次，研发人员的工资保险归集必须是实际发放，计提未发放的不允许归集；最后，若人员在生产与研发或研发项目之间有交叉的，需要按照工时等方法进行费用分摊。

（二）直接投入费用

1. 研发活动直接消耗的材料、燃料和动力费用。

注：各项研发费用的计提比例需谨慎，尤其材料比例过高需进行解释，是否有废料的、样品样机的产生及收入的实现。

原材料以领料单（需注明领用的研发项目）作为有效凭证，燃料动力等以分配表作为有效凭证。

2. 用于中间试验和产品试制的模具、工艺装备开发及制造费，不构成固定资产的样品、样机及一般测试手段购置费，试制产品的检验费。

3. 用于研发活动的仪器、设备的运行维护、调整、检验、维修等费用，以及通过经营租赁方式租入的用于研发活动的仪器、设备租赁费。

《国家税务总局公告〔2017 年〕第 40 号》：

1. 以经营租赁方式租入的用于研发活动的仪器、设备，同时用于非研发活动的，企业应对其仪器设备使用情况做必要记录，并将其实际发生的租赁费按实际工时占比等合理方法在研发费用和生产经营费用间分配，未分配的不得加计扣除。

2. 企业研发活动直接形成产品或作为组成部分形成的产品对外销售的，研发费用中对应的材料费用不得加计扣除。产品销售与对应的材料费用发生在不同纳税年度且材料费用已计入研发费用的，可在销售当年以对应的材料费用发生额直接冲减当年的研发费用，不足冲减的，结转以后年度继续冲减。

《国家税务总局公告〔2017 年〕第 40 号》：企业取得研发过程中形成的下脚料、残次品、中间试制品等特殊收入，在计算确认收入当年的加计扣除研发费用时，应从已归集研发费用中扣减该特殊收入，不足扣减的，加计扣除研发费用按零计算。

注：实际操作中，一个研发团队会完成多个研发项目，研发领料亦是同时领用且材料共用，在这种情况下，需要找到合理的依据，将归集的研发费用在研发项目间分配。同时，应注意单个项目研发费用中直接投入比例是否过高。

（三）折旧费用

用于研发活动的仪器、设备的折旧费。

注：房屋等不动产的折旧费或租赁费不允许加计扣除。

《国家税务总局公告〔2017 年〕第 40 号》：

1. 用于研发活动的仪器、设备，同时用于非研发活动的，企业应对其仪器设备使用情况做必要记录，并将其实际发生的折旧费按实际工时占比等合理方法在研发费用和生产经营费用间分配，未分配的不得加计扣除。

2. 企业用于研发活动的仪器、设备，符合税法规定且选择加速折旧优惠政策的，在享受研发费用税前加计扣除政策时，就税前扣除的折旧部分计算加计扣除。

（四）无形资产摊销

用于研发活动的软件、专利权、非专利技术（包括许可证、专有技术、设计和计算方法等）的摊销费用。

注： 指的是研发用的软件专利等无形资产，与自主研发形成无形资产相区别。

《国家税务总局公告〔2017 年〕第 40 号》：

1. 用于研发活动的无形资产，同时用于非研发活动的，企业应对其无形资产使用情况做必要记录，并将其实际发生的摊销费按实际工时占比等合理方法在研发费用和生产经营费用间分配，未分配的不得加计扣除。

2. 用于研发活动的无形资产，符合税法规定且选择缩短摊销年限的，在享受研发费用税前加计扣除政策时，就税前扣除的摊销部分计算加计扣除。

注： 加速摊销与加速折旧原则一致。

（五）新产品设计费、新工艺规程制定费、新药研制的临床试验费、勘探开发技术的现场试验费

《国家税务总局公告〔2017 年〕第 40 号》：指企业在新产品设计、新工艺规程制定、新药研制的临床试验、勘探开发技术的现场试验过程中发生的与开展该项活动有关的各类费用。

（六）其他相关费用

《国家税务总局公告〔2017 年〕第 40 号》：指与研发活动直接相关的其他费用，如技术图书资料费、资料翻译费、专家咨询费、高新科技研发保险费，研发成果的检索、分析、评议、论证、鉴定、评审、评估、验收费用，知识产权的申请费、注册费、代理费，差旅费、会议费，职工福利费、补充养老保险费、补充医疗保险费。此类费用总额不得超过可加计扣除研发费用总额的 10%。

《国家税务总局公告〔2021 年〕第 28 号》：企业在一个纳税年度内同时开展多项研发活动的，由原来按照每一研发项目分别计算“其他相关费用”限额，改为统一计算全部研发项目“其他相关费用”限额。

企业按照以下公式计算《财政部 国家税务总局 科技部关于完善研究开发费用税前加计扣除政策的通知》（财税〔2015〕119 号）第一条第（一）项“允许加计扣除的研发费用”第 6 目规定的“其他相关费用”的限额，其中资本化项目发生的费用在形成无形资产的年度统一纳入计算：

$$\text{全部研发项目的其他相关费用限额} = \text{全部研发项目的人员人工等五项费用之和} \times 10\% / (1 - 10\%)$$

“人员人工等五项费用”是指财税〔2015〕119号文件“允许加计扣除的研发费用”第1目至第5目费用，包括“人员人工费用”“直接投入费用”“折旧费用”“无形资产摊销”和“新产品设计费、新工艺规程制定费、新药研制的临床试验费、勘探开发技术的现场试验费”；当“其他相关费用”实际发生数小于限额时，按实际发生数计算税前加计扣除额；当“其他相关费用”实际发生数大于限额时，按限额计算税前加计扣除额。

（七）特殊费用事项

1. 委托研发

《财税〔2015〕119号》：企业委托外部机构或个人进行研发活动所发生的费用，按照费用实际发生额的80%计入委托方研发费用并计算加计扣除，受托方不得再进行加计扣除。委托外部研究开发费用实际发生额应按照独立交易原则确定。

委托方与受托方存在关联关系的，受托方应向委托方提供研发项目费用支出明细情况。

根据留存备查资料相关要求，委托研发合同应当取得科技行政主管部门登记。

《国家税务总局公告〔2017年〕第40号》：国家税务总局公告〔2015年〕第97号第三条所称“研发活动发生费用”是指委托方实际支付给受托方的费用。无论委托方是否享受研发费用税前加计扣除政策，受托方均不得加计扣除。

《国家税务总局公告〔2017年〕第40号》：比如，A企业（制造业企业）2021年委托其B关联企业研发，假设该研发符合研发费用加计扣除的相关条件。A企业支付给B企业100万元。B企业实际发生费用90万元（其中按可加计扣除口径归集的费用为85万元），利润10万元。2021年，A企业可加计扣除的金额为100×80%×100%=80（万元），B企业应向A企业提供实际发生费用90万元的明细情况。

《国家税务总局公告〔2015年〕第97号》：委托个人研发的，应凭个人出具的发票等合法有效凭证在税前加计扣除。

《财税〔2015〕119号》：企业共同合作开发的项目，由合作各方就自身实际承担的研发费用分别计算加计扣除。

企业集团根据生产经营和科技开发的实际情况，对技术要求高、投资数额大，需要集中研发的项目，其实际发生的研发费用，可以按照权利和义务相一致、费用支出和收益分享相配比的原则，合理确定研发费用的分摊方法，在受益成员企业间进行分摊，由相关成员企业分别计算加计扣除。

企业为获得创新性、创意性、突破性的产品进行创意设计活动而发生的相关费用，可按照本通知规定进行税前加计扣除。

创意设计活动是指多媒体软件、动漫游戏软件开发，数字动漫、游戏设计制作；房屋建筑工程设计（绿色建筑评价标准为三星）、风景园林工程专项设计；工业设计、多媒体设计、动漫及衍生产品设计、模型设计等。

《财税〔2018〕64号》：委托境外进行研发活动所发生的费用，按照费用实际发生额的80%计入委托方的委托境外研发费用。委托境外研发费用不超过境内符合条件的研发费用三分之二的部分，可以按规定在企业所得税前加计扣除。

上述费用实际发生额应按照独立交易原则确定。委托方与受托方存在关联关系的，受托方应向委托方提供研发项目费用支出明细情况。

委托境外进行研发活动应签订技术开发合同，并由委托方到科技行政主管部门进行登记。相关事项按技术合同认定登记管理办法及技术合同认定规则执行。

委托境外进行研发活动不包括委托境外个人进行的研发活动。

2. 政府补助

《国家税务总局公告〔2015年〕第97号》：企业取得作为不征税收入处理的财政性资金用于研发活动所形成的费用或无形资产，不得计算加计扣除或摊销。

《国家税务总局公告〔2017年〕第40号》：企业取得的政府补助，会计处理时采用直接冲减研发费用方法且税务处理时未将其确认为应税收入的，应按冲减后的余额计算加计扣除金额。

注： 企业对于取得的财政性资金如用于研发项目，建议取得时做征税收入处理，相关支出可以税前扣除，且符合条件的支出可享受加计扣除优惠政策。

四、研发费用的会计核算与管理有哪些具体要求？

《财税〔2015〕119号》：企业应按照国家财务会计制度要求，对研发支出进行会计处理；同时，对享受加计扣除的研发费用按研发项目设置辅助账，准确归集核算当年可加计扣除的各项研发费用实际发生额。企业在一个纳税年度内进行多项研发活动的，应按照不同研发项目分别归集可加计扣除的研发费用。

注： 会计处理按照财企2007年194号文的规定核算，其中房屋折旧租赁费、办公费、培训费等费用可以在会计核算中体现，只是税法不允许加计而已，由此

会产生税会差异。企业应对研发费用和生产经营费用分别核算，准确、合理归集各项费用支出，对划分不清的，不得实行加计扣除。

《国家税务总局公告〔2015年〕第97号》：研发项目立项时应设置研发支出辅助账，由企业留存备查；年末汇总分析填报研发支出辅助账汇总表。

注：按照会计准则的原则，在不影响内部管理及上市要求的前提下财务核算应靠近税务要求，按照税法研发费归集的口径设立科目，尽量靠近辅助账设置的科目，方便，减少辅助账设立的工作量。

科目设置举例：研发支出/资本性支出（费用化支出）/人员人工工资薪金（按项目名称辅助核算），月末费用化支出转入管理费用。

严格按照项目的执行期归集费用，如有变更，及时办理相应手续。

《国家税务总局公告〔2021年〕第28号》规定：《国家税务总局关于企业研究开发费用税前加计扣除政策有关问题的公告》（〔2015年〕第97号）发布的研发支出辅助账和研发支出辅助账汇总表样式继续有效。另增设简化版研发支出辅助账和研发支出辅助账汇总表样式，具体样式及填写说明见附件。

企业按照研发项目设置辅助账时，可以自主选择使用2015版研发支出辅助账样式，或者2021版研发支出辅助账样式（详见附件4、附件5），也可以参照上述样式自行设计研发支出辅助账样式。

企业自行设计的研发支出辅助账样式，应当包括2021版研发支出辅助账样式所列数据项，且逻辑关系一致，能准确归集允许加计扣除的研发费用。

五、享受加计扣除税收优惠需要留存哪些资料?

《财税〔2015〕119号》通知适用于会计核算健全、实行查账征收并能够准确归集研发费用的居民企业。企业符合本通知规定的研发费用加计扣除条件而在2016年1月1日以后未及时享受该项税收优惠的，可以追溯享受并履行备案手续，追溯期限最长为3年。

《国家税务总局公告〔2017年〕第40号》：本公告适用于2017年度及以后年度汇算清缴。以前年度已经进行税务处理的不再调整。涉及追溯享受优惠政策情形的，按照本公告的规定执行。科技型中小企业研发费用加计扣除事项按照本公告执行。

在执行时间上，公告适用于2017年度及以后年度汇算清缴。本着保护纳税人权益、降低税务风险的考虑，明确对以前年度已经进行税务处理的，均不再调整。财税〔2015〕119号文件中明确了研发费用加计扣除政策可以追溯享受。由于本公告放宽了部分政策口径，本着有利追溯的原则，对企业涉及追溯享受情形的，也可以按照本公告规定执行。从适用对象上讲，科技型中小企业研发费用加计扣除事项也应适用本公告。

《国家税务总局公告〔2022 年〕第 10 号》：企业享受研发费用加计扣除优惠政策采取“真实发生、自行判别、申报享受、相关资料留存备查”办理方式，由企业依据实际发生的研发费用支出，自行计算加计扣除金额，填报《中华人民共和国企业所得税月（季）度预缴纳税申报表（A 类）》享受税收优惠，并根据享受加计扣除优惠的研发费用情况（前三季度）填写研发费用加计扣除优惠明细表（A107012）。研发费用加计扣除优惠明细表（A107012）与规定的其他资料一并留存备查。

《国家税务总局公告〔2018 年〕第 23 号》公告规定的研究开发费用加计扣除主要留存备查资料：

1. 自主、委托、合作研究开发项目计划书和企业有权部门关于自主、委托、合作研究开发项目立项的决议文件；

2. 自主、委托、合作研究开发专门机构或项目组的编制情况和研发人员名单；

3. 经科技行政主管部门登记的委托、合作研究开发项目的合同；

4. 从事研发活动的人员（包括外聘人员）和用于研发活动的仪器、设备、无形资产的费用分配说明（包括工作使用情况记录及费用分配计算证据材料）；

5. 集中研发项目研发费决算表、集中研发项目费用分摊明细情况表和实际分享收益比例等资料；

6. “研发支出”辅助账及汇总表；

7. 企业如果已取得地市级（含）以上科技行政主管部门出具的鉴定意见，应作为资料留存备查。

六、研发费用加计扣除优惠政策在何时享受?

企业 10 月份预缴申报第 3 季度（按季预缴）或 9 月份（按月预缴）企业所得税时，可以自主选择就当年前三季度研发费用享受加计扣除优惠政策。

对 10 月份预缴申报期未选择享受研发费用加计扣除优惠政策的，可以在办理当年度企业所得税汇算清缴时统一享受。

依据：

国家税务总局关于企业预缴申报享受研发费用加计扣除优惠政策有关事项的公告（国家税务总局公告〔2022 年〕第 10 号）。

七、如何防范加计扣除税务检查风险?

《财税〔2015〕119 号》:税务部门应加强研发费用加计扣除优惠政策的后续管理,定期开展核查,年度核查面不得低于20%。

税务机关对企业享受加计扣除优惠的研发项目有异议的,可以转请地市级(含)以上科技行政主管部门出具鉴定意见,科技部门应及时回复意见。企业承担省部级(含)以上科研项目的,以及以前年度已鉴定的跨年度研发项目,不再需要鉴定。

根据《关于印发〈河北省企业研究开发费用税前加计扣除项目鉴定办法〉的通知》(冀科政〔2016〕22 号):第五条 鉴定内容

(一)该项目开展的研究开发活动是否属于《通知》所称"研发活动":

1. 企业为获得科学与技术新知识而持续进行的具有明确目标的系统性活动。

2. 企业创造性运用科学技术新知识而持续进行的具有明确目标的系统性活动。

3. 企业实质性改进技术、产品(服务)、工艺而持续进行的具有明确目标的系统性活动。

(二)该项目开展的活动是否不属于下列"活动负面清单":

1. 企业产品(服务)的常规性升级。

2. 对某项科研成果的直接应用,如直接采用公开的新工艺、材料、装置、产品、服务或知识等。

3. 企业在商品化后为顾客提供的技术支持活动。

4. 对现存产品、服务、技术、材料或工艺流程进行的重复或简单改变。

5. 市场调查研究、效率调查或管理研究。

6. 作为工业(服务)流程环节或常规的质量控制、测试分析、维修维护。

7. 社会科学、艺术或人文学方面的研究。

(三)从研究开发角度判断该项目费用投入是否合理。

省、市科学技术行政主管部门组织有关专家或委托第三方专业机构负责鉴定时,仅对项目研发费用支出的合理性进行定性判断。

(四)主管税务机关要求的其他事项。

根据《关于进一步做好企业研发费用加计扣除政策落实工作的通知》(国科发政〔2017〕211 号):

1. 事中异议项目鉴定

(1)税务部门对企业享受加计扣除优惠的研发项目有异议的,应及时通过县（区）级科技部门将项目资料送地市级（含）以上科技部门进行鉴定；由省直接管理的县/市，可直接由县级科技部门进行鉴定。

（2）鉴定部门在收到税务部门的鉴定需求后，应及时组织专家进行鉴定，并在规定时间内通过原渠道将鉴定意见反馈税务部门。鉴定时，应由3名以上相关领域的产业、技术、管理等专家参加。

（3）税务部门对鉴定部门的鉴定意见有异议的，可转请省级人民政府科技行政管理部门出具鉴定意见。

（4）对企业承担的省部级（含）以上科研项目，以及以前年度已鉴定的跨年度研发项目，税务部门不再要求进行鉴定。

2. 事后核查异议项目鉴定

税务部门在对企业享受的研发费用加计扣除优惠开展事后核查中，对企业研发项目有异议的，可按照“事中异议项目鉴定”的规定送科技部门鉴定。

第十七章　税收征收管理

《中华人民共和国税收征收管理法》（1992 年 9 月 4 日第七届全国人民代表大会常务委员会第二十七次会议通过，根据 2015 年 4 月 24 日第十二届全国人民代表大会常务委员会第十四次会议《全国人民代表大会常务委员会关于修改〈中华人民共和国港口法〉等七部法律的决定》第三次修正）。

《中华人民共和国税收征收管理法实施细则》（2002 年 9 月 7 日中华人民共和国国务院令第 362 号公布，根据 2016 年 2 月 6 日《国务院关于修改部分行政法规的决定》修正）。

一、税收滞纳金如何计算？税收滞纳金是否有上限？是否可以超过未缴税款？

纳税人未按照规定期限缴纳税款的，扣缴义务人未按照规定期限解缴税款的，税务机关除责令限期缴纳外，从滞纳税款之日起，按日加收滞纳税款万分之五的滞纳金。

加收滞纳金的起止时间，为法律、行政法规规定或者税务机关依照法律、行政法规的规定确定的税款缴纳期限届满次日起至纳税人、扣缴义务人实际缴纳或者解缴税款之日止。

《中华人民共和国行政强制法》（主席令第 49 号）第四十五条规定，行政机关依法作出金钱给付义务的行政决定，当事人逾期不履行的，行政机关可以依法加处罚款或者滞纳金。加处罚款或者滞纳金的标准应当告知当事人。加处罚款或者滞纳金的数额不得超出金钱给付义务的数额。

根据《中华人民共和国行政强制法》第一条规定可知，制定行政强制法的目的是规范行政强制的设定和实施，保障和监督行政机关依法履行职责，维护公共利益和社会秩序，保护公民、法人和其他组织的合法权益，根据宪法制定的。税务机关属于行政机关，应执行《行政强制法》第四十五条规定。

因此，税收滞纳金是有上限的，应不超过未缴税款金额。

依据：

《中华人民共和国税收征收管理法》。

《中华人民共和国行政强制法》（主席令第 49 号）。

二、缴纳欠税和税收滞纳金是否必须同时缴纳？

（一）对纳税人、扣缴义务人、纳税担保人应缴纳的欠税及滞纳金不再要求同时缴纳，可以先行缴纳欠税，再依法缴纳滞纳金。

（二）本条所称欠税，是指依照《欠税公告办法（试行）》（国家税务总局令第 9 号公布，第 44 号修改）第三条、第十三条规定认定的，纳税人、扣缴义务人、纳税担保人超过税收法律、行政法规规定的期限或者超过税务机关依照税收法律、行政法规规定确定的纳税期限未缴纳的税款。

依据：

《国家税务总局关于税收征管若干事项的公告》（国家税务总局公告〔2019 年〕第 48 号）第一条。

三、公司已开业并产生销售收入，由于公司名称未通过工商部门审核，尚未颁发营业执照，产生的收入应该怎样缴纳税款？

企业，企业在外地设立的分支机构和从事生产、经营的场所，个体工商户和从事生产、经营的事业单位（以下统称从事生产、经营的纳税人）自领取营业执照之日起 30 内，持有关证件向税务机关申报办理税务登记。税务机关应当于收到申报的当日办理登记并发给税务登记证件。

从事生产、经营的纳税人未办理工商营业执照也未经有关部门批准设立的，应当自纳税义务发生之日起 30 日内申报办理税务登记，税务机关发放临时税务登记证及副本。

依据：

《中华人民共和国税收征收管理法》。

《国家税务总局关于修改〈税务登记管理办法〉的决定》（国家税务总局令第 36 号）。

四、非正常户的认定与解除是怎样规定的？

（一）已办理税务登记的纳税人未按照规定的期限进行纳税申报，税务机关依法责令其限期改正。纳税人逾期不改正的，税务机关可以按照《中华人民共和国税收征收管理法》第七十二条规定处理（税务机关可以收缴其发票或者停止向其发售发票）。

纳税人负有纳税申报义务，但连续三个月所有税种均未进行纳税申报的，税收征管系统自动将其认定为非正常户，并停止其发票领用簿和发票的使用。

（二）对欠税的非正常户，税务机关依照税收征管法及其实施细则的规定追征税款及滞纳金。

（三）已认定为非正常户的纳税人，就其逾期未申报行为接受处罚、缴纳罚款，并补办纳税申报的，税收征管系统自动解除非正常状态，无须纳税人专门申请解除。

依据：

《国家税务总局关于税收征管若干事项的公告》（国家税务总局公告〔2019年〕第48号）第三条。

五、企业破产清算程序中的税收征管是怎样规定的？

（一）税务机关在人民法院公告的债权申报期限内，向管理人申报企业所欠税款（含教育费附加、地方教育附加，下同）、滞纳金及罚款。因特别纳税调整产生的利息，也应一并申报。

企业所欠税款、滞纳金、罚款，以及因特别纳税调整产生的利息，以人民法院裁定受理破产申请之日为截止日计算确定。

（二）在人民法院裁定受理破产申请之日至企业注销之日期间，企业应当接受税务机关的税务管理，履行税法规定的相关义务。破产程序中如发生应税情形，应按规定申报纳税。

从人民法院指定管理人之日起，管理人可以按照《中华人民共和国企业破产法》第二十五条规定，以企业名义办理纳税申报等涉税事宜。

企业因继续履行合同、生产经营或处置财产需要开具发票的，管理人可以以企业名义按规定申领开具发票或者代开发票。

（三）企业所欠税款、滞纳金、因特别纳税调整产生的利息，税务机关按照企业破产法相关规定进行申报，其中，企业所欠的滞纳金、因特别纳税调整产生的利息按照普通破产债权申报。

依据：

《国家税务总局关于税收征管若干事项的公告》（国家税务总局公告〔2019年〕第48号）。

六、纳税人存在多缴或少缴税款，税务机关如何处理？

（一）纳税人超过应纳税额缴纳的税款，税务机关发现后应当立即退还；纳税人自结算缴纳税款之日起三年内发现的，可以向税务机关要求退还多缴的税款并加算银行同期存款利息，税务机关及时查实后应当立即退还；涉及从国库中退库的，依照法律、行政法规有关国库管理的规定退还。

（二）因税务机关的责任，致使纳税人、扣缴义务人未缴或者少缴税款的，税务机关在三年内可以要求纳税人、扣缴义务人补缴税款，但是不得加收滞纳金。

（三）因纳税人、扣缴义务人计算错误等失误，未缴或者少缴税款的，税务机关在三年内可以追征税款、滞纳金；有特殊情况的，追征期可以延长到五年。

1. 纳税人、扣缴义务人计算错误等失误，是指非主观故意的计算公式运用错误以及明显的笔误；

2. 特殊情况，是指纳税人或者扣缴义务人因计算错误等失误，未缴或者少缴、未扣或者少扣、未收或者少收税款，累计数额在10万元以上的。

对偷税、抗税、骗税的，税务机关追征其未缴或者少缴的税款、滞纳金或者所骗取的税款，不受前款规定期限的限制。

依据：

《中华人民共和国税收征收管理法》第五十一条、第五十二条。

《中华人民共和国税收征收管理法实施细则》。

七、纳税人因有特殊困难，不能按期缴纳税款的，是否可以延期缴纳税款？具体延期时间是如何规定的？

纳税人因有特殊困难，不能按期缴纳税款的，经省、自治区、直辖市国家税务局、地方税务局批准，可以延期缴纳税款，但是最长不得超过三个月。

纳税人有下列情形之一的，属于特殊困难：

（一）因不可抗力，导致纳税人发生较大损失，正常生产经营活动受到较大影响的；

（二）当期货币资金在扣除应付职工工资、社会保险费后，不足以缴纳税款的。

纳税人需要延期缴纳税款的，应当在缴纳税款期限届满前提出申请，并报送下列材料：

申请延期缴纳税款报告；当期货币资金余额情况及所有银行存款账户的对账单；资产负债表；应付职工工资和社会保险费等税务机关要求提供的支出预算。

税务机关应当自收到申请延期缴纳税款报告之日起 20 日内作出批准或者不予批准的决定；不予批准的，从缴纳税款期限届满之日起加收滞纳金。

依据：

《中华人民共和国税收征收管理法》。

《中华人民共和国税收征收管理法实施细则》。

八、纳税人在纳税期内没有应纳税款的，是否需要办理纳税申报？

（一）纳税人在纳税期内没有应纳税款的，也应当按照规定办理纳税申报；

（二）纳税人享受减税、免税待遇的，在减税、免税期间应当按照规定办理纳税申报。

依据：

《中华人民共和国税收征收管理法实施细则》。

九、税收优先原则是如何规定的？

税务机关征收税款，税收优先于无担保债权，法律另有规定的除外；纳税人欠缴的税款发生在纳税人以其财产设定抵押、质押或者纳税人的财产被留置之前的，税收应当先于抵押权、质权、留置权执行。

纳税人欠缴税款，同时又被行政机关决定处以罚款、没收违法所得的，税收优先于罚款、没收违法所得。

依据：

《中华人民共和国税收征收管理法》。

十、税务机关进行税务检查时，应出具何种证件和文书？调取纳税人相关资料的批准和退还时间是如何规定的？

（一）税务机关派出的人员进行税务检查时，应当出示税务检查证和税务检查通知书，并有责任为被检查人保守秘密；未出示税务检查证和税务检查通知书的，被检查人有权拒绝检查。

（二）必要时，经县以上税务局（分局）局长批准，可以将纳税人、扣缴义务人以前会计年度的账簿、记账凭证、报表和其他有关资料调回税务机关检查，但是税务机关必须向纳税人、扣缴义务人开付清单，并在 3 个月内完整退还；有特殊情况的，经设区的市、自治州以上税务局局长批准，税务机关可以将纳税人、扣缴义务人当年的账簿、记账凭证、报表和其他有关资料调回检查，但是税务机关必须在30日内退还。

（三）调取账簿、记账凭证、报表和其他有关资料时，应当向被查对象出具调取账簿资料通知书，并填写调取账簿资料清单交其核对后签章确认。

依据：

《中华人民共和国税收征收管理法》。

《中华人民共和国税收征收管理法实施细则》。

十一、税务机关是否可以查询纳税人的存款账户？

经县以上税务局（分局）局长批准，凭全国统一格式的检查存款账户许可证明，查询从事生产、经营的纳税人、扣缴义务人在银行或者其他金融机构的存款账户。税务机关在调查税收违法案件时，经设区的市、自治州以上税务局（分局）局长批准，可以查询案件涉嫌人员的储蓄存款。税务机关查询所获得的资料，不得用于税收以外的用途。

依据：

《中华人民共和国税收征收管理法》。

十二、纳税人和扣缴义务人存在偷税、编造虚假计税依据、妨碍税务机关追缴欠缴的税款、骗税、抗税等行为的，行政处罚是如何规定的？

（一）偷税是指纳税人伪造、变造、隐匿、擅自销毁账簿、记账凭证，或者在账簿上多列支出或者不列、少列收入，或者经税务机关通知申报而拒不申报或者进行虚假的纳税申报，不缴或者少缴应纳税款。对纳税人偷税的，由税务机关追缴其不缴或者少缴的税款、滞纳金，并处不缴或者少缴的税款百分之五十以上五倍以下的罚款；构成犯罪的，依法追究刑事责任。

扣缴义务人采取前款所列手段，不缴或者少缴已扣、已收税款，由税务机关追缴其不缴或者少缴的税款、滞纳金，并处不缴或者少缴的税款百分之五十以上五倍以下的罚款；构成犯罪的，依法追究刑事责任。

（二）纳税人、扣缴义务人编造虚假计税依据的，由税务机关责令限期改正，并处五万元以下的罚款。

纳税人不进行纳税申报，不缴或者少缴应纳税款的，由税务机关追缴其不缴或者少缴的税款、滞纳金，并处不缴或者少缴的税款百分之五十以上五倍以下的罚款。

（三）纳税人欠缴应纳税款，采取转移或者隐匿财产的手段，妨碍税务机关追缴欠缴的税款的，由税务机关追缴欠缴的税款、滞纳金，并处欠缴税款百分之五十以上五倍以下的罚款；构成犯罪的，依法追究刑事责任。

（四）以假报出口或者其他欺骗手段，骗取国家出口退税款的，由税务机关追缴其骗取的退税款，并处骗取税款一倍以上五倍以下的罚款；构成犯罪的，依法追究刑事责任。

对骗取国家出口退税款的，税务机关可以在规定期间内停止为其办理出口退税。

（五）抗税是以暴力、威胁方法拒不缴纳税款，除由税务机关追缴其拒缴的税款、滞纳金外，依法追究刑事责任。情节轻微，未构成犯罪的，由税务机关追缴其拒缴的税款、滞纳金，并处拒缴税款一倍以上五倍以下的罚款。

（六）纳税人、扣缴义务人在规定期限内不缴或者少缴应纳或者应解缴的税款，经税务机关责令限期缴纳，逾期仍未缴纳的，税务机关除依照本法第四十条的规定采取强制执行措施追缴其不缴或者少缴的税款外，可以处不缴或者少缴的税款百分之五十以上五倍以下的罚款。

（七）扣缴义务人应扣未扣、应收而不收税款的，由税务机关向纳税人追缴税款，对扣缴义务人处应扣未扣、应收未收税款百分之五十以上三倍以下的罚款。

（八）纳税人、扣缴义务人逃避、拒绝或者以其他方式阻挠税务机关检查的，由税务机关责令改正，可以处一万元以下的罚款；情节严重的，处一万元以上五万元以下的罚款。

依据：

《中华人民共和国税收征收管理法》。

十三、纳税人对税务机关做出的哪些行政行为不服，可以申请行政复议？

行政复议机关受理申请人对税务机关下列具体行政行为不服提出的行政复议申请：

（一）征税行为，包括确认纳税主体、征税对象、征税范围、减税、免税、退税、抵扣税款、适用税率、计税依据、纳税环节、纳税期限、纳税地点和税款征收方式等具体行政行为，征收税款、加收滞纳金，扣缴义务人、受税务机关委托的单位和个人作出的代扣代缴、代收代缴、代征行为等。

（二）行政许可、行政审批行为。

（三）发票管理行为，包括发售、收缴、代开发票等。

（四）税收保全措施、强制执行措施。

（五）行政处罚行为：1. 罚款；2. 没收财物和违法所得；3. 停止出口退税权。

（六）不依法履行下列职责的行为：1. 颁发税务登记；2. 开具、出具完税凭证、外出经营活动税收管理证明；3. 行政赔偿；4. 行政奖励；5. 其他不依法履行职责的行为。

（七）资格认定行为。

（八）不依法确认纳税担保行为。

（九）政府信息公开工作中的具体行政行为。

（十）纳税信用等级评定行为。

（十一）通知出入境管理机关阻止出境行为。

（十二）其他具体行政行为。

依据：

《税务行政复议规则》（国家税务总局令第44号）（2018年修订版）。

十四、申请税务行政复议的前提条件是什么?

纳税人、扣缴义务人、纳税担保人同税务机关在纳税上发生争议时，必须先依照税务机关的纳税决定缴纳或者解缴税款及滞纳金或者提供相应的担保，然后可以依法申请行政复议；对行政复议决定不服的，可以依法向人民法院起诉。

依据：

《中华人民共和国税收征收管理法》。

十五、税务机关扣押、查封纳税人相关财产时，需开具何种凭据?

税务机关扣押商品、货物或者其他财产时，必须开付收据；查封商品、货物或者其他财产时，必须开付清单。

依据：

《中华人民共和国税收征收管理法》。

十六、税务行政处罚“首违不罚”事项包括哪些?

对于首次发生下列事项且危害后果轻微，在税务机关发现前主动改正或者在税务机关责令限期改正的期限内改正的，不予行政处罚（自2021年4月1日起施行）：

（一）纳税人未按照税收征收管理法及实施细则等有关规定将其全部银行账号向税务机关报送；

（二）纳税人未按照税收征收管理法及实施细则等有关规定设置、保管账簿或者保管记账凭证和有关资料；

（三）纳税人未按照税收征收管理法及实施细则等有关规定的期限办理纳税申报和报送纳税资料；

（四）纳税人使用税控装置开具发票，未按照税收征收管理法及实施细则、发票管理办法等有关规定的期限向主管税务机关报送开具发票的数据且没有违法所得；

（五）纳税人未按照税收征收管理法及实施细则、发票管理办法等有关规定取得发票，以其他凭证代替发票使用且没有违法所得；

（六）纳税人未按照税收征收管理法及实施细则、发票管理办法等有关规定缴销发票且没有违法所得；

（七）扣缴义务人未按照税收征收管理法及实施细则等有关规定设置、保管代扣代缴、代收代缴税款账簿或者保管代扣代缴、代收代缴税款记账凭证及有关资料；

（八）扣缴义务人未按照税收征收管理法及实施细则等有关规定的期限报送代扣代缴、代收代缴税款有关资料；

（九）扣缴义务人未按照《税收票证管理办法》的规定开具税收票证；

（十）境内机构或个人向非居民发包工程作业或劳务项目，未按照《非居民承包工程作业和提供劳务税收管理暂行办法》的规定向主管税务机关报告有关事项。

第二批税务行政处罚“首违不罚”事项清单（自2022年1月1日起施行）：

（一）纳税人使用非税控电子器具开具发票，未按照税收征收管理法及实施细则、发票管理办法等有关规定将非税控电子器具使用的软件程序说明资料报主管税务机关备案且没有违法所得；

（二）纳税人未按照税收征收管理法及实施细则、税务登记管理办法等有关规定办理税务登记证件验证或者换证手续；

（三）纳税人未按照税收征收管理法及实施细则、发票管理办法等有关规定加盖发票专用章且没有违法所得；

（四）纳税人未按照税收征收管理法及实施细则等有关规定将财务、会计制度或者财务、会计处理办法和会计核算软件报送税务机关备查。

依据：

《国家税务总局关于发布〈税务行政处罚“首违不罚”事项清单〉的公告》（国家税务总局公告〔2021年〕第6号）。

《国家税务总局关于发布〈第二批税务行政处罚“首违不罚”事项清单〉的公告》（国家税务总局公告〔2021年〕第33号）。

十七、重大税收违法失信主体具体包括哪些？

（一）伪造、变造、隐匿、擅自销毁账簿、记账凭证，或者在账簿上多列支出或者不列、少列收入，或者经税务机关通知申报而拒不申报或者进行虚假的纳税申报，不缴或者少缴应纳税款100万元以上，且任一年度不缴或者少缴应纳税款占当年各税种应纳税总额10%以上的，或者采取前述手段，不缴或者少缴已扣、已收税款，数额在100万元以上的；

（二）欠缴应纳税款，采取转移或者隐匿财产的手段，妨碍税务机关追缴欠缴的税款，欠缴税款金额100万元以上的；

（三）骗取国家出口退税款的；

（四）以暴力、威胁方法拒不缴纳税款的；

（五）虚开增值税专用发票或者虚开用于骗取出口退税、抵扣税款的其他发票的；

（六）虚开增值税普通发票100份以上或者金额400万元以上的；

（七）私自印制、伪造、变造发票，非法制造发票防伪专用品，伪造发票监制章的；

（八）具有偷税、逃避追缴欠税、骗取出口退税、抗税、虚开发票等行为，在稽查案件执行完毕前，不履行税收义务并脱离税务机关监管，经税务机关检查确认走逃（失联）的；

（九）为纳税人、扣缴义务人非法提供银行账户、发票、证明或者其他方便，导致未缴、少缴税款100万元以上或者骗取国家出口退税款的；

（十）税务代理人违反税收法律、行政法规造成纳税人未缴或者少缴税款

100 万元以上的；

（十一）其他性质恶劣、情节严重、社会危害性较大的税收违法行为。

依据：

《重大税收违法失信主体信息公布管理办法》（国家税务总局令第 54 号）。

十八、重大税收违法失信主体的惩戒措施有哪些？

（一）税务机关应当通过国家税务总局各省、自治区、直辖市、计划单列市税务局网站向社会公布失信主体信息，根据本地区实际情况，也可以通过税务机关公告栏、报纸、广播、电视、网络媒体等途径以及新闻发布会等形式向社会公布。

属于上述问题十五中第一项、第二项规定情形的失信主体，在失信信息公布前按照《税务处理决定书》《税务行政处罚决定书》缴清税款、滞纳金和罚款的，经税务机关确认，不向社会公布其相关信息。

属于上述问题十五中第六条第八项规定情形的失信主体，具有偷税、逃避追缴欠税行为的，按照前款规定处理。

（二）税务机关对按本办法规定确定的失信主体，纳入纳税信用评价范围的，按照纳税信用管理规定，将其纳税信用级别判为 D 级，适用相应的 D 级纳税人管理措施。

（三）税务机关将失信信息提供给相关部门，由相关部门依法依规采取失信惩戒措施。

依据：

《重大税收违法失信主体信息公布管理办法》（国家税务总局令第 54 号）。

十九、失信主体符合哪些条件的，可以申请提前停止公布失信信息？

失信信息公布期间，符合下列条件之一的，失信主体或者其破产管理人可以向作出确定失信主体决定的税务机关申请提前停止公布失信信息：

（一）按照《税务处理决定书》《税务行政处罚决定书》缴清（退）税款、滞纳金、罚款，且失信主体失信信息公布满六个月的；

（二）失信主体破产，人民法院出具批准重整计划或认可和解协议的裁定书，税务机关依法受偿的；

（三）在发生重大自然灾害、公共卫生、社会安全等突发事件期间，因参与应急抢险救灾、疫情防控、重大项目建设或者履行社会责任作出突出贡献的。

失信主体有下列情形之一的，不予提前停止公布：

（一）被确定为失信主体后，因发生偷税、逃避追缴欠税、骗取出口退税、抗税、虚开发票等税收违法行为受到税务处理或者行政处罚的；

（二）五年内被确定为失信主体两次以上的。

申请人按本条第二项规定失信主体破产的申请提前停止公布的，不受前款规定限制。

依据：

《重大税收违法失信主体信息公布管理办法》（国家税务总局令第54号）。

第十八章　纳税信用等级

《国家税务总局关于发布〈纳税信用管理办法（试行）〉的公告》（国家税务总局公告〔2014 年〕第 40 号）自 2014 年 10 月 1 日起施行；《国家税务总局关于纳税信用评价与修复有关事项的公告》（国家税务总局公告〔2021 年〕第 31 号）自 2022 年 1 月 1 日起施行。

一、纳税信用等级类别是如何划分的？

纳税信用级别设 A、B、C、D 四级。A 级纳税信用为年度评价指标得分 90 分以上的；B 级纳税信用为年度评价指标得分 70 分以上不满 90 分的；C 级纳税信用为年度评价指标得分 40 分以上不满 70 分的；D 级纳税信用为年度评价指标得分不满 40 分或者直接判级确定的。

增设 M 级纳税信用级别，纳税信用级别由 A、B、C、D 四级变更为 A、B、M、C、D 五级。未发生《信用管理办法》第二十条所列失信行为的下列企业适用 M 级纳税信用：

（一）新设立企业。

（二）评价年度内无生产经营业务收入且年度评价指标得分 70 分以上的企业。

依据：

《国家税务总局关于发布〈纳税信用管理办法（试行）〉的公告》（国家税务总局公告〔2014 年〕第 40 号）。

《国家税务总局关于纳税信用评价有关事项的公告》（国家税务总局公告〔2018 年〕第 8 号）。

二、纳税信用评价指标和评价方式是如何规定的？

（一）纳税信用评价采取年度评价指标得分和直接判级方式。评价指标包括税务内部信息和外部评价信息。

（二）年度评价指标得分采取扣分方式。纳税人评价年度内经常性指标和非经常性指标信息齐全的，从100分起评；非经常性指标缺失的，从90分起评。

（三）直接判级适用于有严重失信行为的纳税人。

（四）纳税信用评价指标由国家税务总局另行规定。

自开展2020年度评价时起，调整纳税信用评价计分方法中的起评分规则。近三个评价年度内存在非经常性指标信息的，从100分起评；近三个评价年度内没有非经常性指标信息的，从90分起评。

（纳税信用评价指标和评价方式详见附件1）

依据：

《国家税务总局关于发布〈纳税信用管理办法（试行）〉的公告》（国家税务总局公告〔2014年〕第40号）。

《国家税务总局关于发布〈纳税信用评价指标和评价方式（试行）〉的公告》（国家税务总局公告〔2014年〕第48号）。

《国家税务总局关于纳税信用管理有关事项的公告》（国家税务总局公告〔2020年〕第15号）。

三、纳税人存在哪些情形的，本评价年度不能评为A级？

有下列情形之一的纳税人，本评价年度不能评为A级：

（一）实际生产经营期不满3年的；

（二）上一评价年度纳税信用评价结果为D级的；

（三）非正常原因一个评价年度内增值税或营业税连续3个月或者累计6个月零申报、负申报的；（正常原因是指：季节性生产经营、享受政策性减免税等正常情况原因。非正常原因是除上述原因外的其他原因；按季申报视同连续3个月。）

（四）不能按照国家统一的会计制度规定设置账簿，并根据合法、有效凭证核算，向税务机关提供准确税务资料的。

依据：

《国家税务总局关于发布〈纳税信用管理办法（试行）〉的公告》（国家税务总局公告〔2014年〕第40号）。

四、纳税人存在哪些情形的，本评价年度直接判为D级？

有下列情形之一的纳税人，本评价年度直接判为D级：

（一）存在逃避缴纳税款、逃避追缴欠税、骗取出口退税、虚开增值税专用发票等行为，经判决构成涉税犯罪的；

（二）存在前项所列行为，未构成犯罪，但偷税（逃避缴纳税款）金额10万元以上且占各税种应纳税总额10%以上，或者存在逃避追缴欠税、骗取出口退税、虚开增值税专用发票等税收违法行为，已缴纳税款、滞纳金、罚款的；

（三）在规定期限内未按税务机关处理结论缴纳或者足额缴纳税款、滞纳金和罚款的；

（四）以暴力、威胁方法拒不缴纳税款或者拒绝、阻挠税务机关依法实施税务稽查执法行为的；

（五）存在违反增值税发票管理规定或者违反其他发票管理规定的行为，导致其他单位或者个人未缴、少缴或者骗取税款的；

（六）提供虚假申报材料享受税收优惠政策的；

（七）骗取国家出口退税款，被停止出口退（免）税资格未到期的；

（八）有非正常户记录或者由非正常户直接责任人员注册登记或者负责经营的；

（九）由D级纳税人的直接责任人员注册登记或者负责经营的；

（十）存在税务机关依法认定的其他严重失信情形的。

依据：

《国家税务总局关于发布〈纳税信用管理办法（试行）〉的公告》（国家税务总局公告〔2014年〕第40号）。

五、对各种纳税信用等级，税务机关的激励或惩罚措施是怎样的？

（一）税务机关按照守信激励，失信惩戒的原则，对不同信用级别的纳税人实施分类服务和管理。

（二）对纳税信用评价为A级的纳税人，税务机关予以下列激励措施：

1. 主动向社会公告年度A级纳税人名单；

2. 一般纳税人可单次领取3个月的增值税发票用量，需要调整增值税发票用量时即时办理；

3. 普通发票按需领用；

4. 连续3年被评为A级信用级别（简称3连A）的纳税人，除享受以上措施外，还可以由税务机关提供绿色通道或专门人员帮助办理涉税事项；

5. 税务机关与相关部门实施的联合激励措施，以及结合当地实际情况采取的其他激励措施。

（三）对纳税信用评价为B级的纳税人，税务机关实施正常管理，适时进行税收政策和管理规定的辅导，并视信用评价状态变化趋势选择性地提供本办法第二十九条的激励措施。

（四）对纳税信用评价为C级的纳税人，税务机关应依法从严管理，并视信用评价状态变化趋势选择性地采取本办法第三十二条的管理措施。

（五）对纳税信用评价为D级的纳税人，税务机关应采取以下措施：

1. 按照本办法第二十七条的规定，公开D级纳税人及其直接责任人员名单，对直接责任人员注册登记或者负责经营的其他纳税人纳税信用直接判为D级。

2. 增值税专用发票领用按辅导期一般纳税人政策办理，普通发票的领用实行交（验）旧供新、严格限量供应。

3. 加强出口退税审核。

4. 加强纳税评估，严格审核其报送的各种资料。

5. 列入重点监控对象，提高监督检查频次，发现税收违法违规行为的，不得适用规定处罚幅度内的最低标准。

6. 将纳税信用评价结果通报相关部门，建议在经营、投融资、取得政府供应土地、进出口、出入境、注册新公司、工程招投标、政府采购、获得荣誉、安全许可、生产许可、从业任职资格、资质审核等方面予以限制或禁止。

7. 税务机关与相关部门实施的联合惩戒措施，以及结合实际情况依法采取的其他严格管理措施。

自开展2019年度评价时起，调整税务机关对D级纳税人采取的信用管理措施。对于因评价指标得分评为D级的纳税人，次年由直接保留D级评价调整为评价时加扣11分；税务机关应按照本条前述规定在2020年11月30日前调整其2019年度纳税信用级别，2019年度以前的纳税信用级别不作追溯调整。对于因直接判级评为D级的纳税人，维持D级评价保留2年、第三年纳税信用不得评价为A级。

依据：

《国家税务总局关于发布〈纳税信用管理办法（试行）〉的公告》（国家税务总局公告〔2014年〕第40号）。

《国家税务总局关于纳税信用管理有关事项的公告》（国家税务总局公告〔2020年〕第15号）。

《国家税务总局关于明确纳税信用管理若干业务口径的公告》（国家税务总局公告〔2015年〕第85号）。

六、纳税人符合哪些条件可以向主管税务机关申请纳税信用修复？

符合下列条件之一的纳税人，可向主管税务机关申请纳税信用修复：

（一）破产企业或其管理人在重整或和解程序中，已依法缴纳税款、滞纳金、罚款，并纠正相关纳税信用失信行为的。

（二）因确定为重大税收违法失信主体，纳税信用直接判为D级的纳税人，失信主体信息已按照国家税务总局相关规定不予公布或停止公布，申请前连续12个月没有新增纳税信用失信行为记录的。

（三）由纳税信用D级纳税人的直接责任人员注册登记或者负责经营，纳税信用关联评价为D级的纳税人，申请前连续6个月没有新增纳税信用失信行为记录的。

（四）因其他失信行为纳税信用直接判为D级的纳税人，已纠正纳税信用失信行为、履行税收法律责任，申请前连续12个月没有新增纳税信用失信行为记录的。

（五）因上一年度纳税信用直接判为D级，本年度纳税信用保留为D级的纳税人，已纠正纳税信用失信行为、履行税收法律责任或失信主体信息已按照国家税务总局相关规定不予公布或停止公布，申请前连续12个月没有新增纳税信用失信行为记录的。

其中符合《国家税务总局关于纳税信用修复有关事项的公告》（〔2019年〕第37号）所列条件的纳税人，其纳税信用级别及失信行为的修复仍从其规定。纳入纳税信用管理的企业纳税人，符合下列条件之一的，可在规定期限内向主管税务机关申请纳税信用修复：

（一）纳税人发生未按法定期限办理纳税申报、税款缴纳、资料备案等事项且已补办的。

（二）未按税务机关处理结论缴纳或者足额缴纳税款、滞纳金和罚款，未构成犯罪，纳税信用级别被直接判为D级的纳税人，在税务机关处理结论明确的期限期满后60日内足额缴纳、补缴的。

（三）纳税人履行相应法律义务并由税务机关依法解除非正常户状态的。

依据：

《国家税务总局关于纳税信用评价与修复有关事项的公告》（国家税务总局公告〔2021年〕第31号）。

《国家税务总局关于纳税信用修复有关事项的公告》（国家税务总局公告〔2019年〕第37号）。

七、纳税信用如何修复？ 具体流程如何进行？

《国家税务总局关于纳税信用评价与修复有关事项的公告》（国家税务总局公告〔2021 年〕第 31 号，以下简称“《公告》”）。《公告》明确，企业符合纳税信用修复条件，可填写《纳税信用修复申请表》（见附件 2），对当前的纳税信用评价结果向主管税务机关申请纳税信用修复。税务机关核实纳税人纳税信用状况，按照《纳税信用修复范围及标准》（见附件 3）调整相应纳税信用评价指标状态，根据纳税信用评价相关规定，重新评价纳税人的纳税信用级别。

其中，当前的纳税信用评价结果是指税务机关按照年度评价指标得分或直接判级方式确定的最新的纳税信用级别。

完成纳税信用修复后，纳税信用级别不为 D 级的，不再受 D 级评价保留两年的限制，并按照修复后的纳税信用级别适用相应的税收政策和管理服务措施，之前已适用的税收政策和管理服务措施不作追溯调整。

依据：

《国家税务总局关于纳税信用评价与修复有关事项的公告》（国家税务总局公告〔2021 年〕第 31 号）。

附件1 **纳税信用评价指标和评价方式（试行）**

纳税人信用历史信息	基本信息	税务登记信息：纳税人名称，纳税人识别号，注册地址，经营地址……
		人员信息：法定代表人（姓名＋身份证号码），财务负责人（姓名＋身份证号码），出纳（姓名＋身份证号码），办税人（姓名＋身份证号码）
		经营信息：××年度经营收入合计××元，已缴税款合计×××元（其中：增值税××元，消费税××元，营业税××元，……）
	评价年度之前优良信用记录	外部门信用最高级别 （比如：2010年：海关××，工商××，质检××，环保××，银行××……） （比如：2011年：海关××，工商××，质检××，环保××，银行××……） ……
		本部门A级信用记录（比如：2010年，2011年，2012年，……）
		税务稽查无问题年份（比如：2011年、2012年、……）
	评价年度之前不良信用记录	外部门信用最低级别 （比如：2010年：海关××，工商××，质检××，环保××，银行××……） （比如：2011年：海关××，工商××，质检××，环保××，银行××……） ……
		本部门D级信用记录（比如：2010年，2011年，2012年，……）

		一级指标	二级指标	三级指标	扣分标准	直接判级
税务内部信息	经常性指标信息	01. 涉税申报信息	0101. 按照规定申报纳税	010101. 未按规定期限纳税申报（按税种按次计算）	5分	
				010102. 未按规定期限代扣代缴（按税种按次计算）	5分	
				010103. 未按规定期限填报财务报表（按次计算）	3分	
				010104. 评价年度内非正常原因增值税或营业税连续3个月或累计6个月零申报、负申报的	11分	
				010105. 自纳税人向税务机关办理纳税申报之日起不足3年的	11分	
			0102. 增值税抄报税	010201. 增值税一般纳税人未按期抄报税的（按次计算）	5分	
			0103. 出口退（免）税申报与审核	010301. 未在规定期限内办理出口退（免）税资格认定的（按次计算）	3分	
				010302. 未按规定设置、使用和保管有关出口货物退（免）税账簿、凭证、资料的；未按规定装订、存放和保管备案单证的（按次计算）	3分	
				010303. 未按规定报送出口退税申报资料的（按次计算）	3分	

续表

		一级指标	二级指标	三级指标	扣分标准	直接判级
税务内部信息	经常性指标信息	01. 涉税申报信息	0103. 出口退（免）税申报与审核	010304. 从事进料加工业务的生产企业，未按规定期限办理进料加工登记、申报、核销手续的	3 分	
				010305. 出口企业提供虚假备案单证的	11 分	
				010306. 将应适用增值税征税政策的出口货物劳务及服务申报出口退（免）税	11 分	
			0104. 税收优惠资格资料真实申报	010401. 增值税优惠申报材料虚假；010402. 消费税优惠申报材料虚假；010403. 营业税优惠申报材料虚假；010404. 企业所得税优惠申报材料虚假；010405. 车船使用税优惠申报材料虚假；010406. 印花税优惠申报材料虚假；010407 契税优惠申报材料虚假；010408. 土地增值税优惠申报材料虚假；010409. 城市维护建设税优惠申报材料虚假；010410. 资源税优惠申报材料虚假；010411. 耕地占用税优惠申报材料虚假；010412. 土地使用税优惠申报材料虚假；010413. 房产税优惠申报材料虚假	—	直接判 D
			0105. 未按规定报送相关涉税资料	010501. 未按规定时限报送财务会计制度或财务处理办法；010502. 使用计算机记账，未在使用前将会计电算化系统的会计核算软件、使用说明书及有关资料报送主管税务机关备案的；010503. 纳税人与其关联企业之间的业务往来应向税务机关提供有关价格、费用标准信息而未提供的；010504. 未按规定提供其他涉税资料的（按次计算）	3 分	
				010505. 未在规定时限内向主管税务机关报告开立（变更）账号的	5 分	
				010506. 提供虚假涉税资料，不如实反映或拒绝提供涉税资料的	11 分	
		02. 税（费）款缴纳信息	0201. 欠缴税（费）款次数	020101. 未按规定期限缴纳已申报或批准延期申报的应纳税（费）款（按次计算）	5 分	
			0202. 欠缴税款金额	020201. 至评定期末，已办理纳税申报后纳税人未在税款缴纳期限内缴纳税款或经批准延期缴纳的税款期限已满，纳税人未在税款缴纳期限内缴纳的税款在 5 万元以上的（含）	11 分	
				020202. 至评定期末，已办理纳税申报后纳税人未在税款缴纳期限内缴纳税款或经批准延期缴纳的税款期限已满，纳税人未在税款缴纳期限内缴纳的税款在 5 万元以下的	3 分	

续表

		一级指标	二级指标	三级指标	扣分标准	直接判级
税务内部信息	经常性指标信息	02. 税（费）款缴纳信息	0203. 未按规定履行代扣代缴义务	020301. 已代扣代收税款，未按规定解缴的（按次计算）	11 分	
				020302. 未履行扣缴义务，应扣未扣，应收不收税款（按次计算）	3 分	
			0204. 核定征收	020401. 日常管理中被税务机关依职权核定计算税款的（按税种）	11 分	
		03. 发票与税控器具信息	0301. 发票开具、取得、保管、缴销、报告	030101. 应当开具而未开具发票；030102. 使用电子器具开具发票，未按照规定保存、报送开具发票数据的（按次计算）	5 分	
				030103. 未按规定开具发票；030104. 纸质发票未加盖发票专用章；030105. 未按规定保管纸质发票并造成发票损毁、遗失的；030106. 未按照规定缴销发票；030107. 未按规定向税务机关报告发票使用情况的；030108. 违规跨境或跨使用区域携带、邮寄、运输或者存放纸质空白发票（按次计算）	3 分	
				030109. 擅自损毁发票的（按次计算）	11 分	
				030110. 虚开增值税专用发票或非善意接收虚开增值税专用发票的；030111. 非法代开发票的；030112. 私自印制、伪造、变造发票，非法制造发票防伪专用品，伪造发票监制章的；030113. 转借、转让、介绍他人转让发票、发票监制章和发票防伪专用品的；030114. 知道或者应当知道是私自印制、伪造、变造、非法取得或者废止的发票而受让、开具、存放、携带、邮寄、运输的；030115. 违反增值税专用发票管理规定或者违反发票管理规定，导致其他单位或者个人未缴、少缴或者骗取税款的	—	直接判 D
			0302. 税控器具安装、使用、保管	030201. 未按照税务机关的要求安装、使用税控装置的；030202. 未按规定申请办理增值税税控系统变更发行的	3 分	
				030203. 损毁或者擅自改动税控装置的	11 分	
				030204. 未按规定保管税控专用设备造成遗失的（按次计算）	1 分	

续表

		一级指标	二级指标	三级指标	扣分标准	直接判级
税务内部信息	经常性指标信息	04. 登记与账簿信息	0401. 税务登记	040101. 未按规定期限办理税务登记或扣缴税款登记或变更税务登记的；040102. 未按规定开具或核销外出经营管理证明的（按次计算）	3 分	
				040103. 有非正常户记录的纳税人；040104. 非正常户直接责任人员注册登记或负责经营的其他纳税户；040105. D 级纳税人的直接责任人员注册登记或负责经营的其他纳税户	—	直接判 D
				040106. 法律规定对纳税人进行强制认定，纳税人未在规定时限内办理税务认定的（如增值税一般纳税人认定等）	5 分	
			0402. 账簿与凭证	040201. 应设置未设置或未按照规定设置账簿、记账凭证以及其他纳税资料的；040202. 未按照规定保管账簿、记账凭证以及其他纳税资料的；040203. 账目混乱、残缺不全难以查账或原始凭证不合法、不真实的	11 分	
				040204. 不能按照国家统一的会计制度规定设置账簿，并根据合法、有效凭证核算，向税务机关提供准确税务资料的	11 分	
	非经常性指标信息	05. 纳税评估、税务审计、反避税调查信息	0501. 纳税评估信息	050101. 补税金额不满 1 万元且占当年应纳税额不满 1%，已补缴税款、加收滞纳金、缴纳罚款的	1 分	
				050102. 补税金额不满 1 万元且占当年应纳税额 1% 以上，已补缴税款、加收滞纳金、缴纳罚款的	1 分 +（应补税款/评价期应纳税款 ×100%）	
				050103. 补税金额 1 万元以上且占当年应纳税额不满 1%，已补缴税款、加收滞纳金、缴纳罚款的	3 分	
				050104. 补税金额 1 万元以上且占当年应纳税额 1% 以上，已补缴税款、加收滞纳金、缴纳罚款的	3 分 +（应补税款/评价期应纳税款 ×100%）	
				050105. 无补税，行为罚 2 000 元或以下且已缴纳（按次计算）	1 分	

续表

		一级指标	二级指标	三级指标	扣分标准	直接判级
税务内部信息	非经常性指标信息	05. 纳税评估、税务审计、反避税调查信息	0501. 纳税评估信息	050106. 无补税，行为罚 2 000 元以上且已缴纳（按次计算）	3 分	
				050107. 在规定期限内未补交或足额补缴税款、滞纳金和罚款	—	直接判 D
				050108. 拒绝、阻挠税务机关依法进行纳税评估的	11 分	
			0502. 大企业税务审计信息	同 050101	1 分	
				同 050102	1 分 +（应补税款/评价期应纳税款 ×100%）	
				同 050103	3 分	
				同 050104	3 分 +（应补税款/评价期应纳税款 ×100%）	
				同 050105	1 分	
				同 050106	3 分	
				同 050107	—	直接判 D
				050208. 拒绝、阻挠税务机关依法进行大企业税务审计的	11 分	
			0503. 反避税调查信息	050301. 拒绝、阻挠税务机关依法进行反避税调查或拒绝提供反避税调查资料的	11 分	
		06. 税务稽查信息	0601. 涉税犯罪	060101. 存在逃避缴纳税款、逃避追缴欠税、骗取出口退税、虚开增值税专用发票等行为，构成犯罪的；060102. 骗取国家出口退税款，被停止出口退（免）税资格未到期的；060103. 以暴力、威胁方法拒不缴纳税款或者拒绝、阻挠税务机关依法实施税务稽查执法行为的	—	直接判 D

续表

<table>
<tr><td rowspan="10">税务内部信息</td><td rowspan="10">非经常性指标信息</td><td>一级指标</td><td>二级指标</td><td>三级指标</td><td>扣分标准</td><td>直接判级</td></tr>
<tr><td rowspan="9">06. 税务稽查信息</td><td rowspan="2">0602. 涉税违法被行政处罚</td><td>060201. 存在偷税行为，未构成犯罪，但偷税（逃避缴纳税款）金额 10 万元以上且占当年各税种应纳税总额 10% 以上，已缴纳税款、滞纳金和罚款的</td><td>—</td><td>直接判 D</td></tr>
<tr><td>060202. 存在逃避追缴欠税、骗取出口退税、虚开增值税专用发票等税收违法行为，未构成犯罪，已缴纳税款、滞纳金和罚款的</td><td>—</td><td>直接判 D</td></tr>
<tr><td rowspan="6">0603. 发现少缴税款行为，作出补缴税款处理</td><td>同 050101</td><td>1 分</td><td></td></tr>
<tr><td>同 050102</td><td>1 分 +（应补税款/评价期应纳税款 ×100%）</td><td></td></tr>
<tr><td>同 050103</td><td>3 分</td><td></td></tr>
<tr><td>同 050104</td><td>3 分 +（应补税款/评价期应纳税款 ×100%）</td><td></td></tr>
<tr><td>同 050105</td><td>1 分</td><td></td></tr>
<tr><td>同 050106</td><td>3 分</td><td></td></tr>
<tr><td>0604. 拒绝、阻挠税务机关执法</td><td>060401. 拒绝或阻止税务执法人员依法依规开展入户检查时记录、录音、录像、照相和复制的</td><td>11 分</td><td></td></tr>
<tr><td rowspan="3">外部信息</td><td rowspan="3">外部参考信息</td><td>一级指标</td><td colspan="3">二级指标</td><td>评级标准</td></tr>
<tr><td>评价年度优良信用记录</td><td colspan="3">外部门信用最高级别（比如：2014 年：海关 ××，工商 ××，质检 ××，环保 ××，银行 ××……）</td><td rowspan="2">仅记录不扣分</td></tr>
<tr><td>评价年度不良信用记录</td><td colspan="3">外部门信用最低级别（比如：2014 年：海关 ××，工商 ××，质检 ××，环保 ××，银行 ××……）</td></tr>
</table>

续表

		一级指标	二级指标	评级标准
外部信息	外部评价信息	银行	银行账户设置数大于纳税人向税务机关提供数	扣11分
		工商	已经在工商部门完成股权转让变更登记或其他涉税变更登记的纳税人至评价年度结束时未向税务机关报告相关信息	扣11分
		房管、土地管理部门或媒介	欠税5万元以上纳税人处置其不动产或大额资产之前未向税务机关报告	扣11分
		海关	进口货物报关数小于增值税进项申请抵扣数	扣11分
		……	……	……

附件 2

纳税信用修复申请表

纳税人识别号 （统一社会信用代码）			
纳税人名称			
经办人		联系电话	
评价年度		评价结果	
具体原因			

□ 1. 未按法定期限办理纳税申报、税款缴纳、资料备案等事项且已补办其中，涉及以下指标的，请填写纠正日期及说明：

□ 010304. 从事进料加工业务的生产企业，未按规定期限办理进料加工登记、申报、核销手续的；纠正日期及说明：________

□ 010502. 使用计算机记账，未在使用前将会计电算化系统的会计核算软件、使用说明书及有关资料报送主管税务机关备案的；纠正日期及说明：________

□ 010503. 纳税人与其关联企业之间的业务往来应向税务机关提供有关价格、费用标准信息而未提供的；纠正日期及说明：________

□ 010504. 未按规定（期限）提供其他涉税资料的；纠正日期及说明：________

□ 020302. 未履行扣缴义务，应扣未扣，应收不收税款；纠正日期及说明：________

□ 2. 未按税务机关处理结论缴纳或者足额缴纳税款、滞纳金和罚款

○ 在处理结论的期限期满后 60 日内足额补缴

○ 在处理结论的期限期满后 60 日内足额补缴，在被直接判为 D 级的次年年底之后提出修复申请且申请前连续 12 个月没有新增纳税信用失信行为记录

○ 在处理结论的期限期满 60 日后足额补缴，连续 12 个月没有新增纳税信用失信行为记录

□ 3. 履行相应法律义务由税务机关依法解除非正常状态

○ 在被直接判为 D 级的次年年底前提出修复申请

○ 在被直接判为 D 级的次年年底之后提出修复申请且申请前连续 12 个月没有新增纳税信用失信行为记录

□ 4. 确定为重大税收违法失信主体，失信主体信息已按照国家税务总局相关规定不予公布或停止公布，连续 12 个月没有新增纳税信用失信行为记录

□ 5. 由纳税信用 D 级纳税人或非正常户的直接责任人员注册登记或负责经营，纳税信用关联为 D 级

○ D 级纳税人或非正常户经修复后不再为 D 级

○ D 级纳税人的关联企业连续 6 个月没有新增纳税信用失信行为记录

□ 6. 因其他失信行为纳税信用直接判为 D 级，已纠正纳税信用失信行为、履行税收法律责任，连续 12 个月没有新增纳税信用失信行为记录

□ 7. 纳税信用保留为 D 级，已纠正纳税信用失信行为、履行税收法律责任或失信主体信息已按照国家税务总局相关规定不予公布或停止公布，连续 12 个月没有新增纳税信用失信行为记录

□ 8. 破产重整企业已依法缴纳税款、滞纳金、罚款，并纠正相关纳税信用失信行为

谨承诺：1. 对申请修复年度纳税信用评价结果无异议，且已对失信行为进行纠正；
2. 所填写的内容和提交的相关材料真实、有效；
3. 违背承诺自愿接受惩戒，并承担相应责任。

经办人签章： 法定代表人签字： 纳税人印章：	受理人： 受理日期：　　年　　月　　日 主管税务机关印章：

备注：1. 主管税务机关自受理纳税信用修复申请之日起 15 个工作日内完成审核，并向纳税人反馈信用修复结果；
2. 本表一式两份，主管税务机关和纳税人各留存一份。

附件3　**纳税信用修复范围及标准**

序号	指标名称	指标代码	扣分分值	修复加分分值		
				30日内纠正	30日后本年纠正	30日后次年纠正
1	未按规定期限纳税申报※	010101	5分	涉及税款1 000元以下的加5分，其他的加4分	2分	1分
2	未按规定期限代扣代缴※	010102	5分	涉及税款1 000元以下的加5分，其他的加4分	2分	1分
3	未按规定期限填报财务报表※	010103	3分	2.4分	1.2分	0.6分
4	从事进料加工业务的生产企业，未按规定期限办理进料加工登记、申报、核销手续的※	010304	3分	2.4分	1.2分	0.6分
5	未按规定时限报送财务会计制度或财务处理办法※	010501	3分	2.4分	1.2分	0.6分
6	使用计算机记账，未在使用前将会计电算化系统的会计核算软件、使用说明书及有关资料报送主管税务机关备案的※	010502	3分	2.4分	1.2分	0.6分
7	纳税人与其关联企业之间的业务往来应向税务机关提供有关价格、费用标准信息而未提供的※	010503	3分	2.4分	1.2分	0.6分
8	未按规定（期限）提供其他涉税资料的※	010504	3分	2.4分	1.2分	0.6分
9	未在规定时限内向主管税务机关报告开立（变更）账号的※	010505	5分	4分	2分	1分
10	未按规定期限缴纳已申报或批准延期申报的应纳税（费）款※	020101	5分	涉及税款1 000元以下的加5分，其他的加4分	2分	1分
11	至评定期末，已办理纳税申报后纳税人未在税款缴纳期限内缴纳税款或经批准延期缴纳的税款期限已满，纳税人未在税款缴纳期限内缴纳的税款在5万元以上（含5万元）的※	020201	11分	8.8分	4.4分	2.2分

续表

序号	指标名称	指标代码	扣分分值	修复加分分值		
				30 日内纠正	30 日后本年纠正	30 日后次年纠正
12	至评定期末，已办理纳税申报后纳税人未在税款缴纳期限内缴纳税款或经批准延期缴纳的税款期限已满，纳税人未在税款缴纳期限内缴纳的税款在 5 万元以下的※	020202	3 分	涉及税款 1 000 元以下的加 3 分，其他的加 2.4 分	1.2 分	0.6 分
13	已代扣代收税款，未按规定解缴的※	020301	11 分	涉及税款 1 000 元以下的加 11 分，其他的加 8.8 分	4.4 分	2.2 分
14	未履行扣缴义务，应扣未扣，应收不收税款※	020302	3 分	涉及税款 1 000 元以下的加 3 分，其他的加 2.4 分	1.2 分	0.6 分
15	银行账户设置数大于纳税人向税务机关提供数※	—	11 分	8.8 分	4.4 分	2.2 分

序号	指标名称	指标代码	扣分分值	修复标准
16	有非正常户记录的纳税人※	040103	直接判 D	履行相应法律义务并由税务机关依法解除非正常户状态，在被直接判为 D 级的次年年底前提出修复申请的，税务机关依据纳税人申请重新评价纳税信用级别，但不得评价为 A 级。
				履行相应法律义务并由税务机关依法解除非正常户状态，在被直接判为 D 级的次年年底之后提出修复申请且申请前连续 12 个月没有新增纳税信用失信行为记录的，税务机关依据纳税人申请重新评价纳税信用级别，但不得评价为 A 级。
17	非正常户直接责任人员注册登记或负责经营的其他纳税户	040104	直接判 D	非正常户纳税人修复后纳税信用级别不为 D 级的，税务机关依据纳税人申请重新评价纳税信用级别。
18	D 级纳税人的直接责任人员注册登记或负责经营的其他纳税户	040105	直接判 D	D 级纳税人修复后纳税信用级别不为 D 级的，税务机关依据纳税人申请重新评价纳税信用级别。
				D 级纳税人未申请修复或修复后纳税信用级别仍为 D 级，被关联纳税人申请前连续 6 个月没有新增纳税信用失信行为记录的，税务机关依据纳税人申请重新评价纳税信用级别。

续表

<table>
<tr><th>序号</th><th>指标名称</th><th>指标代码</th><th>扣分分值</th><th>修复标准</th></tr>
<tr><td rowspan="3">19</td><td rowspan="3">在规定期限内未补交或足额补缴税款、滞纳金和罚款※</td><td rowspan="3">050107</td><td rowspan="3">直接判 D</td><td>在税务机关处理结论明确的期限期满后 60 日内足额补缴（构成犯罪的除外），在被直接判为 D 级的次年年底之前提出修复申请的，税务机关依据纳税人申请重新评价纳税信用级别，但不得评价为 A 级。</td></tr>
<tr><td>在税务机关处理结论明确的期限期满后 60 日内足额补缴（构成犯罪的除外），在被直接判为 D 级的次年年底之后提出修复申请且申请前连续 12 个月没有新增纳税信用失信行为记录的，税务机关依据纳税人申请重新评价纳税信用级别，但不得评价为 A 级。</td></tr>
<tr><td>在税务机关处理结论明确的期限期满 60 日后足额补缴（构成犯罪的除外），申请前连续 12 个月没有新增纳税信用失信行为记录的，税务机关依据纳税人申请重新评价纳税信用级别，但不得评价为 A 级。</td></tr>
<tr><td>20</td><td>确定为重大税收违法失信主体※</td><td>—</td><td>直接判 D</td><td>重大税收违法失信主体信息已不予公布或停止公布，申请前连续 12 个月没有新增纳税信用失信行为记录的，税务机关依据纳税人申请重新评价纳税信用级别，但不得评价为 A 级。</td></tr>
<tr><td rowspan="3">21</td><td rowspan="3">其他严重失信行为※</td><td>010401 至 010413</td><td>直接判 D</td><td rowspan="3">已纠正纳税信用失信行为、履行税收法律责任，申请前连续 12 个月没有新增纳税信用失信行为记录的，税务机关依据纳税人申请重新评价纳税信用级别，但不得评价为 A 级。</td></tr>
<tr><td>030110 至 030115</td><td>直接判 D</td></tr>
<tr><td>060101
060102
060103
060201
060202</td><td>直接判 D</td></tr>
<tr><td>22</td><td>因上一年度纳税信用直接判为 D 级，本年度纳税信用保留为 D 级※</td><td>—</td><td>直接判 D</td><td>已纠正纳税信用失信行为、履行税收法律责任或重大税收违法失信主体信息已不予公布或停止公布，申请前连续 12 个月没有新增纳税信用失信行为记录的，税务机关依据纳税人申请重新评价纳税信用级别，但不得评价为 A 级。</td></tr>
</table>

备注：1. 30 日内纠正，即在失信行为被税务机关列入失信记录后 30 日内（含 30 日）纠正失信行为；30 日后本年纠正，即在失信行为被税务机关列入失信记录后超过 30 日且在当年年底前纠正失信行为；30 日后次年纠正，即在失信行为被税务机关列入失信记录后超过 30 日且在次年年底前纠正失信行为。

2. 带※内容，是指符合修复条件的破产重整企业或其管理人申请纳税信用修复时，扣分指标修复标准视同 30 日内纠正，直接判 D 指标修复标准不受申请前连续 12 个月没有新增纳税信用失信行为记录的条件限制。

附件 4

2021 版研发支出辅助账（样式）

项目编号： 项目名称： 完成情况： 支出类型： 金额单位：元

凭证信息				会计凭证记载金额	税法规定的归集金额	费用明细（税法规定）							
日期	种类	号数	摘要			人员人工费用	直接投入费用	折旧费用	无形资产摊销	新产品设计费等	其他相关费用	委托研发费用	
												委托境内机构或个人进行研发活动所发生的费用	委托境外机构进行研发活动所发生的费用
合计金额													

会计主管： 录入人：

填写说明：

一、有关项目填写说明

（一）对享受加计扣除的研发费用按项目设置研发支出辅助账，用于归集已按照国家财务会计制度进行会计处理，且属于税前加计扣除归集范围的研发费用。

（二）项目编号：企业可自行对本企业的研发项目进行编号，并据此填写本栏次。

（三）项目名称：根据企业研发项目计划书或立项决议文件等据实填写。

（四）完成情况：根据项目完成进度，选填“未结束”或“已结束”。其中：对于跨年度的研发项目，截至所属期末尚未完成的项目，填写“未结束”；对于企业确认研发失败的项目，填写“已结束”。

（五）支出类型：根据会计处理情况，选填“费用化”或“资本化”。其中：“费用化”是研发支出直接计入当期损益，在发生年度一次性扣除；“资本化”是指相关研发支出计入无形资产的成本，待其研发成功后，从无形资产可供使用时起，通过分期摊销的方式跨年度扣除。

需要说明：一是对于单个研发项目涉及费用化支出和资本化支出两个阶段的，应当按照费用化支出和资本化支出分别设置辅助账。具体操作方法：当研发项目在研发初期采取费用化方式时，支出类型填写“费用化”，按规定设置辅助账。当该项目进入资本化阶段后，费用化辅助账完成情况选择“已结束”；同时对该项目新设辅助账，将支出类型选择为“资本化”，按规定归集该项目的资本化支出。二是对于支出类型为“资本化”的跨年度研发项目，可仅设置一套辅助账，在形成无形资产年度再将相关数据填写汇总表；若企业根据自身核算方式，选择每年新设辅助账的，可在辅助账中自行新增“期初余额”行次，实现每个年度资本化金额的结转，在形成无形资产年度再将相关数据填写到汇总表。

（六）凭证信息中有关日期、种类、号数、摘要等信息：按照每一张可以加计扣除的研发费用的会计凭证信息填写。采用会计电算化的企业，通过软件导出的明细数据，可以视同相关凭证信息，不再重复填写。

（七）会计凭证记载金额：按照国家财务会计制度规定核算的金额填写。每张会计凭证对应一个行次，若一张会计凭证上记载了多项不同类型的费用的，如既记载了人员人工费用，又记载了其他相关费用 可填写在同一行，无须再分行填写。

（八）税法规定的归集金额：填写对应的会计凭证中，可纳入加计扣除范围的研发费用的金额。

（九）费用明细（税法规定）：按不同费用类型分项填写可加计扣除范围的研发费用数额。对于同一凭证涉及多个研发项目的费用的，按合理方法在不同研发项目之间分配后填写。合理方法由企业根据实际情况具体确定。

1. 人员人工费用。填写会计凭证中，可纳入加计扣除范围的人员人工费用，具体包括：直接从事研发活动人员的工资薪金、基本养老保险费、基本医疗保险费、失业保险费、工伤保险费、生育保险费和住房公积金，以及外聘研发人员的劳务费用。其中，对于研发人员的股权激励支出，如在税前扣除的当年，该人员仍从事研发工作，则可将可加计扣除的金额填入本栏次；对于该人员不再从事研发活动的，对其应归属于研发费用的部分不再填写本表，直接填入《2021 版研发支出辅助账汇总表》“其中：其他事项”行“人员人工费用”列。

2. 直接投入费用。填写会计凭证中，可纳入加计扣除范围的直接投入费用，具体包括：研发活动直接消耗的材料、燃料和动力费用，用于中间试验和产品试制的模具、工艺装备开发及制造费，不构成固定资产的样品、样机及一般测试手段购置费，试制产品的检验费，用于研发活动的仪器、设备的运行维护、调整、检验、维修等费用，以及通过经营租赁方式租入的用于研发活动的仪器、设备租赁费。

3. 折旧费用。填写会计凭证中，可纳入加计扣除范围的折旧费用，具体是指用于研发活动的仪器、设备的折旧费。

4. 无形资产摊销。填写会计凭证中，可纳入加计扣除范围的无形资产摊销费用，具体是指用于研发活动的软件、专利权、非专利技术（包括许可证、专有技术、设计和计算方法等）的摊销费用。

5. 新产品设计费等。填写会计凭证中，可纳入加计扣除范围的新产品设计费、新工艺规程制定费、新药研制的临床试验费、勘探开发技术的现场试验费。

6. 其他相关费用。填写会计凭证中，可纳入加计扣除范围的与研发活动直接相关的其他费用，具体包括：技术图书资料费、资料翻译费、专家咨询费、高新科技研发保险费，研发成果的检索、分析、评议、论证、鉴定、评审、评估、验收费用，知识产权的申请费、注册费、代理费，差旅费、会议费，职工福利费、补充养老保险费、补充医疗保险费。

7. 委托研发费用。填写会计凭证中，可纳入加计扣除范围的委托研发费用，具体填写委托方实际支付给受托方的金额。对于研发项目仅涉及委托研发一种研发形式的，其他栏次无须填写。

二、表内表间关系

（一）合计金额：根据各行数据汇总填写。

（二）税法规定的归集金额：根据费用明细（税法规定）各列数据汇总填写。

（三）所属期间的费用化项目、已结束的资本化项目的辅助账，按项目编号、项目名称、完成情况、支出类型等表头信息和表中“合计金额”行的相关栏次金额填至 2021 版研发支出辅助账汇总表中。

附件 5

研发支出辅助账汇总表

纳税人识别号（统一社会信用代码）： 纳税人名称： 属期： 金额单位：元

项目编号	项目名称	完成情况	支出类型	允许加计扣除金额合计	人员人工费用	直接投入费用	折旧费用	无形资产摊销	新产品设计费等	前五项小计	其他相关费用及限额		委托研发费用及限额			
											其他相关费用合计	经限额调整后的其他相关费用	委托境内机构或个人进行研发活动所发生的费用	允许加计扣除的委托境内机构或个人进行研发活动所发生的费用	委托境外机构进行研发活动所发生的费用	经限额调整后的委托境外机构进行研发活动所发生的费用
					1	2	3	4	5	6	7.1	7.2	8.1	8.2	8.3	8.4
资本化金额小计																
费用化金额小计																
其中：其他事项																
金额合计																

法定代表人（签章）：

填写说明：

一、有关项目填写说明

（一）本表根据所属期间的费用化、已结束的资本化项目的《2021 版研发支出辅助账》中项目编号、项目名称、完成情况、支出类型等表头信息和“合计金额”行的相应栏次金额填写、计算。

（二）“其中：其他事项”行次填写符合研发费用加计扣除条件，但不能归集到具体研发项目的支出，例如：接受股权激励的研发人员，在税前扣除当年不再从事研发活动的，将股权激励支出直接填入“其中：其他事项”行次。

二、表内表间关系

（一）“资本化金额小计”行：汇总填写所属期间已结束的资本化项目的合计金额。

（二）“费用化金额小计”行：汇总填写所属期间费用化项目及“其中：其他事项”行的合计金额。

（三）“金额合计”行 = “资本化金额小计”行 + “费用化金额小计”行。

（四）“允许加计扣除金额合计”列 = 第 6 列 + 第 7.2 列 + 第 8.2 列 + 第 8.4 列。

（五）“前五项小计”列 = 第 1 列 + 第 2 列 + 第 3 列 + 第 4 列 + 第 5 列。

（六）第 7.2 列“经限额调整后的其他相关费用”按以下规则填写：

1. “金额合计”行：第 7.2 列根据第 7.1 列合计数与第 6 列 × 10% /（1 − 10%）孰小值填写。

2. 除费用化项目以外的其他行：第 7.2 列 =（“金额合计”行第 7.2 列 ÷ “金额合计”行第 7.1 列）× 相应行第 7.1 列，主要是将允许加计扣除的其他相关费用分摊至每一资本化项目，以便其以后年度采取摊销方式加计扣除。

（七）第 8.2 列 = 第 8.1 列 × 80%。

（八）第 8.4 列“经限额调整后的委托境外机构进行研发活动所发生的费用”按以下原则填写：

1. “金额合计”行：第 8.4 列根据（第 6 列 + 第 7.2 列 + 第 8.2 列）× 2/3 与第 8.3 列 × 80% 的孰小值填写。

2. 除费用化项目以外的其他行：第 8.4 列 =（“金额合计”行第 8.4 列 ÷ “金额合计”行第 8.3 列）× 相应行第 8.3 列，主要是将允许加计扣除的委托境外研发费用分摊至每一资本化项目，以便其以后年度采取摊销方式加计扣除。

（九）企业享受研发费用加计扣除优惠时，将本表“金额合计”行全部栏次、“资本化金额小计”行及“费用化金额小计”行对应的“允许加计扣除金额合计”栏次，填写至研发费用加计扣除优惠明细表（A107012）相应栏次。